陕西师范大学语言资源开发研究中心主办

语言与文化论丛

LANGUAGES AND CULTURE FORUM

第九辑

邢向东 主编

上海辞书出版社

图书在版编目(CIP)数据

语言与文化论丛. 第九辑 / 邢向东主编. —上海:
上海辞书出版社，2024
ISBN 978-7-5326-6193-0

Ⅰ.①语… Ⅱ.①邢… Ⅲ.①语言教学—教学研究
Ⅳ.①H09

中国国家版本馆 CIP 数据核字(2024)第 061661 号

语言与文化论丛(第九辑)

邢向东 主编

责任编辑 刘 博
装帧设计 杨钟玮
责任印制 曹洪玲

出版发行 上海世纪出版集团
上海辞书出版社®(www.cishu.com.cn)
地　　址 上海市闵行区号景路 159 弄 B 座(邮政编码: 201101)
印　　刷 浙江临安曙光印务有限公司
开　　本 890 毫米×1240 毫米 1/16
印　　张 18.25
字　　数 280 000
版　　次 2024 年 4 月第 1 版 2024 年 4 月第 1 次印刷
书　　号 ISBN 978-7-5326-6193-0/H·781
定　　价 98.00 元

《语言与文化论丛》
第九辑

目　　录

本期特刊

《汉语方言地图集》的性质及使用
——以语音卷051、052图为例

项梦冰

提　要：文章指出《汉语方言地图集》所集合的方言地图多为描写性地图兼解释性地图，但其描写常常不够充分，其解释也或有可商，这就决定了读者对它的使用是受限的，而要用好它就必须审慎选择地图和数据并进行必要的重分类。文章最后以语音卷051、052图的综合运用作为这部地图集的一个使用实例。

关键词：《汉语方言地图集》；描写性地图；解释性地图

1　引　　言

《汉语方言地图集》（曹志耘 2008）是汉语方言研究的重要工具书之一。《汉语方言地图集》分语音、词汇、语法三卷。本文以语音卷的051、052图为例，讨论《汉语方言地图集》的性质以及如何才能用好这部地图集。全文共分五节：一、引言；二、P051、P052的变式分类；三、《汉语方言地图集》的性质；四、《汉语方言地图集》的使用；五、使用实例。

为了称说上的方便，本文把《汉语方言地图集》每一幅方言地图的主题（无论语音卷、词汇卷还是语法卷）看作变项（variable），具体的各种表现看作变式（variant）。用P、L、G分别代表语音卷、词汇卷、语法卷。例如P029（即《汉语方言地图集》语音卷029图）是描写语音变项“听特字的声调”（The Tone of *tīng*）的，共有4个变式：① 来自平声；② 来自去声；③ 来自平声～去声；④ 来自平声或去声。

2 P051、P052 的变式分类

P051 的变项为“飞蜂浮非敷奉的声母”(The Initials in *fēi*, *fēng* and *fú*)。其图例(即本文所说的变式分类)可转写为表 1。原有的注释都保留。

表 1 P051 的变式分类

	A^{99}: 3 字读重唇	B^{40}: 2 字读重唇	C^{78}: 1 字读重唇	D^{713}: 擦音
1	p—p^h—b^2	p—p^h—f①^{6}	p—f—f^4	f—f—f^{710}
2	p—p^h—p^1	p^h—p^h—f^1	ɓ—f—f^7	f—f—无^{3}
3	p—p^h—p^{h83}	p—f—p^{h9}	p^h—f—f^4	
4	ɓ—p^h—p^{h5}	ɓ—f—p^{h1}	f—p^h—f^9	
5	p^h—p^h—p^1	p^h—f—p^1	f—m—f^1	
6	p^h—p^h—p^{h5}	f—p^h—b^3	f—f—b^7	
7	pf—p^h—pf^{h2}	f—p^h—p^{10}	f—f—b^{h1}	
8		Ø—p^h—p^1	f—f—p^{25}	
9		f—p^h—p^{h8}	f—f—p^{h20}	

原图例注释:① 图例里[f]是代号,代表[f v ʋ ɸ β x ɣ h ɦ ç ʃ]等擦音声母。[p pf]等塞音、塞擦音声母与[f]等擦音、零声母又读的,后者均忽略不计。

表 1 第一行的大写字母代表大类,跟原图例里的不同颜色对应;第一列的数字代表小类的顺序,跟原图例里的不同符号对应。通过大写字母和阿拉伯数字的搭配,即可方便地称述原图例里的那些不同颜色的符号,例如 A2 代表红色的■,变式的具体内容是“p—p^h—p”,B7 代表蓝色的●,变式的具体内容是“f—p^h—p”。表 1 总共有 4 个大类 27 个小类(A:7,B:9,C:9,D:2)。统计出每一个大类和小类的方言点数是非常有用的,不仅可以给我们提供各类变式重要性的直观线索,也可以提供数据核对上的帮助。例如表 1 大类的方言点数相加必须等于 930,每个大类下的小类方言点数相加必须等于该大类的方言点数,否则就有遗漏或误增的问题。

P052 的变项为"问微的声母"(The Initial in *wèn*)。其图例可转写为表 2(有 3 点无"问"字读音不计入)。

表 2 "问"的声母

	A325:鼻音、塞音	B87:白读~文读	C171:擦音	D344:零声母
1	m311	m~v55	β1	ø344
2	ŋ1	m~f1	v165	
3	mb7	m~ø30	f3	
4	b6	bʰ~ø1	ɣ2	

表 2 总共有 4 个大类 13 个小类(A:4,B:4,C:4,D:1)。

3 《汉语方言地图集》的性质

通常基础性的方言地图集都是以描写为目标的,其方言地图都是描写性地图。不过由于具体语言情况的不同,有些基础性的方言地图集是兼具解释性质的,其方言地图既是描写性地图,也是解释性地图。所谓描写性的方言地图,即完全遵照调查所获得的语料,忠实地转换成空间视图。所谓解释性的方言地图即对调查所获得的语料或进行某种概括、抽象,或进行分类,然后再转换成空间视图。方言变异程度的大小以及调查点的数量和图幅的大小都常常会影响到描写性地图集是否兼具解释的性质。因为其中存在实用的考虑,例如控制图例的复杂程度、方便使用者查询变式等。

现在我们来看 P051、P052 的性质。首先它们毫无疑问属于描写性地图。表 1 的 27 个变式、表 2 的 13 个变式在 P051、P052 中都用唯一性的符号标识,没有遗漏。相较而言,P052 对变项的描写是充分的,而 P051 对变项的描写则是不充分的。这是因为:"飞蜂浮"三字[f v ʋ ɸ β x ɣ h ɦ ç ʃ]等擦音声母的不同读法被概括成了[f];此外,当"飞蜂浮"兼有塞音、塞擦音声母和擦音声母或零声母两读时(通常塞音、塞擦音声母的读法为白读,擦音声母或零声母的读法为文读),只取塞音、塞擦音声母的读法,即擦音声母或零声母的读法被忽略了。因此 P051 实际上已经过滤掉相当一部分具体的语音信息了。

其次,P051、P052 又是解释性地图。其解释性都体现在变式的分类上。P051 根据“飞蜂浮”三字保留重唇读法的数量给变式分类,A、B、C、D 依次为 3、2、1、0。P052 根据“问”是否读鼻音、塞音给变式分类,鼻音、塞音为 A 类,非鼻音、非塞音为 C、D 类,兼有鼻音、塞音和非鼻音、非塞音读法的为 B 类(过渡类)。观览 P051、P052 时忽略符号的形状区别,只看其颜色是否相同,实际上就是解释性地图的效果。图 1 就是根据表 1 变式的大类绘制的解释性地图①。

图 1 “飞蜂浮”读重唇的地理分布

从图 1 可见,“飞蜂浮”三字都读重唇的方言主要集中在福建、台湾、海

① 本文仅示意《汉语方言地图集》930 个调查点之间的空间关系,不画河流和政区界线等。

南以及粤东和雷州半岛。表 3 是“飞蜂浮”读重唇在汉语方言中的分布统计①。

表 3 “飞蜂浮”读重唇在方言中的分布统计

	A：3 字重唇[99]	B：2 字重唇[40]	C：1 字重唇[78]	D：0 字重唇[713]
粤语			4	56
平话	1	1	8	27
土话	3	8	6	5
客家话	10	11	7	42
儋州话	1			
畲话	2			
闽语	82	9	9	2
吴语			4	117
徽语				15
赣语		6	11	72
湘语		4	26	13
乡话				4
晋语				41
官话		1	3	319

从表 3 的统计可见，在南方方言里，三个字都读重唇的主要是闽语、畲话、儋州话，其次是客家话、土话。三个字都不读重唇的主要是官话、晋语、徽语、乡话、粤语、平话、吴语、赣语，其次是湘语。客家话有 42 个点三个字都不读重唇，已占 60%，但三个字都读重唇的方言点毕竟有 10 个之多，占 14%(加上两个字读重唇的方言是 21 个点，占 30%)。湘语的主体落在 C 类上(一个字读重唇)，有 26 个方言点，占 60%，但三个字都不读重唇的方言点已初具规模，有 13 个点，占 30%。其中客家话“飞蜂浮”读音的地理分布

① 方言的类别和方言点的定性根据《汉语方言地图集》语法卷的附录。下同。

有明显的规律,即闽西、粤东的客家话落在 A、B 两类的方言点比例较高,其他地区的客家话落在 C、D 两类的方言点比例较高。

把图 1 和表 3 结合起来,可以让我们对汉语方言古非敷奉母字存古的程度有一个较好的认识。图 1 和表 3 是相得益彰的关系。

作为解释性地图,图 1 跟 P051 的不同在于:图 1 是纯粹的解释性地图,根据图 1 读者完全无法获取 930 个方言点的变式信息;而 P051 则是在实现对 27 类变式全面描写的前提下,通过变式分类和符号的不同着色来实现解释,因此读者结合地图和图例即可获取每一个方言点的变式信息(当然不包括已被概括或忽略的信息)。就观察存古程度而言,纯粹的解释性地图其直观性要比描写兼解释的地图要好一些,因为后者会受到变式描写符号一定程度的干扰。

就解释程度而言,P051、P052 各有长短。P051 的好处是其变式的大类分得较为合理,有一以贯之的原则,但是忽略了部分方言点的文白竞争信息。P052 的好处是专门用一个大类来安排那些存在文白异读的方言点,但是变式的大类又不够概括,即 C、D 两类没有像 B 类中的文读音一样,也视为同类读音。因此表 2 可微调为表 4。

表 4 “问”字声母的重分类

	A^{325}:鼻音、塞音	AB^{87}:白读~文读 (鼻音、塞音~非鼻音、非塞音)	B^{515}:非鼻音、非塞音 (擦音或零声母)
1	m^{311}	$m \sim v^{55}$	$Ø^{344}$
2	mb^{7}	$m \sim Ø^{30}$	v^{165}
3	b^{6}	$m \sim f^{1}$	f^{3}
4	$ŋ^{1}$	$b^{h} \sim Ø^{1}$	$ɣ^{2}$
			$β^{1}$

即 A 类不动,B 类也不动,但 B 类的标签改为 AB,C、D 合并为 B。新的 A、AB、B 的内部变式都按照方言点数降序排列。这种微调的好处在于:一是减少了大类数,二是可以让新 B 类变得更加圆融得体,即非鼻音非塞音类,跟 A 类鼻音、塞音类正好呼应。此外还照顾到了原 B 类没有依文读是擦音还是零声母分为两个大类的做法。而每个大类内部的小类按降序方式排列

也可以让人立即抓住重点,方言点计数工作的重要性由此也可见一斑。表5是表4的13个变式在汉语方言中的分布统计(土话有3个点无"问"字的读音不进表)。

表5 "问"字声母的各类读法在方言中的分布统计

	A325				AB87				B515				
	A1	A2	A3	A4	AB1	AB2	AB3	AB4	B1	B2	B3	B4	B5
平话	35					1				1			
粤语	58	2											
土话	11	1			1	1			4	1			
客家	47	3	2		10	2			3	3			
闽语	83	1	3		3	12							
儋州	1												
畲话	2												
湘语							1		30	7	3	2	
乡话	4												
赣语	3				1	11			63	11			
吴语	62		1		40	1		1	7	8			1
徽语	4			1		2			3	5			
晋语									9	32			
官话	1								225	97			

图2是根据表4的分类及P052的数据重新绘制的黑白地图(如果是彩色的大幅地图,设计起来会更加容易和醒目)。

图2的性质跟P052相同,既是描写性地图,也是解释性地图。P052的13个变式在图2里都用唯一的符号代表,但大类的区别更为明显:直接标实际读音的都是非鼻音、非塞音类,用黑色符号的都是鼻音、塞音类,兼有两类读音的方言点则用空心符号嵌套音标符号,而空心符号的形状又尽可能跟鼻音、塞音类符号的形状保持一致。此外,图例增加了大类小类的代码以

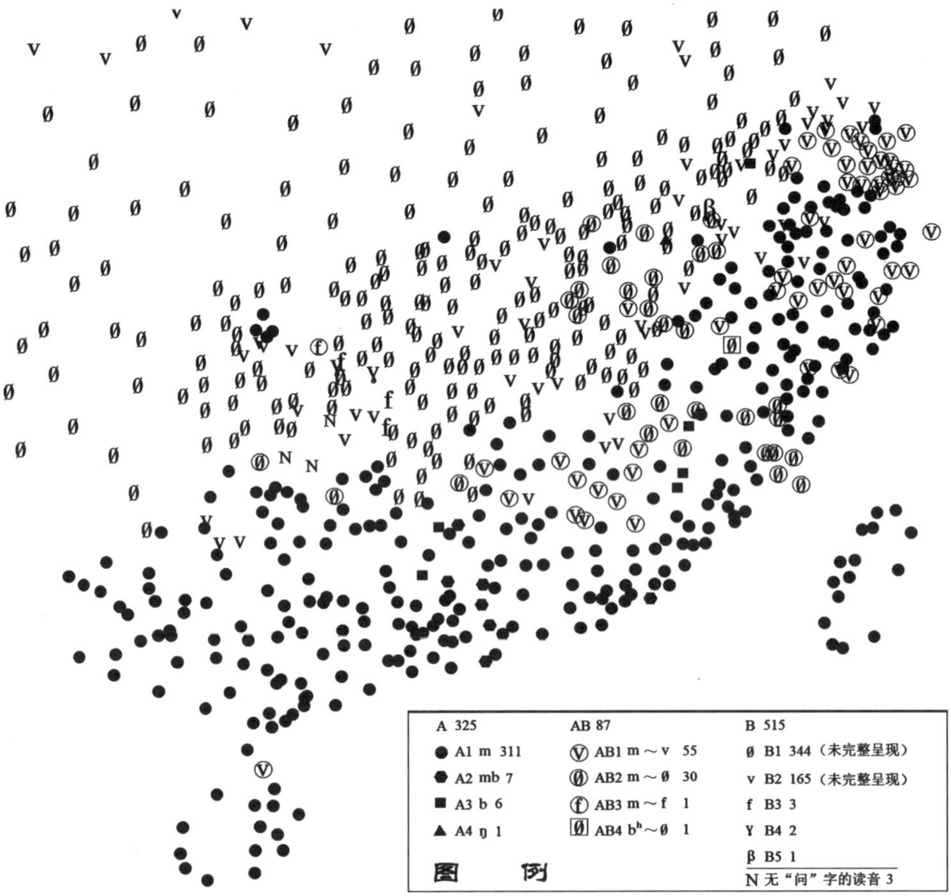

图 2 “问”的声母

及方言点数。图 2 一方面保留了每一个地点“问”的变式信息,一方面又比较方便观察汉语方言“问”字声母的存古程度(结合表 5 的统计数据效果更佳)。

本节最后再对基础性地图集使用概括手段的做法稍说几句。以表 1 为例。可以设想:当表 1 里的每一个 f 都用[f v ʋ ɸ β x ɣ h ɦ ç ʃ]中的全部或部分加以置换(同一个方言点两字或三字都是擦音时保持相同读法的概率较高),因为存在跟重唇类不同读法的搭配问题,变式的数量无疑将至少增加几十倍。可见概括变式的确带来了简便。可是概括变式也在相当程度上牺牲了描写性。因为如此一来,等于作为古非敷奉母字的代表,“飞蜂浮”没有一个字是得到充分描写的,只有 P053“府—虎非晓声母的异同”中的

“府”聊可一用(P053 对变式未做概括),可是它往往又只能代表古非敷奉母字逢今合口韵的读音表现。因此,语音卷对于古非敷奉母字今声母表现的描写因概括而失去了充分性,这对地图集的使用价值实际上是一种损害。

我们认为,基础性的方言地图集应以充分的描写为首要目标,在不牺牲描写性的前提下当然可以做一些解释工作,既可以提升地图集的质量,也能给使用者带来便利和灵感。至于那些明显会影响到描写充分性的各类概括手段,我们认为最好完全不用。很多语言现象本来就是复杂的,描写它的地图也一定是复杂的。① 我们首先要了解这些复杂语言现象的实际表现,然后才能更好地进行下一步的解释工作。

4 《汉语方言地图集》的使用

《汉语方言地图集》用途广泛。这里主要讨论为方言研究的目的系统性使用这部地图集时所要碰到的原则性问题,简单的变式查询以及各卷各图的具体使用问题都不做讨论。

《汉语方言地图集》的性质决定了使用限制和使用原则。从前文的讨论可知:《汉语方言地图集》里的地图性质往往并不是单一的。就 P051、P052 而言,是描写性地图兼解释性地图,而且其描写常常存在不够充分的问题,解释同样也常常存在一些不足。

影响描写充分性的做法大体就如 P051 图例的两条注释所展示的,或者对变式进行概括,或者忽略语料中的特定信息。请注意这在《汉语方言地图集》里是较为常见的做法。下面再举一些例子来看。

有很多图用“—”概括不同的变式。例如 L062 的 B5、D2 变式②分别为“舌—”“舌条—”,其中“舌—”不包括“舌头”“舌子”。G017 的 A2、A9、C4 变式分别为“什—”“什物—”“么—”。

有很多图用“/”概括不同的变式。例如 P144 的 B2、B4、B6 变式分别为

① 《日本语言地图集》(国立国语研究所 1966—1974/1981—1985)中变式超过 100 的图是常态,而日语的分布面积和方言分歧程度都远远不能跟汉语相比。

② 地图集并未使用 B5、D2 这类代码,为方便,这里都按照前文表 1 的编码方式来指称有关的变式。下同。

“əu/ɤu”“eu/eiu”“au/ɑu”,L017 的 C9、D4 变式分别为“长长果/长成果”“落果/落果哩”,G015 的 A4、A6、E4 变式分别为“唔哪/唔”“□[ŋai˨˩]/□[ŋaiʔ˥]”“□[tsɿ˧]/□[tʃi˧˩˧]”。

此外还有无所不在的“等”“其他”。例如 P140 的 A 类变式“ie—ai等”,L056 的 A 类变式“外孙—外甥等”,G097 的 E 类变式“给—把—叫等”;P141 的 E11 变式“其他”(属于本大类但分布点数少于 3 点的其他读音),L063 的 F3 变式“其他”,G074 的 E15 变式“其他”。

以上这些常见的概括手段还常常组合起来用,例如 P136 的 A 类变式“ɤ—uo/ə—uə等”,L050 的 E7、E9、E10 变式“家里人/屋里人等”“家里的/屋里的等”“家里/屋里等”,G005 的 C1 变式“大家/齐家等”。

或者是在一幅图的变式中出现多种概括手段。以 L105 为例,其图例可转写为表 6。

表 6　汉语方言窗户的说法

	A[786]		B[74]	C[21]	D[49]
1/14	窗[201]	窗板/窗板门[1]	床[②14]	门檐眼[1]	眼子/格眼[4]
2/15	窗子[197]	窗风[=7]	床~床窗[1]	前门[5]	亮眼[6]
3/16	窗—[①27]	光窗[22]	床~床门[3]	推门[3]	见眼[1]
4/17	窗户[149]	皓窗[8]	床子[12]	斗门[3]	格子[13]
5/18	窗门[66]	亮窗[11]	床子哩[1]	重门/重间门[2]	格欸[2]
6/19	窗眼[34]	气窗/吹窗[3]	床—[③7]	亮门[2]	亮格[1]
7/20	窗洞/窗孔/窗空[4]	花窗/纱窗[3]	床床[5]	天门[1]	框子[1]
8/21	窗口[4]	楼窗/间窗[2]	床窗[3]	闼门/闼眼[2]	其他[21]
9/22	窗窠[1]	门窗[3]	床门[16]	闼子/闼嘚[2]	
10/23	窗棂/窗户棂[15]	书窗等[9]	床闼[④2]		
11/24	窗齿[2]		床眼[3]		
12	窗台[2]		窗床[5]		
13	窗盘[15]		亮床[2]		

原图例注释:① 不包括“窗子”。② 床:《广韵》豏韵苦减切,牖也,一曰小户。③ 不包括“床子”。④ 闼:《广韵》曷韵他达切,门内。

从表 6 可见,“/”出现了 10 次,“—”出现了 2 次,“等”“其他”各出现 1 次。

“—”“等”“其他”代表的具体变式有多少种,跟使用这些变式的方言点如何匹配,实际上成了一笔糊涂账。“/”虽然列出了具体的变式,但跟使用这些变式的方言点如何匹配也是一笔糊涂账。概括不仅会让实际存在的变式数量大为减少,使得跟这些变式有关的研究难以用《汉语方言地图集》有效地展开,而且还会影响方言相似性的计算。

相似性计算有不同的目的,具体的操作也不完全相同。我们不妨暂且从两个角度加以区分:全面性的计算和主题性的计算;描写性的计算和解释性的计算。全面性的计算指以整部《汉语方言地图集》所有地图或某卷的所有地图的数据展开计算。主题性的计算则以某幅图或某几幅图的全部数据或部分数据展开计算。描写性计算和解释性计算分别指基于描写性数据的计算和基于解释性数据的计算,也就是说,“描写性”“解释性”并非计算本身的区别,而是计算对象的区别。对《汉语方言地图集》的一般使用者而言,用它进行全面性的描写性计算是不可能的,除非是能直接看到原始语料的课题组核心成员。用它进行全面性的解释性计算以及主题性的描写性计算或解释性计算是可能的,但结果的可靠性存在很大的问题。为了使计算结果较为可信,主题性的描写性计算需要恰当选图和恰当选择数据,全面性的解释性计算和主题性的解释性计算都要对所涉地图的变式重新进行合理的分类,直接计算的风险太大。下面略举几例说明直接计算会出现什么样的情况。P145 的图例可转写如表 7。

表 7　P145 的变式分类

	A:不同^{800}	B:相同(洪音)^{102}			C:相同(细音)^{12}
1/4/7	u—ou 等^{800}	u^{10}	eu^{7}	ɑɔ^{1}	iu^{10}
2/5/8		ou^{30}	ɐu^{1}	ɔ^{1}	iɤu^{1}
3/6/9		əu/ɤu^{40}	au/ɑu^{6}	ɤɯ^{6}	iəɯ^{1}

两个方言点之间的相似关系一般会以是否属同一小类或同一大类进行不同的赋值,比如可以让同属一个小类的两个点得 1 分,同属一个大类但小

类不同的两个点得0.5分,大类、小类都不同的两个点得0分。现在来看按表7的变式分类进行计算会是什么情况。首先A类用“等”概括了可能的读音分歧,也就是说完全抹杀了小类的区分,而且我们不知道这个“等”到底概括了多少种具体的变式,当然更无法知道这些具体变式跟具体方言点的匹配。只要是A类的方言点相互比较时都是得1分,而属于A类的方言点又恰恰是最多的(800,占86%)。B、C类跟A不同,都区分小类,可是又出现了两个“/”式概括(B3：əu/ɤu;B6：au/ɑu)。问题是“eu—əu—ɤu—ou”“ɐu—au—ɑu—ɑɔ”在语音上是渐变的关系(ɤu—ɤɯ无法在线性链条上安排略去),两两之间的距离大致是相等的,“/”式概括以主观任意的方式将“əu—ɤu”“au—ɑu”视为同一小类,造成相似值上升,可是这种概括往往又不彻底,例如C1、C2或C2、C3又不概括为“iu/iɤu”“iɤu/iəɯ”。而麻烦的还在于,一旦做了概括,除非能看到原始语料,否则都无法还原,也就是说是不可逆的。因此纯粹基于原图变式分类的计算结果必定会严重扭曲方言之间真实的相似关系。类似P145这样的图完全无法用于描写性计算,也无法直接在原图变式分类的基础上进行解释性计算。要进行可靠的解释性计算必须对变式进行重新分类,比如在表8分类的基础上进行计算。

表8　P145变式的解释性分类

	A：不同[800]	B：相同[114]
1	u—ou 等[800]	洪音：u/ɔ/əu/au 等[102]
2		细音：iu 等[12]

表8的分类完全忽略了具体音值的差异,只关注不同还是相同(大类的区分),相同时韵母是洪音还是细音(小类的区分)。在这种解释性分类的框架下,表7中的那些概括都不再会成为冲击计算结果可靠性的负面因素,因为表8的解释程度要高于表7。

类似P145这样的情况在《汉语方言地图集》中是相当常见的,各卷都不难找出例子。这里再以上文所列的表6为例(L105)。“/”式概括出现了10次,“—”式概括出现了2次,“等”“其他”式概括各出现了1次。这些概括共涉及93个方言点(10%)。不仅如此,其变式分类还存在着种种不平衡处理:“窗洞/窗孔/窗空”概括成了一个小类,可是“窗眼”“窗口”又分别独立为一个小类,难道“窗眼”“窗口”和“窗孔”的关系会比“窗洞”“窗空”的关系更远?为什么“窗户”“窗门”和“光窗”“皓窗”“亮窗”不分别概括成一个小类?“阏门/阏眼”概括成了一个小类,“床门”“床眼”却又分在两个小类。如果“眼子/格眼”都可以概括成一个小类,那么“窗子”和“门窗”“书窗等”为什么又要分立小类?显而易见,直接用L105的分类框架进行计算,方言之间的相似关系受到严重扭曲是必然的。

可见要用好《汉语方言地图集》必须遵守一些基本的原则。我们认为主要是两条。

第一条原则是不强做超越《汉语方言地图集》数据所许可范围的研究。例如拿它做全面性的描写性计算是不合适的,即使是做主题性的描写性计算也常常会落入陷阱。

第二条原则是应结合研究的目的或类型谨慎选择地图和数据,并进行必要的重分类。这条原则对各种类型的方言研究几乎都适用。

5 使用实例

我们曾经给粤语下过一个定性兼定量的定义:“古非敷奉母字高度轻唇化而古微母字高度存古的方言”(项梦冰 2006)。按照这个定义,我们可以综合P051(描写古非敷奉母字的今读)和P052(描写古微母字的今读)两图来观察这一定义的定性方面。

P051描写“飞蜂浮”三个字的声母,分别代表古非敷奉母字。可是三个字的性质有些不同。前两字在大部分汉语方言里都比较符合古非敷奉母字的一般表现,而“浮”字则否。无论古非敷奉母字今读重唇声母较为明显的方言还是古非敷奉母字今读重唇声母不太明显的方言,“浮”字都往往读重唇声母。因此如果仅用一个字作为古非敷奉母字的今读代表,从前两个字选一个即可。这里我们选用的是第一个字。首先我们从前文的表1中归纳出第一个字的变式种类如表9。

表 9 “飞”的声母

	A：重唇[132]	B：非重唇[798]
1	p^{105}	f^{797}
2	p^{h12}	$Ø^{1}$
3	$ɓ^{13}$	
4	pf^{2}	

其中 A4 变式 pf 从发音部位看,它属于唇齿音,跟 f 同类;从发音方法看,它属于塞擦音,跟塞音 p 等相近(都属于广义的塞音 stop)。表 9 依 P051 的处理归在重唇类。请注意 B1 变式 f 实际上代表了多种擦音声母类变式,但具体有多少种,出现频率如何都只有在能看到原始语料的情况下才能知道。因为表 9 的解释性分类其实只有“重唇”“非重唇”两类,因此 P051 的概括不会影响到我们的考察。

按照表 9 的变式分类框架,表 4 可进一步概括为表 10(三个没有“问”字读音的点不计入)。

表 10 “问”的声母

	A^{412}：鼻音、塞音	B^{515}：非鼻音、非塞音
1	m^{397}	$Ø^{344}$
2	mb^{7}	v^{165}
3	b^{6}	f^{3}
4	b^{h1}	$ɣ^{2}$
5	$ŋ^{1}$	$β^{1}$

按照 P051 的分类方法,表 4 的 AB1~AB3 都合并到表 10 的 A1,AB4 忽略文读音改为 b^{h},作为表 10 的 A4。鼻音、塞音类相当于表 9 的重唇,非鼻音、非塞音相当于表 9 的非重唇。

根据每个方言点在表 9 和表 10 中的表现,可以归纳出表 11。

表 11 “飞问”声母的读音分类

	A：飞A 问A^{130}	AB：飞A 问B^{1}	BA：飞B 问A^{282}	B：飞B 问B^{514}
1	p—m^{98}	p—v^{1}	f—m^{271}	f—Ø^{344}
2	p—mb^{2}		f—mb^{5}	f—v^{164}
3	p—b^{3}		f—b^{3}	f—f^{3}
4	ɓ—m^{13}		f—b^{h1}	f—ɣ^{2}
5	p^{h}—m^{12}		f—ŋ^{1}	f—β^{1}
6	pf—m^{2}		Ø—m^{1}	

表 11 是综合了 P051 的第一个字和 P052 得到的，其大类在汉语方言中的分布情况见表 12。

表 12 “飞问”声母的读音类型在汉语方言中的分布

	A^{130}	AB^{1}	BA^{282}	B^{514}
粤语			60	
平话	3		33	1
土话	3		11	5
客家话	23	1	41	5
儋州话	1			
畲话	2			
闽语	94		8	
吴语	4		101	16
徽语			7	8
赣语			15	74
湘语			1	42
乡话			4	
晋语				41
官话			1	322

现在把关注点放在 BA 类,根据 P051、P052 的数据和表 11 的大类可画出同言线图(见图 3)。

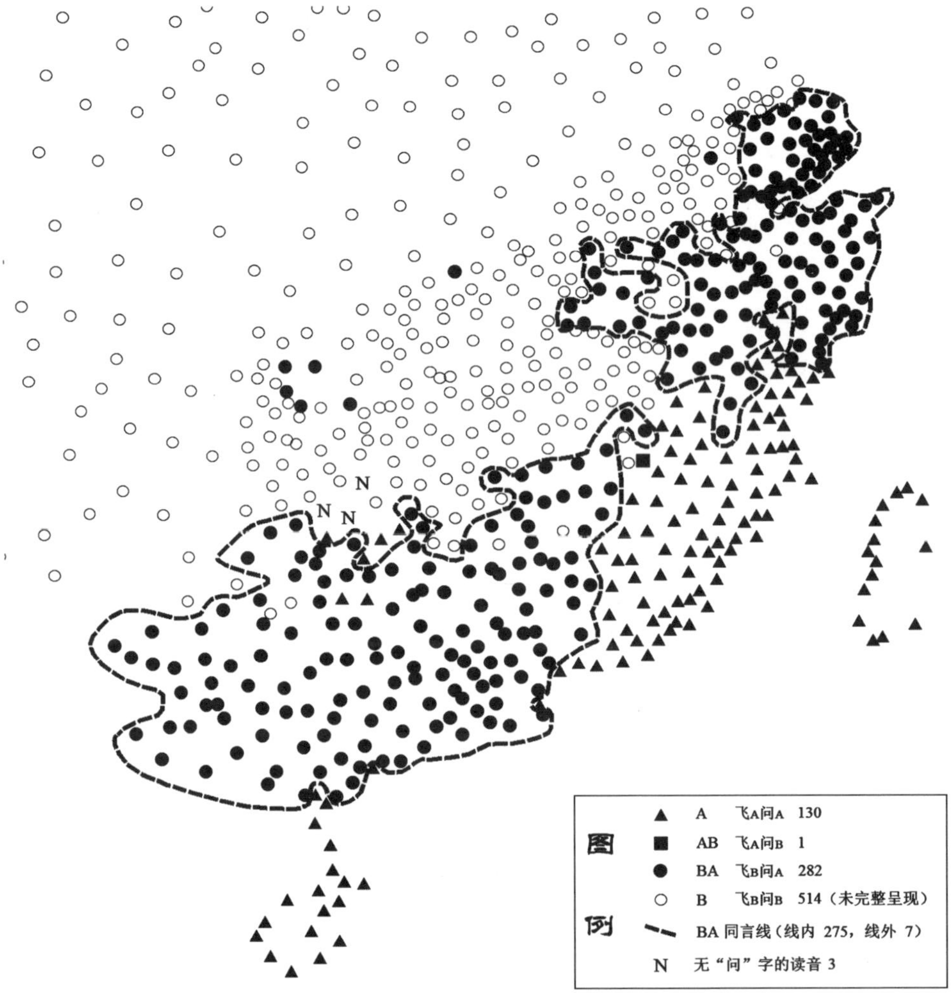

图 3 “飞非重唇问重唇”同言线图

图 3 是标准的解释性地图,其中值得注意的有以下几点:① AB 类仅有 1 个点,说明这种类型是特例。汉语方言“飞”读重唇蕴含“问”读重唇大体上是可以成立的。② 根据 BA 可以画出两条规整的同言线,线内的非 BA 点和线外的 BA 点各有 7 个。如果把关注点放在 A 或 B 上,同样也可以画出规整的同言线。③ 结合表 12 的统计可知,BA 同言线对平话和粤语的涵

盖程度相当好，粤语全部在线内，平话仅有2个点在线外。不过线内的其他方言也较多，大宗的有吴语(101个点)、客家话(41个点)，说明仅从定性的角度画非敷奉和微母演变不平衡的同言线，还不足以把粤语、平话跟吴语、客家话等区分开，不过可以相当有效地把粤语、平话跟闽语以及官话、晋语区分开。① 因此BA同言线还是有意义的。如果加上计量的维度，粤语、平话跟其他BA类方言的区别也是明显的。②

现在可以给本节的使用实例做一个总结：综合P051、P052，在P051对变项描写不够充分的情况下，我们用不受信息缺失影响的解释性分类成功画出了有意义的同言线图(即图3)，它对原图方言关系的忠实反映没有任何折扣。当然作为一幅解释性地图，具体的变式信息和部分异读信息(P051已忽略文读，但P052提供了文白异读信息)都不再呈现。可见，《汉语方言地图集》虽然存在不足，但不失为一部有用的方言地图集，关键是要用好。

参考文献

曹志耘主编：《汉语方言地图集》，商务印书馆2008年版。

[日]国立国语研究所：《日本言語地図》(《日本语言地图集》)，[日]大藏省印刷局1966—1974/1981—1985版。

项梦冰：《客家话古非组字的今读》，载北京大学中国语言学研究中心《语言学论丛》编辑部编《语言学论丛》第28辑，商务印书馆2003年版。

项梦冰：《客家话的界定及客赣方言的分合》，《语言暨语言学》2006年第2期。

项梦冰、曹晖：《汉语方言地理学：入门与实践》，中国文史出版社2005年版。

(项梦冰　北京　北京大学中文系　xiangmb@pku.edu.cn)

---

① 闽语落在A的方言点占闽方言点的92%，占A类方言点的72%。除客家话有一定规模的点落在A(23个点，占客方言点的29%)，其他大方言都不落在A或只有零星几个点落在A。晋语全部落在B，官话仅有1个点不落在B，官话和晋语占B类方言点的71%。湘语、赣语的主体也落在B(分别占湘方言点的98%，赣方言点的83%)。

② 请参看项梦冰(2003)图一及其说明，项梦冰、曹晖(2005：124-125，142-143)。平话因方言接触的问题会有一些方言点区别性较差(主要集中在桂北地区)。

汉语方言研究

临海(白水洋)方言处所范畴的类型学研究①

张剑羽　盛益民

提　要：文章是对临海话处所范畴的系统描写，包括处所题元及赋元手段。文章总结了可以担任处所题元的成分及其相关问题，包括处所词的范围和处所化手段的类型及句法表现。临海话的处所词范围较普通话略小。处所化手段上，除了方言普遍存在的方位词和处所指示词外，临海话还有专表位置的处所化附缀。此外，文章也对赋元手段进行了讨论，包括前置介词、动趋式、存在句和处所句，并对临海话处所赋元手段的参项进行了类型学比较。

关键词：临海方言；处所题元；处所化手段；赋元手段

1　处所范畴

“处所”一词在汉语学界有两种意义，一是词类意义上的“处所词”，二是句法意义上的处所题元。本文所言“处所范畴”是基于后者展开的讨论，是指和处所这一题元角色相关的句法语义手段，主要包括两大内容，一是什么成分可以充当处所题元，二是如何在句法上表达处所题元。

我们将可以充当处所题元的成分称为“处所成分”，句法上相当于处所词，用以统辖处所词、方位短语等各种结构。在句法上，处所成分可以直接做“在”“到”等空间介词的宾语，也可以被“哪里”提问。在汉语中，

① 本文为国家社会科学基金2020年度重大项目“吴语语料库建设和吴语比较研究”（项目编号20&ZD301）的阶段性成果。文章曾在复旦大学语法沙龙中做过报告，得到陈振宇等多位师友的指正。本刊匿名评审专家也提出了重要的修改意见。特申谢忱！

存在处所词和名词在处所题元表达上的对立,处所词不需要额外的处所化标记就直接用以表示处所;而名词则只有表示实体的功能,当使用普通名词表示处所时,必须先通过某种句法手段实现处所化。我们将这种使普通名词处所化的成分称为"处所化手段",主要包括方位词、处所指示词等。

此时的处所成分仍是一个静态概念,还需要一定的赋元手段才能完成入句,成为句中的处所题元。汉语主要的赋元手段包括空间介词、动趋式、存在句和处所句。而在方言中,处所题元和赋元手段的句法表现存在相当丰富的共时变异。刘丹青(2003,2008)就曾对吴语、粤语和普通话的处所范畴进行了深入比较,指出方言中处所表达的类型学差异。本文即从类型学角度出发,分析临海方言中的处所范畴。

临海市位于浙江省台州市中部,东临东海,北靠天台、三门,南接台州市区,西连仙居。临海方言属于吴语区台州片,为第一作者的母语方言。本文所依据的为临海市西部毗邻仙居县的白水洋镇方言,和城关方言不完全相同,处所范畴的相关差异详见下文。本文的临海话语料主要来自第一作者的内省和与家人的交流。

2　临海方言的处所成分

2.1　处所词与可动性层级

李崇兴(1992)对普通话处所成分的构成进行了归纳。参照李文的讨论,临海话中,处所成分可以由以下方法表达:

1) 处所词,即能独立表示处所的词,临海话的处所词包括地名和机构专名,如"上海""复旦大学";

2) 单用的方位名词以及处所指示词和处所疑问词,如"里头""前头""简埭那里";

3) 带有各类处所化手段的词或短语,相当于方位短语,如"学堂里头""学校里"。

临海话中存在泛用的处所标记"勒"[lɛʔ^{0}],表示所处的位置,相当于普通话“这儿/那儿”,[①]前文已经讨论到,处所词和名词的差别就在于处所词可以直接表示处所,不需要其他形式手段,因此,是否必须加“勒”可以作为临海话中处所词的检验手段。和普通话相比,临海话的处所词范围要小一些。普通话中机构名词可以直接表示处所,但临海话中机构专名可以表示处所,但机构通名无法直接充当处所题元,因而不属于处所词。

(1) a. 我在复旦大学(勒)读书我在复旦大学读书。

b. 我在大学*(勒)读书我在大学读书。

处所词的范围具有重要的类型学意义,处所词能独立表示处所,涵盖必须不带标记和可以带标记两类,加上必须带标记的名词,这三类词在不同方言中存在分布差异。我们将普通话、吴语临海话、绍兴话(盛益民 2021)和粤语玉林话(王君婷 2022)处所词的范围及其对处所标记的要求进行对比,可以清晰地发现“地名>机构专名>机构通名>普通名词>指人名词”的蕴含层级(“>”指左边成分能独立充当处所的能力大于右边的成分,可以认为左边的成分有更高的“处所性”、更低的“可动性”)。[②] 这符合 Chu(2004:62-65)提出的可动性层级(movability hierarchy),高可动性的成分更容易在位移事件中作为图像(figure),低可动性的则倾向于背景(ground)。可以初步认为,可动性等级对处所词与名词的分化具有较好的解释力。

表 1　不同类别的名词性成分对处所标记的选择差异(+表示强制,−表示强制不出现,±表示可选)

	上海(*里)	复旦大学(里)	大学(里)	桌子上	我这儿
玉林	−	±	±	±	+
普通话	−	±	±	+	+
临海	−	±	+	+	+
绍兴	−	+	+	+	+

① “勒”没有距离义,普通话不存在完全对应的成分,详见 2.2.3。

② 此处不考虑“上海(这儿)”这种语例,因为后附的处所指示词有两种功能,一是用于低可动性成分之后,表示领属或复指;二是用于高可动性成分之后,将其处所化。“上海这儿”属于前者,只起到择定作用,即确定短语表示处所而非实体,(储泽祥 2010:83)而本文讨论的是转化作用,二者并不等同。

处所词范围存在方言差异,其历时原因是上古汉语以来的处所—实体分离趋势在不同方言演变速度不同。先秦汉语中,各类名词可以自由地兼表处所和实体,如“遂奔僖子”“鸤鸠在桑”。而汉代以来,高可动性的指人名词、普通名词逐渐失去了直接表达处所的功能,处所词和名词分离,同时以方位词为代表的各种处所化手段逐渐形成,而这一演变在不同方言中存在差异。可以推测,尽管不同方言的处所词范围不同,但应该也遵循一定的可动性层级,这部分我们将另撰文详细讨论。

2.2 临海话的处所化手段库藏

普通名词要充当处所题元,就需要通过处所化手段。处所化手段从功能上可以分为两类,一类是包括既表位置也表方位的方位标记,主要由方位词承担。另一类是只表位置而没有方位义的处所标记,包括处所指示词。而临海话中,在指示词外还存在一类附缀性质的处所标记。

2.2.1 方位词

方位词从构词上包括单纯方位词和合成方位词。普通话中的单纯方位词包括“上、下、前、后”等,可以比较自由地将名词短语转化为处所。但是这些语素在临海话中的表现有所不同。

以“上”为例,临海话中的相应语素和普通话有两点大的差异:1) 和名词的搭配性不强,只能组成“山上”“楼上”“桌上”若干有限的短语,普通话中常见的“手上”“心上”等短语在临海话中都不合法;2) “上”只能和名词搭配,不能和名词短语搭配,如例(2),“桌上”本身合法,但“桌”无法发生任何形式的扩展,如果要扩展必须改用“勒”,因此“桌上”应当视为词而非短语,并且其连续变调模式也和词内的变调一致。“词”是最小的能自由运用的音义共同体,而临海话的“上”类单位无法自由使用,只能黏着后置于个别语素,没有必要像普通话那样处理为词,更应当处理为语素,由其组成的“山上”“楼上”则是高度词汇化的成词单位。因此,普通话的单纯方位词在临海话中实际上是只有构词功能的方位语素,临海话不存在真正的表处所的单纯方位词。①

---

① 临海话表时间的“前”可自由用于各种短语和小句之后,是真正的方位词,但不在本文讨论范畴之内。

(2) 上：山上　楼上　桌上　天上　路上　*手上　*心上

(3) a. 桌上　b. *一张桌上(数量)　c. *张桌上这张桌上(定指)

d. *大点嘅桌上大一点的桌子上(修饰)　e. *桌儿上(小称)

f. *渠嘅桌上他的桌子上(领属)　g. *书桌上(下位义词)

普通话由单纯方位词表达的方位在临海话中经常用合成方位词表示，这在句法上可以分为两类，第一类是非论元性的方位词，即"之/以"和单纯方位语素组成的词，这类词口语中很少用来表示方位，多有书面色彩，用法也和普通话类似，下文不再赘述。第二类则是论元性的方位名词，这类词可以直接充当论元，兼有处所词和处所化手段的性质。从构词上分别有派生方位词和复合方位词。派生方位词大多是规则的，由方位语素和方位词缀组成，详见表2。还有一些不规则的，如"横边旁边"。

表2　临海话合成方位词搭配状况("+"代表可以搭配)

	面 [miɪ]	头 [dœ]	边 [piɪ]	面边 [miɪ piɪ]	面头 [miɪ dœ]	头□ [dœ kyəʔ]	向 [hiã]	面向 [miɪ hiã]	壁 [piɪʔ]
上/下	+	+		+	+	+	+	+	
顺手右/济手左	+		+						
前/后	+	+			+	+	+	+	
里/外	+	+			+		+	+	+

临海话中还有一些复合而成的方位词，有"肚里(头)里面""面前前面"等。普通话表具体方位的"里"在临海话中通常都可以用"肚里(头)"代替，如"箱肚里箱子里面"。临海话的"面前"比普通话使用更广，不仅可以用于指人名词之后，也可以用于普通名词，表示一般的"前面"，如"椅面前椅子前面"。

"身体部位名词>方位词"是汉语方言中常见的语法化路径。普通话中，身体部位名词作为词内语素具有一定的方位意义，如"山腰""路口"等。这类词可能进一步语法化为合成方位词的一个语素，或是成为独立使用的单纯方位词。临海话中身体部位名词发展为前者，有的方言则可以作为单纯方位词使用,如闽南语多用“顶”表示“上”(曹志耘 2008: 42)、昆明话用“首”表示“里”(丁崇明 2013)等。从世界语言来看,特别是一些非洲语言中,这一演变路径也是十分普遍的。(Kuteva, *et al.* 2019)

2.2.2 处所指示词

临海话的处所指示词比较丰富。指示语素有三个,分别是近指指示词“以⁼”[i^{53}]和“箇”[$kəʔ^{5}$],以及远指指示词“简⁼”[$kɛ^{53}$]。本体语素更为丰富,详见表 3,而“垯”[$tɛʔ^{5}$](一般认为来源于“埲”)是其中最强势的。语义上除了“向”“边向”专指人的住处和方向外,其他基本相当于普通话“这里”“那里”。此外,“垯”“垯地”“向”可以不需要指示语素直接表示近指的处所,这时的“垯”可以发生小称变调,为[$tɛ^{24}$],或保留本调。这是复合指示词脱落指示语素使得本体语素获得指示性,即盛益民(2015/2017)指出的“处所指示词省略指示语素”。除了表 3 列出的这些规则的指示代词外,临海话还有“搭世界”[$taʔ^{5\text{-}3}$ $ɕi^{44}$ ka^{44}]可以表示“这/那些地方”。临海城关方言对指示词的使用有所不同,主要用“头”,还可以用“块”,而不用“垯”。

表 3 临海话指示语素和处所语素搭配表

	垯 [tɛʔ]	垯地 [tɛʔ di]	向 [hiã]	边向 [piɪ hiã]	头 [dœ]	头□ [dœ kyəʔ]	边 [piɪ]
以⁼	+	+	+	+	+	+	+
箇	+	+	+	+	+	+	+
简⁼	+	+	+	+	+	+	+

汉语的处所指示词普遍兼有直接做处所题元和后附于名词短语整体充当处所题元两种用法,分别相当于处所标记和处所词,例(4)给出了临海话的处所指示词的这两个用法。其中处所词用法是指示词的基本用法,起到典型的直指、回指功能。而处所标记用法中,指示功能更多由前附的名词短语承担,指示词的指示性较弱,当属衍生功能。

(4) a. 锁匙在我(箇/*以)垯/渠简垯钥匙在我这里/他那里。

b. 锁匙在箇/以/简垯钥匙在这里/那里。

2.2.3 处所化附缀

临海话的处所标记还有"勒"[lɛʔ^{0}]和"向"[hiã^{0}],两者都能自由地和名词搭配,能产性很强。"勒"与地名以外的其他名词短语均可搭配,包括指人的名词性短语,表示该 NP 所处的位置;而"向"只能用于指人的名词性短语之后,表示"家"义。

(5) 锁匙在我/我弟/王老师勒钥匙在我这儿/我弟弟那儿/王老师那儿。

(6) 简本书在我/渠班人/张三/姑姑/* 箇人/渠娘向驮来个那本书是从我/他们/张三/姑姑/* 这个人/他妈妈家里拿来的。

刘丹青(2003: 288-293)将吴语的方所后置词分为表方位的方位后置词和表位置的处所后置词。处所后置词又有泛指处所的和专指家里的,临海话的"勒"和"向"就分别对应这两种,"我勒"表示"我这儿/那儿","我向"表示"我家里"①。

"勒"是高度黏着的,无法独立使用,后附于整个名词性短语,中间无法插入定语标记等其他成分。在语音上,"勒"有完整的音节形式,但无法重读,和其所依附的短语不属于一个变调组,也不受该短语的小称变调影响,②只读作依附调。因此,在句法上"勒"应当归为附缀,不妨称为"处所化附缀"。"向"也是同一情况。

(7) a. 桌勒桌上 箇张桌勒这张桌上　　b. 我向我家 我娘舅向我舅舅家

(8) 学堂勒[ɦɔʔ$^{23-3}$ dɔ̃^{21} lɛʔ$^{0-31}$]/学堂儿勒[ɦɔʔ$^{23-3}$ dɔ̃$^{21-24}$ lɛʔ$^{0-33}$]学校里

在语义上,"勒"并不表示具体的方向,表示名词指称对象实体所在的位置。储泽祥、王寅(2008)将实体占据的空间分为表面空间、内部空间和延展空间,在普通话中分别用"上""里"和其他方位词表示。但临海话"勒"不表示具体的方向。不同的名词凸显的空间不尽相同,如"桌子"最凸显的是其上表面,因此"桌勒"一般指"桌上","抽屉"最凸显的是其内部空间,因此"格儿勒"一般指"抽屉里"。但这一语义表达可以在语境中取消,如"箱

① "家"义的"向"其实不是真正的处所标记,因为指向"家里"这一意义,而非纯粹的位置,本文限于篇幅,暂不做详细讨论。

② 例(8)中"勒"的调值不同是由于依附调的变调规律,依附调调值受前字调值影响。

子”的内部空间凸显,“箱勒”多指“箱子里面”,如例(9),但在合适的语境下也可以指“箱子上面”。在合适的语境下也可以表示延展空间,如例(10)。因此,从本质上说,短语的方向义是语境赋予的,属于语用范畴,“勒”本身只有位置义,是专门的处所标记。

(9) a. 箱勒有物事粘勒箱子上有东西贴着。

b. 箱勒有物事歇勒箱子里有东西放着。

(10) 一只老鼠逃乒乓桌儿勒去爻一只老鼠跑到乒乓桌下(那儿)去了。

这种不表方位的处所化附缀在方言中并不罕见,绍兴话“里”[li^0](盛益民 2021)、厦门话“□[e^0]”(李如龙 2007,泉州对应的词读作[le^0])、福州“唃”[$n\varepsilon^0$](陈泽平 1998)均有类似功能。

这种处所化附缀在语义上和处所指示词十分接近。临海话中充当处所标记的主要是处所指示词“垯”和附缀“勒”,二者在句法功能上存在一些细微差异:1)“垯”不能与抽象名词搭配,如例(11)a;2)“垯”还可以用在地名之后,如例(11)b;3)“垯”可以做主宾语,有论元功能,语音上可读本音或小称变音,而“勒”只有依附用法,读依附调。

(11) a. 新闻*垯/勒是铁⁼在得讲新闻里是这样在说。

b. 上海垯/*勒人多猛,呒何物好嬉上海这里人太多了,没什么可玩的。

c. 垯[$t\varepsilon ʔ^{\underline{5}}$]/垯儿[$t\varepsilon^{24}$]/*勒是上海这里是上海。

从来源上,“向”的来源比较清晰,和指示词本体语素的“向”是同一来源。而“勒”则相对复杂,可做处所标记的成分在台州片内部的温岭(阮咏梅 2013)、椒江(刘丹青 2003)、天台(戴昭明 2006)等地都有发现[t-]-[l-]两种读法。有两种可能来源,一是“里”[li^{53}]的弱化读音,“里”在吴语中发展出泛向意义十分常见,[εʔ]韵也是临海话主流的弱化方向,如“来”[$l\varepsilon ʔ^0$]、“去”[$k\varepsilon ʔ^0$]、“看”[$h\varepsilon ʔ^0$]的弱读。二是“垯”的音变,也即来源于“埭”。我们认为,没有论元功能的更可能来源于“里”,有论元功能的更可能来源于“埭”。城关相应的附缀读作“得⁼”,不能做论元,可能是“里/勒”的进一步音变。①

① 刘丹青(2003:288)提到椒江方言的“里”[li]弱化为“特”[dəʔ],临海城关的“特”可能发生了类似的机制。但本文暂不能解释“l->d-”的强化音变机制。

2.2.4 小结

处所化手段是汉语表示处所题元的重要形式手段,跨方言来看,其库藏成员十分丰富。处所化库藏可以下分为两个功能不同的子库藏,一是只表示位置,不表示方向的处所标记,二是既表示位置也表示方向的方位标记。方位标记跨方言来看更为显赫,各方言都有专门的形式手段——方位词。汉语的处所标记相对不显赫,指示范畴经常发生跨范畴的功能扩展(刘丹青 2011),使得指示词兼有处所标记的功能。

不同方言选用的库藏成员也存在很大差异。临海话和普通话相比,方位标记均主要由方位词承担,只是具体成员有所差异;临海话的处所标记除处所指示词外,还有附缀性的"勒"和"向"。从汉语方言的情况来看,除了语素、实词、附缀外,处所化手段的库藏成员还包括词缀(如武平岩前客家话"子"[-tsɿ],练春招 2000)和变音(如获嘉"D变韵",贺巍 1989:51-54)。

3 临海方言的处所题元与赋元手段

处所题元属于间接题元,与无标记的直接题元不同,间接题元往往用专门的、通常是介词性的标记引介,汉语中的这些标记通常是虚词性质的,即赋元虚词,如介词"在"。部分特殊的实词(即赋元实词)或构式也可以赋予相应句法位置间接题元,如动词"在"。(刘丹青 2002)临海话中,处所题元赋元手段的类别和普通话一致,主要靠空间介词、动趋式以及存在句、处所句赋元。

3.1 空间介词

3.1.1 介词类别

临海话的上述处所成分可以加空间介词进而充当处所题元。本节我们对空间介词及其省隐条件进行分析。

临海话中,位置和源点均用介词"在[ze^{21}]/啉[le^{21}]/牢$^{=}$[lɔ^{21}]"①表达,终点则用"搭[taʔ^{5}]"。方向可以用介词"向",但较文。经由则没有专

① 三者没有明显差异,"在"相对较文,本文所举语料中均可自由替换。

用介词。事实上,经由和方向通常用动趋式而非介词表达,即"V+L+过(经由)|来/去(方向)"的形式,第一个动词表示位移的方式,可以用"走""驶开(车)""逃跑"等动词充当,如12e。

(12) a. 我在/啉/牢教室里读书我在教室里读书。(位置)

b. 在格儿勒驮出一把剪从抽屉里取出一把剪刀。(源点)

c. 搭学堂勒到再讲先到学校再说。(终点)

d. 向前头走,一直走勒天安门朝前面走,一直走到天安门。(方向,动后介词)

e. 尔难驶垯过你不要(开车)从这边过。(经由[不用介词表达])

临海话的动后介词主要是"嘞"[lɛʔ⁰]。"嘞"在句法和韵律上都依附于动词的,不能脱离动词存在,属于核心标注的。"嘞"后面可以接处所或时间,如"走嘞教室里走到教室里""作业写嘞半夜作业写到半夜",引导终点论元,相当于普通话"V 到"。"V 在"在临海话中直接用动词表达,"V 向""V 自"等其他表处所的动介式在临海话中没有对应表达。

3.1.2 介词的隐现条件

临海话的动后介词并不发达,只有相当于"V 到"的成分,见例(13),"走到教室"这样的结构相对较文,更口语化的结构是"V+L+到"或者"V+嘞+L"。"V+L+到"与动趋式结构相同,不凸显"到达"义时可以替换为"去"。动后介词"嘞"和"到"的语义一致,通常可以替换,但至少出现一个。刘丹青(2005)指出,太湖片吴语的介词在动前可省略,动后强制出现。可见介词在动后的表现,是临海话与太湖片的一大差异。

(13) a. 树勒个苹果脱地勒爻树上的苹果掉到地上了。 □倒眠床勒不要躺在床上。

b. 等渠走到教室起/走嘞教室里起/走教室里到起/走嘞教室里到起先等他走到教室。

临海话的介词在动前位置经常省略,省略倾向明显强于普通话,符合主流吴语特征。主要有以下情况:1) 当核心动词是趋向动词[例(14)a]或带趋向补语[例(14)b]时,表源点和终点的"在/搭"都可以省略,这是因为趋向词本就可以介引论元,使得动前介词语义上冗余;2) 话题化(包括主语前话题和主语后次话题)的处所题元不加介词,如[例(14)c]。

(14) a. 渠(搭)上海去爻他去上海了。　我扣(在)北京转来我刚从北京回来。
b. 渠(搭)学堂勒读书去爻他到学校读书去了。　箇物事我(在)户里驮来嘅这个东西我是从家里拿来的。
c. (*在)超市勒鸡子多蛮多。/鸡子(*在)超市勒多蛮多超市里有很多鸡蛋。

3.2 动趋式

在临海话中,处所成分还可以由动趋式赋予处所题元。

临海话的趋向动词分为单纯趋向词和复合趋向词。单纯趋向词中,“来、去”是指示性的,“进、出、上、落、转、过、到”是非指示性的。复合趋向词详见下表,“来/去”在复合趋向词中弱读且为依附调,在单纯趋向词中读本音。二合的复合趋向词的结构为“进/出/上/落/转/过+来/去”。此外还有三合的复合趋向词,中间项限于“转”,即“进/出/上/落/过+转+来/去”。三合复合趋向词在意义上是透明的,如“驮拿进转来”相当于“驮进来拿进来”和“驮转来拿回来”的简单加合。“转”在复合趋向词中的地位较特殊,“转”的出现与否往往只影响语义,而不改变趋向词的句法性质,这使得三合趋向词在句法上和不加“转”的二合趋向词一致,而“转来/转去”的句法性质也更接近“来/去”而非其他二合趋向词。一个体现是,除“转来/转去”之外的复合趋向词在口语中不常带处所宾语,而“转来/转去”不受此限制。

表4　临海话复合趋向词搭配表

	进 [tɕin⁴⁴]	出 [tɕʰyəʔ⁵]	上 [zɔ̃²¹]	落下 [lɔʔ²³]	转回 [tɕyø⁵³]	过 [ku⁴⁴]
来 [le²¹]/[lɛʔ⁰]	+	+	+	+	+	+
去 [kʰe⁴⁴]/[kɛʔ⁰]	+	+	+	+	+	+
转来/转去	+	+	+	+	/	+

句法表现上,临海话的趋向动词也比较特别。临海话的趋向动词用作动词时(记作 V_d),“来/去/转/过/到”要求处所宾语前置,“进/出/上/落”

的处所宾语可以后置,但最常见的结构仍是“介词+L+V_d”。这也是吴语的主流语序。

而和其他动词搭配用作趋向补语(记作C_d)的动趋结构,其处所宾语的位置是临海话的一大特色。普通话的处所宾语位于指示性趋向词之前,非指示性趋向词之后,如“我把试卷拿进教室来”。粤语则是位于指示性趋向词之后,如香港话“就行翻去嗰条路然后走回那条路去”(姚玉敏 2014:207)。太湖片吴语的趋向词通常不能直接跟处所宾语,需要用介词表示,如上海话“有几个观众跳到舞台高头有几个观众跳上了舞台”(刘丹青 2008:54),或移到动词之前;如绍兴话“贼骨头卫生间里躲进埛小偷躲进了卫生间”(刘丹青 2005:234)。而临海话动趋式带处所宾语的基本结构是“V+L+C_d”,即将处所放在动词之后,趋向词之前。例(15)分别表达了自移事件、非自主事件、他移事件三类位移事件。

(15) a. 我扣走食堂转来我刚回食堂来。　只狗亦□[maʔ⁵]箱勒进爻这只狗又躲进箱子里去了。

b. 苹果脱地勒落爻苹果落在地上了。

c. 我拔试卷驮教室勒去我把试卷拿到教室去。

由于趋向词和伴随事件动词被处所题元隔开,在形式上与连动式接近,但该结构可以转化为可能补语,如“驮教室勒驮得去歪?拿到教室去拿得去吗?”,这和普通话动趋式相同,仍应处理为补语。这种“动+宾+补”的结构不仅出现于动趋式,在动结式中也有发现。临海话中的相当于“掉”的动相补语“□[gɔ²¹]”也允许在谓语和“□[gɔ²¹]”之间插入分裂的数量宾语和处所宾语,如“苹果喫只□[gɔ²¹]吃掉一个苹果”“剪园格儿勒□[gɔ²¹]剪刀藏到抽屉里”。其中数量宾语的插入限于祈使句,处所宾语则无限制,均可变换为可能补语结构。从“□[gɔ²¹]”的其他用法来看,其并无谓语功能,属于唯补词,因而上述结构宜处理为带宾语的述补结构。“□[gɔ²¹]”搭配处所宾语的结构和动趋式结构平行,而数量宾语的情况和各种动后成分(包括“凑再”“起先”和表重行的“过”)涉及数量宾语时的结构相似,两类宾语宜分别讨论,有待进一步研究。但可以确定,处所宾语位于动词和补语之间,是临海话中具有强制性的句法现象。

3.3 存在句和处所句

除了空间介词和动趋式外,存在句和处所句也能够将处所成分转化为论元,临海话在这些句式上的表现也有一定特色。

临海话中,存在句的基本结构为"L+(有)+存在物+V+持续体标记"。存在句分为简单存在句和复杂存在句。简单存在句中 V 为"在"类处所动词,也可省略动词以后部分,见例(16)a。静态的复杂存在句将处所动词改为其他动词,见例(16)b;动态的则需要改用进行体结构"L+(有)+存在物+进行体标记+V",如"水勒(有)多蛮多鱼在划水里游着很多鱼"。上述结构中的"有"通常省略,存现句否定结构则是将"有"替换为否定存在动词"呒有",这时不能省略。

(16) a. 墙勒有一幅画。/墙勒(有)一幅画牢勒墙上有一幅画。

b. 墙勒(有)一幅画挂勒墙上挂着一幅画。

临海话处所句的基本结构为"主语+V+L"。处所句也可以分为简单处所句和复杂处所句。简单处所句中 V 为处所动词,如例(17)a。复杂处所句在普通话中用"V 在"表达,用空间介词表达,临海话中则直接在动词后接处所,如例(17)b。处所句否定式则是在动词前加存在否定词"呒有"或"覅"。

(17) a. ——尔牢何里?——我牢上海。——你在哪里?——我在上海。

b. 简把剪园格儿勒那把剪刀放在抽屉里。

4 总结和展望

本文对临海话的处所范畴进行了全面讨论,并进行了初步的类型学比较。

文章第 2 节对可以充当处所题元的成分展开了讨论,议题包括处所词与名词的分化和处所化手段的表现。处所词和名词的分化是汉语历时演变和共时变异的一个重要特征,临海话较之普通话处所词的范围更窄。不同方言的分化各不相同,并基于一定的“可动性等级”。处所化手段是将非处所词转化为处所的形式手段,临海话中的处所化手段包括方位词、处所指示词以及附缀“勒”“向”。然后文章对处所化手段的库藏进行了初步总结。

第3节对处所题元和赋元手段进行了讨论,包括空间介词、动趋式以及存在句、处所句,这些赋元手段可以使处所成分作为处所题元入句。临海话在这些手段上也有一些特色。临海话有发达的趋向结构,且语序较有特色,处所宾语需位于伴随事件动词和趋向词之间。我们可以从类型学角度对处所赋元手段进行总结并在吴语内部展开比较。从句法位置来看,临海话动前介词较动后介词发达,处所题元前置居多。刘丹青(2005)指出,吴语有强烈处所前置倾向,这和吴语的话题优先语序相和谐。从标注类型上看,动前介词和趋向补语为从属语标注,动后介词则为核心标注。从介词类型及其隐现来看,临海话使用前置介词,其中动前介词经常省略,其表现和多数吴语一致,动后介词很不发达且可省略,这点和多数吴语不一致。综上所述,临海话在处所赋元手段的类型学表现上,处所前置和介词省略的倾向均较普通话强,基本符合吴语共性。

在临海话内部,白水洋方言和城关方言差异较小,主要体现在处所化手段上存在一定变异,处所赋元手段未见明显差异:临海话附缀的语音形式存在差异,两地分别为[l]声母和[t]声母,但很可能是同源的;处所指示词的使用也不同,白水洋主要使用“×垯”,而城关主要用“×头”。

本文从处所成分和赋元手段两方面分别展开讨论。但也需要指出,赋元手段与处所成分之间存在互动关系。在过往研究中,处所词常被定义为可以做“在”“到”等空间介词的宾语的一种词类。(朱德熙 1982:42)这种定义确有合理性,空间介词是最发达且最高频的一种处所赋元手段,限于篇幅,我们讨论的处所成分相关问题也是基于空间介词展开的。但从上文我们可以发现,空间介词只是赋元手段的一种,基于空间介词定义的处所词范围是否适用于其他赋元手段,需要进一步讨论。

以机构专名为例,临海方言“复旦”一词在空间介词后可以直接做处所题元,属于处所词;而在处所句中则要加处所化附缀“勒”,相当于名词,如例(18)。因此,处所成分的句法表现和赋元手段存在一定的互动关系,不同赋元手段下,同一成分是否需要加处所化手段可能存在强制性上的细微差异。这种关系在过去的方言和类型学研究中较少被涉及。

(18) a. 我牢复旦(? 勒)读书我在复旦读书。

b. 我书牢复旦*(勒)我的书在复旦那儿。

总的来说,空间是人类语言中的重要范畴,空间表达是人类语言重要的研究领域。汉语方言的空间表达很有特色,很有必要在单点深入分析的基础上,对汉语空间表达的共性表现与类型差异进行全面的讨论,此外,汉语处所成分与赋元手段之间的互动也值得进一步关注。

参考文献

陈泽平:《福州方言研究》,福建人民出版社 1998 年版。

曹志耘:《汉语方言地图集　语法卷》,商务印书馆 2008 年版。

储泽祥:《汉语空间方位短语历史演变的几个特点》,《古汉语研究》1996 年第 1 期。

储泽祥:《汉语"在+方位短语"里方位词的隐现机制》,《中国语文》2004 年第 2 期。

储泽祥:《汉语处所词的词类地位及其类型学意义》,《中国语文》2006 年第 3 期。

储泽祥:《汉语空间短语研究》,北京大学出版社 2010 年版。

储泽祥、王寅:《空间实体的可居点与后置方位词的选择》,《语言研究》2008 年第 4 期。

戴昭铭:《天台方言研究》,中华书局 2006 年版。

丁崇明:《昆明方言方位词系统及方位介词"朝"等特殊句法现象》,载李蓝、甘于恩主编《全国汉语方言学会第十七届学术年会暨汉语方言国际学术讨论会论文集》,暨南大学出版社 2013 年版。

方经民:《汉语空间方位参照的认知结构》,《世界汉语教学》1999 年第 4 期。

郭锐:《现代汉语词类研究》,商务印书馆 2002 年版。

贺巍:《获嘉方言研究》,商务印书馆 1989 年版。

李崇兴:《处所词发展历史的初步考察》,载胡竹安等编《近代汉语研究》,商务印书馆 1992 年版。

李如龙:《闽南方言语法研究》,福建人民出版社 2007 年版。

练春招:《福建武平岩前方言的"子"尾》,《龙岩师专学报》2000 年第 4 期。

刘丹青:《"唯补词"初探》,《汉语学习》1994 年第 3 期。

刘丹青:《赋元实词与语法化》,载潘悟云主编《东方语言与文化》,东方出版中心 2002 年版。

刘丹青:《语序类型学与介词理论》,商务印书馆 2003 年版。

刘丹青:《方所题元的若干类型学参项》,载徐杰编《汉语研究的类型学视角》,北京语言大学出版社 2005 年版。

刘丹青:《语言库藏类型学构想》,《当代语言学》2011 年第 4 期。

刘宁生:《汉语怎样表达物体的空间关系》,《中国语文》1994 年第 3 期。

卢笑予:《浙江临海古城方言的指示词系统》,《方言》2018 年第 2 期。

吕叔湘:《方位词使用情况初步考察》,《中国语文》1965 年第 3 期。

阮咏梅:《温岭方言研究》,中国社会科学出版社 2013 年版。

阮咏梅:《西洋传教士文献看台州方言百余年来的演变》,中国社会科学出版社 2019 年版。

盛益民:《汉语吴方言的"处所成分——指示词"演化圈》,载 *International Journal of Chinese Linguistics*, 2015(3)。又载陈忠敏、陶寰编《吴声越韵》,商务印书馆 2017 年版。

盛益民:《吴语绍兴(柯桥)方言参考语法》,商务印书馆 2021 年版。

王君婷:《粤语玉林话空间范畴的类型学研究》,复旦大学硕士学位论文,2022 年。

朱德熙:《语法讲义》,商务印书馆 1982 年版。

Chu Chengzhi: *Event Conceptualization and Grammatical Realization: The Case of Motion in Mandarin Chinese*, University of Hawai'i at Manoa, 2004.

Kuteva T, *et al.*: *World Lexicon of Grammaticalization*. Cambridge: Cambridge University Press, 2019.

Liu Danqing(刘丹青): Syntax of Space Across Chinese Dialects: Conspiring and Competing Principles and Factors. In Xu, dan (ed): *Space in Languages of China*, Paris: INALCO/CRLAO, 2008: 39-68.

Yiu C Y-M(姚玉敏): *The Typology of Motion Events An Empirical Study of Chinese Dialects*. Berlin/Boston: Walter de Gruyter GmbH, 2014.

(张剑羽　上海　复旦大学中文系　jianyuzhang21@m.fudan.edu.cn;
盛益民　上海　复旦大学中文系　fdshengym@163.com)

张家口方言的语气词及其连用顺序①

宗守云　郭思佳

提　要：张家口方言语气词类型丰富，有“噢”和“嗨”、“么”和“还”、“来”和“也”、“呀”和“哟”、“不是”和“的嘞”等。文章指出其连用遵循一定的顺序原则，理论上最多可以有6个语气词连用。

关键词：张家口方言；语气词；连用

语气词又叫语气助词，典型的语气词是附在句末且作用于整个句子的虚词。语气词也有作用于谓语的（朱德熙　1982：207），也有位于句中标示停顿的。位于句中标示停顿的语气词是句中语气词。徐晶凝（2008：133）认为，语气助词是情态标记和话语标记，在情态上是必需的成分，使用的目的在于表示句子与语境的关联性以及满足听话人的面子需要，更好地保证交际的成功。语气词主要用于表达说话人的态度和情感，也是一种情态成分，属于比较典型的情态范畴成员。张家口方言有一些特殊形式和特殊用法的语气词，主要包括“噢、嗨、么、还、来、也、呀、哟、不是、的嘞”等。本文讨论张家口方言一些特殊的语气词并说明这些语气词连用的顺序。

1　“噢”和“嗨”

“噢”和“嗨”是互动语气词（宗守云　2020），虽然在涿鹿、怀来一带比较

① 本研究得到国家哲学社会科学基金一般项目“晋冀蒙接缘地带晋语语法深度调查和比较研究”（项目编号22BYY046）资助。

常用、发达,但在整个张家口方言中都是大同小异的。“噢”和“嗨”只能用于说话人和听话人交际的互动场合,不能用于说话人自言自语的场合。“噢”和“嗨”可用于各种句类,包括陈述句、疑问句、祈使句和感叹句,“噢”还可用作句中语气词。

1.1 噢

“噢”的基本用法是要求对方认同,例如:

(1) 你准备去小砚山也噢你准备去小砚山吧?

(2) 咱们一起割豆噢咱们一起割豆吧?

(3) 快叫他戳惊噢快叫他滚蛋吧!

(4) 人家那谷子长得多好噢人家那谷子长得多好啊!

例(1)—例(4)都是说话人要求听话人认同自己的看法或建议。“噢”的要求认同意义在祈使句和感叹句中有一定的扩展延伸,用于制止、责骂等场合。例如:

(5) 悄悄的吧噢不要说话了!

(6) 你这个水蛋壳噢你这个王八蛋!

“噢”可用作句中语气词,作为话题标记或主位标记。例如:

(7) 我噢,可不想当医生的嘞我吧,特别不想当医生。

(8) 小四子把那碗饭噢,吃了个精光小四子把那碗饭,吃了个精光。

1.2 嗨

“嗨”的基本用法是提醒对方注意。例如:

(9) 三加六等于九嗨三加六等于九啊!

(10) 你到底说啥来嗨你到底说什么来着?

(11) 快起开这儿吧嗨快离开这儿吧!

(12) 那个风筝飞得多高嗨那个风筝飞得多高啊!

例(9)—例(12)在没有“嗨”的情况下,句子只是一般性的陈述、询问、命令、感叹,有“嗨”则表示说话人提醒听话人特别注意,并希望引起听话人的积极回应。

2 “么”和“还”

“么”和“还”是确认语气词,不仅见于张家口方言,也见于其他晋语地区。

2.1 么

“么”是唯确认语气词,用在直陈句等句子中,大致相当于普通话的“嘛”。直陈句中“么”的用法和其他晋语大致相同,比如神木方言。(邢向东 2002:634)例如:

(13) 我是张家口人么我是张家口人嘛。

(14) 夜来下雪来么昨天下雪了嘛。

(15) 人家早就都走了么人家早都走了嘛。

(16) 一张桌子一百块钱么一张桌子一百块钱嘛。

普通话“嘛”不能用于疑问句,张家口方言“么”可以用于疑问句,表示请求对方确认,语气比不用“么”强烈。“么”不能用于是非问句,可用于特指问句、选择问句和正反问句。例如:

(17) 你去哪里去么你到底要去哪里?

(18) 这会儿几点了么现在到底几点了?

(19) 吃米饭是吃面条么到底吃米饭还是吃面条?

(20) 走不走么到底走不走?

“么”还可用于所谓“主观弃择句”(郭利霞 2015)和回声问句。例如:

(21) 这是蝎虎子么,车蛇儿这是壁虎,不是蜥蜴。

(22) 老三去的么,老四是老三去的,不是老四。

(23) A. 张老三把羊卖了。 B. 张老三么张老三吗?

(24) A. 我想吃莜面。 B. 你想吃莜面么你想吃莜面吗?

例(21)、例(22)是所谓"主观弃择句",说话人认定前面的内容,否定后面的内容,但否定的内容没有否定性词语和标记,这是通过特定构式表达出来的意义。例(23)B、例(24)B的回答是回声问句,用"么",虽然形式上和是非问句相同,但本质上不同:是非问句用于引发不用于应答,回声问句用于应答不用于引发。

2.2 还

"还"是凸显轻贬语气的确认语气词。所谓轻贬,就是轻视和贬抑,具体说来就是说话人对所言说的对象不在乎或不认可。例如:

(25) 二十块钱还,算个甚嘞二十块钱而已,不算什么。

(26) 他那揍相还,还能当队长嘞就他那德性,当不了队长。

例(25)说话人对二十块钱不在乎,例(26)说话人对"他"那德性不认可,用语气词"还"表达说话人的轻贬态度。

"还"位于句子或小句之后,前面的句子或小句有可能是轻贬的内容,也有可能是轻贬的致因。例如:

(27) 一个开汽车还,谁不会就是开汽车而已,谁不会。

(28) 那两个老油条还就那两个老油条!

(29) 这么多人还,做不了那点儿活儿这么多人呢,还做不了那点儿活儿。

(30) 一万块钱还,足够一万块钱呢,足够。

例(27)"一个开汽车"和例(28)"那两个老油条"是轻贬的内容,例(29)"这么多人"和例(30)"一万块钱"是轻贬的致因。

"还"还可以用于推论性因果句中原因小句的句末,有"既然如此,当然……"的意思。例如:

(31) 来了还,多住几天吧既然来了,就多住几天吧。

(32) 吃不完还,就别硬吃了既然吃不完,就别硬吃了。

例(31)、例(32)"还"的轻贬意味不够明显,而确认意味比较明显,如果把"还"换成"么",意义基本不变,语气略微不同,"么"比"还"语气稍微强烈一些。

3 “来”和“也”

“来”和“也”是晋语中普遍存在的表时制的语气词[邢向东(2002)称为时制助词],“来”用于表示过去时制,“也”用于表示将来时制,其情态意义没有其他语气词明显。“来”和“也”作为语气词也有一些其他用法。

3.1 来

“来”表示过去时制,可用于陈述句和疑问句。例如:

(33) 一个月以前这里地震来一个月以前这里发生过地震。

(34) 你夜来去哪里来你昨天去哪里来着?

(35) 他给我盖房来,给我娶媳妇来他给我盖过房子,还是给我娶过媳妇?

(36) 他是不是去北京来他是不是去过北京?

在普通话中,话题问和虚拟问用语气词“呢”,张家口方言用“来”。“来”用于话题问,形式为“话题+来?”,述题 VP 不出现,如果话题是表人或表物的名词,是说话人询问话题的所在。“来”用于虚拟问,形式为“要是 VP 来?”,意思是“要是 VP 怎么办?”。例如:

(37) 猪来猪在哪里呢?

(38) 今天吃大米饭,明天来今天吃大米饭,明天呢?

(39) 要是下雨来要是下雨怎么办?

(40) 你吃那么多杏仁,那要药死来你吃那么多杏仁,那要毒死怎么办?

邢向东(2015)指出陕北和内蒙古晋语有表示商请语气的“来”,有时用“VP 去+来”,有时用“VP+来”。张家口方言也有这种表示商请语气的“来”,用“VP 也来”比较多见,“也”是表示将来时制意义的语气词。“VP 也来”不仅用于表示商请的场合,也用于威胁、警示等场合,例如:

(41) 下棋也来咱们下棋吧。

(42) 咱们一起做饭也来咱们一起做饭吧。

(43) 惹鼓我我打你也来惹我生气小心我打你。

(44) 别砸死你也来小心砸死你。

“来”用于表过去时制、表疑问、表商请或威胁等都是语气词,尽管语源上有一定联系,但它们属于不同用法的语气词。

3.2 也

“也”表示将来时制,可用于陈述句和疑问句。例如:

(45) 明天我去张家口也明天我要去张家口。

(46) 后晌说是刮风也下午说是要刮风。

(47) 你走也你要走了?

(48) 你们家的苹果卖也不是你们家的苹果要卖吗?

“也”既可以是以说话时间为参照的将来,也可以是以过去、将来某个时间为参照的将来。(邢向东 2002:622)总的看来,“也”用法比较简单,不像“来”用法复杂多样。

4 “呀”和“哟”

“呀”和“哟”是反映说话人知情状态(knowledge status)的语气词,“呀”反映说话人对信息的早已知晓,并告知听话人或重新向听话人求证;“哟”反映说话人对信息的现时知晓,并有意外感叹的意味。

4.1 呀

“呀”和“也”读音比较接近,但有不同,“呀”读为“iaʔ”,“也”读为“iʌʔ”,“呀”和“也”是两个性质完全不同的语气词。“呀”表明说话人对信息早已知晓,在陈述句中用来回答听话人的问题,有当然如此的意味。例如:

(49) A. 明天去宣化不? B. 去呀当然去啦。

(50) A. 有没有人会吹笛子? B. 有呀,我就会么当然有啦,我就会啊。

在疑问句中,说话人询问对方时用语气词“呀”,说明自己先前是知晓的，只不过后来忘记而已。例如：

(51) 你叫什么名儿呀你叫什么名字啊？

(52) 咱们是拿钢笔写是拿毛笔写呀咱们是用钢笔写还是用毛笔写啊？

例(51)说话人先前知晓对方的名字，例(52)说话人先前知晓用什么笔写字，后来忘记了，询问时用语气词“呀”，是希望从听话人那里重新求证获得确切信息。

“呀”也用于祈使句，说话人认为从事理看对方应该有某一行为，而实际上对方并没有从事这一行为，因此说话人提醒听话人，要求听话人实施这一行为。例如：

(53) 走呀走啊！

(54) 赶紧过来扶扶我呀赶紧过来扶扶我啊！

例(53)、例(54)说话人认为对方应该在自己说话之前就“走”和“过来扶扶我”，而对方并没有从事这样的行为，因此说话人用语气词“呀”予以提醒。

总体来看，“呀”所在的句子，其信息是说话人早已知晓的，用“呀”有理所当然的意思：用于陈述句，是说话人理所当然应该告诉对方使对方知晓信息；用于疑问句，是说话人理所当然应该从对方那里重新获取信息；用于祈使句，是说话人认为对方理应实施某一行为。

4.2　哟

“哟”主要见于涿鹿、怀来、赤城一带。“哟”是说话人突然发现一种情形后，由于感叹而使用的语气词，和“呀”的早已知晓不同，“哟”用于现时知晓，属于意外情态范畴(mirativity)语气词。“哟”只用于感叹句。如果感叹内容是 NP，有消极贬抑倾向；如果感叹内容是 VP 或 S，则没有这种倾向。例如：

(55) 既孩子哟这个孩子！

(56) 奈个狗哟！只顾咬啥嘞那个狗！只管叫什么呢。

(57) 多难看哟多难看啊！

(58) 看人家小姑娘哟看人家小姑娘啊!

(59) 既个牛真大哟这个牛真大啊!

(60) 这里这花多好看哟这里这花多好看啊!

例(55)、例(56)说话人有消极贬抑倾向,对所言对象有不满甚至厌恶的情绪,像例(55),"既孩子"用于指对方,对方有令说话人不满的行为,甚至伤害到说话人,说话人用这一形式表达不满。例(57)、例(58)感叹内容是VP(包括AP),例(57)是消极意义,例(58)是积极意义,没有明显的倾向。例(59)、例(60)感叹内容是S,例(59)没有明显的积极或消极倾向,只是说话人有意外、惊讶的情绪,例(60)是积极意义。例(55)、例(56)情感倾向已经有某种程度的规约化,例(57)—例(60)情感倾向是由语境赋予的,没有规约化。

5 "不是"和"的嘞"

"不是"和"的嘞"是双音节语气词,前者由否定判断短语语法化而来,后者是由体标记"的"和语气词"嘞"组合而来。

5.1 不是

"不是"本来是否定判断短语,用于疑问句句末,后来逐渐演变成为句末语气词。"不是"先用于完全式正反疑问句,然后"不是"后面的宾语省略,"不是"位于句末,当"不是"前面的VP为非判断性谓语时,"不是"就成为语气词了。例如:

(61) 这是毛驴不是毛驴?

(62) 这是毛驴不是?

(63) 他去放毛驴不是?

例(61)是完全式正反疑问句,例(62)是省略式正反疑问句,"不是"都是否定短语。例(63)"不是"已经语气词化,但仍然有否定短语的解读,如果认为是"他是去放毛驴不是"省略"是"的情况,那么"不是"还是可以解读为否定短语。这种情况和历时一致,最早的形式是在唐代对话语体中,就是像例(61)那样的形式,宋代后出现例(62)那样的省略形式。(王世凯,张亮 2017)例(63)是例(62)类推扩展的形式,VP 由判断性谓语类推扩展到行为性谓语,"不是"就语气词化了。当"不是"出现在其他语气词后面时,其语气词性质就非常明显了。例如:

(64) 他们那会儿跳广场舞来不是他们刚才跳广场舞了吗?

(65) 他们这会儿跳广场舞嘞不是他们现在在跳广场舞吗?

(66) 他们一会儿跳广场舞也不是他们过一会儿要跳广场舞吗?

在张家口方言中,"不是"还可以用在句中,作为话题标记或主位标记,有时后面出现同样作为句中语气词的"噢",共同作为话题标记或主位标记。例如:

(67) 我不是,最不爱吃榴莲我吧,最不爱吃榴莲。

(68) 老四不是,夜来不是,在家里不是,可跟老婆生气来老四吧,昨天吧,在家里吧,跟老婆吵架吵了很久。

(69) 县剧团不是噢,早就叫解散了县剧团吧,早就被解散了。

在普通话中,"不是"作为语气词还可以是"表确认的情态性成分"。(王世凯,张亮 2017)田韬(2013)有一些用例,可以反映"不是"的这一用法:

(70) 富三说,您不想着兄弟,兄弟得想着哥哥不是,呵呵。

(71) 我请二爷听戏也有说道,听叫的鸟,讲究也多,如名家的行腔声韵,需要一番体会不是。

(72) 古爷摆手,拦住说,劳您惦记,人参鹿茸要是管事,还至于这么没精神?岁数不饶人不是。

(73) 尚二爷连忙摆手说,再这么说您可就是臊我呢,顺脚的事儿不是。

(74) 富三又开始耍骨头了,我叫您一声尚二爷了,兄弟我喜欢不是。

(75) 东北呀,小日本把东北占了,这不,跑北京投亲戚来了。亲戚呢?没找着不是。

(76) 话又说回来,咱是顺民不是,任是谁想生事,咱挡不住。

(77) 放心吧二爷,我还得混嚼谷呢不是?

(78) 三爷嬉笑着,等您定规矩呢不是。

上述各例删除“不是”不影响命题意义,只是语气有所不同,以此可见“不是”的语气词性质。例(77)、例(78)“不是”前面有语气词“呢”,其语气词性质更为显著。

张家口方言“不是”也有这种用法,和普通话情况基本相同。

5.2 的嘞

张家口方言“的”是进行体标记,相当于普通话“着”;“嘞”是语气词,大致相当于普通话“呢”。“的”“嘞”连用,意义上相当于普通话“着呢”,但用法上有一定差异。“的嘞”连用,不一定都是语气词,有可能是两个不同性质的词连用,表正在进行。例如:

(79) 他们吃的嘞他们吃着呢。

(80) 外头还下的嘞外面还下着呢。

例(79)、例(80)“的嘞”不是语气词,“的”和“嘞”中间可以出现宾语,“他们吃的饭嘞”“外头还下的雨嘞”。

当“的嘞”前面是形容词性成分时,“得嘞”是语气词,有夸张色彩。普通话“着呢”前面的形容词性成分不能受程度副词修饰,后面也不能带程度补语(吕叔湘 1999:667),因此“A 着呢”是普通话常态现象;而在张家口方言中,“的嘞”前面只出现 A 是不能接受的,例如:

(81) *外头热的嘞。

(82) *那个洞深的嘞。

“A 的嘞”必须在前面加上程度副词“可”或在后面加上语气词“噢”或“嗨”,才能成为合语法的句子,例如:

(83) 外头可热的嘞外面热着呢。

(84) 那个洞可深的嘞那个洞深着呢。

(85) 外头热的嘞噢外面热着呢啊。

(86) 那个洞深的嘞嗨那个洞深着呢啊。

6 张家口方言语气词的连用顺序

张家口方言语气词的连用遵循一定的顺序原则。首先,张家口方言语气词最基本的连用顺序是:

了>吧、嘞、来、也>么>还>噢>嗨

理论上可以有六个语气词连用,例如:

(87) 吃完它了吧么还噢嗨。

(88) 准备走了也么还噢嗨。

例(87)、例(88)在普通话中只能用两到三个语气词,而张家口方言可以六个连用。

其次,"呀""不是"后面不能出现语气词,前面可以出现两个,顺序为:

了>吧、嘞、来、也>呀;了>吧、嘞、来、也>呀

句末为语气词"呀"的句子,有的可以用于引发句,如例(89),有的连只能用于应答句,如例(90)。例如:

(89) 这点酒喝完它了吧呀。

(90) A:他们还不想走噢? B:他们想走了也呀。

(91) 老三去矾山了来不是?

(92) 地已经浇了嘞不是?

再次,"哟"前面只能出现"嘞",后面不能出现其他语气词。例如:

(93) 这么黑嘞哟!

(94) 院儿这么干净嘞哟!

最后,"的嘞"后只能出现"噢"或"嗨",前面不能出现语气词,如例(85)、例(86)。

张家口方言语气词在连用形式、连用数量和连用顺序等方面都与普通话不甚相同,但基本原则是一致的,正如朱德熙(1982:208)所说,顺序是固定的,"当中可以有缺位,但次序不能颠倒"。

参考文献

郭利霞:《山西山阴方言的主观弃择句"X 么(Y)"》,《中国语文》2015 年第 1 期。

吕叔湘主编:《现代汉语八百词》(增订本),商务印书馆 1999 年版。

田韬:《闹市口》,《北京文学》2013 年第 12 期。

王世凯、张亮:《句尾"不是"的来源、功能及其词汇化》,《语言教学与研究》2017 年第 6 期。

邢向东:《神木方言研究》,中华书局 2002 年版。

邢向东:《陕北、内蒙古晋语中"来"表商请语气的用法及其源流》,《中国语文》2015 年第 5 期。

徐晶凝:《现代汉语话语情态研究》,昆仑出版社 2008 年版。

朱德熙:《语法讲义》,商务印书馆 1982 年版。

宗守云:《河北涿鹿话的互动语气词"噢"和"嗨"》,《方言》2020 年第 3 期。

(宗守云　上海　上海师范大学人文学院　zongshouyun@sina.com;
郭思佳　上海　上海师范大学人文学院　2466330258@qq.com)

孟村方言"VP回子"的话语模式及其行为情理关联①

董淑慧

提　要：文章指出河北孟村方言中存在"VP回子"构式。VP与表示建议或评价的后续语段存在情理上的关联，即行为情理关联。VP具有三个语义特征：[+非常见行为][+自主][+说话人期盼的行为]。行为情理关联在现实语境中被激活，以不同的语言形式表达出来。

关键词：回子；行为情理关联；孟村方言

1　引　言

孟村县全称为孟村回族自治县，1955年建县，位于河北省沧州市东南约50公里处，面积为386.73平方公里，人口约有20万。东邻海兴县、盐山县，南邻南皮县，与山东省德州市临近，西北邻沧县。从方言区划上看，孟村方言属于冀鲁官话区沧惠片黄乐小片。

孟村方言"回子"用在动词或动词性结构（称为VP）后构成"VP回子"构式，"回子"发音为[xuəi²¹⁴tsɿ⁰]。② "VP回子"不能独立成句，对语境有很

① 本研究得到南开大学文科发展基金项目（项目编号ZB21BZ0102）的资助。

② 张金圈（2015：350）《无棣方言志》提到情态助词"会子"，并认为："会子"是时间名词，发展出情态助词用法，放在复句前分句的末尾，用来强调出现某种事态的不易，并因此足以成为实施另一行为的理由，后分句常常是表示要求实施某行为的祈使小句，例如：（1）人家给你买会子，你就穿上吧！（2）好不容易来会子，就多住几天吧！（3）好不容易要会子，就多要点儿吧！（4）我净心八意的给你送会子，你也不说句感谢的话！无棣方言"会子"与孟村方言"回子"完全相同。山东无棣方言与孟村方言同属冀鲁官话沧惠片黄乐小片。

强的依赖,通常会有表示建议或评价的后续句 S[例(1)],构成"VP 回子,S"。VP 与后续句存在情理上的关联,我们称为行为情理关联。有时"VP 回子"也可以作为追加句出现[例(2)]。如:

(1) 你好不容易来回子,多住两天吧。

(2) 你多住两天吧,好不容易来回子。

本文拟讨论"VP 回子"的话语模式及其行为情理关联。本文语料主要来自笔者自省,部分来自笔者在方言调查过程中或日常生活中的记录。

2 VP 的句法语义特征

本文首先描述"VP 回子,S"中 VP 的句法语义特征。

2.1 VP 的性质

从 VP 的构成成分看,VP 可以是动词[例(3)、例(4)],也可以是动宾结构和动补结构[例(5)—例(9)]。VP 是动宾结构时,"回子"置于动宾结构中间[例(5)、例(6)]。VP 是动补结构时,"回子"置于动补结构后或中间[例(7)、例(8)]。VP 还可以是"结婚""洗澡""跑步"等离合词[例(9)]。如:

(3) 你奶奶盼回子,你跟她说两句话儿。

(4) 你们回来回子,别着急走。

(5) 好不容易放回子假,多住两天吧。

(6) 上回子大学,最后总怎么连个工作都没找着呢?

(7) 孩子端回子来,你多少吃点儿吧。

(8) 他们请过你回子来,你给写两句儿吧。

(9) 好不容易洗回子澡,我给你好好搓搓。

2.2 VP 的语义特征

VP 具有三个语义特征:[+非常见行为][+自主][+说话人期盼的行为]。

2.2.1 VP 具有[+非常见行为]语义特征

VP 是不常见或不常发生的行为。VP 包括四类：第一类是重大活动或节假日，如“过年、过节、过五一、过十五(中秋节或元宵节)、放假、歇暑假、办校庆、办县庆”等。这些节假日或重大活动的非常见性是在中国人这个社团内被普遍认可的，比如“过年、过中秋节、过元宵节”等一年才过一次，“校庆”“县庆”通常是十年才举办一次。第二类是人生的重大事件，如“生孩子、上大学、结婚、娶媳妇、定亲、毕业、过生日、当官、开饭店、盖房、买房”等。这些事件的非常见性是对个人而言的。比如“结婚”“娶媳妇”对于大部分人而言，一生只有一次。第三类是日常生活中出现频次较低的行为事件。如“得奖、出差、回娘家、赶集、旅游、出国、上北京、去上海、去西藏、下馆子、请客、走亲、求人”等行为事件，对大部分人而言都是不常发生或出现的；再比如“端来(汤)、包饺子、蒸包子、买(肉)、种菜、养鸡、做饭、忙活帮忙；忙碌、回来、回去、进来、进去、家来、家去”等行为事件，对大部分人而言未必是不常发生的，但对某个特殊身份的人或处于某一特定时期或特定环境中的人而言可能是不常发生的。第四类是某一段时间内不常出现的自然现象，如“下雨、下雪、刮风、晴天”。如：

(10) 他好不容易张回子嘴，你多少借给他点儿钱。

(11) 好不容易请回子客，咱得让人家吃好溜。

(12) 孩子专门给你包回子饺子，你多少吃点儿。

(13) 孩子大老远地送回子来，你总怎么一点儿也没吃呢？

例(10)他平时不常张嘴求人，例(11)咱平时不常请客，例(12)孩子难得专门为你包饺子，例(13)孩子送过来(饭食)很不易。“张嘴求人”“请客”“包饺子”“送来”所具有的“非常见性”足以使后续句(说话人的建议或评价)得以成立。这是符合中国人的日常社会行为准则的。“VP 回子”常与“好不容易”“专门”等词语共现[例(10)、例(12)]。

如果 VP 不具备[+非常见行为]，则不能进入“VP 回子”结构。比较：

(14) a. 你今儿个出回子差，得给孩子带点儿好吃的回来。

b. *你今儿个上回子班，得给孩子带点儿好吃的回来。

(15) a. 你爸爸做回子菜,多吃点儿。

b. *饭店厨师做回子菜,多吃点儿。

“出差”是日常生活中出现频次较低的行为事件,可以进入“VP 回子”结构;“上班”这一行为出现频次不低,进入“VP 回子”结构则不能成立。“做菜”对于这个“父亲”而言是不常出现的,可以进入“VP 回子”结构;“做菜”对于饭店的厨师而言是常出现的,进入“VP 回子”则不能成立。VP 更不能是惯常性动作行为,像“每天上班”“天天开车”等不能插入“回子”。如:

(16) *你每天上回子班,不用老上我这来。

(17) *他天天开回子车,总得加油。

2.2.2 VP 具备[+自主]语义特征

除了自然现象外,VP 具备[+自主]语义特征,非自主动词(如“病、伤、坍、淹、塌、哆嗦”等)不可以进入“VP 回子”。因 VP 具备[+自主]语义特征,后续句说话人期许的 VP 关涉量才有可能变为现实。自然现象“下雨”“刮风”“晴天”等本来不具备[+自主]语义特征,说话人用“回子”表达建议或评价时,是将“下雨”等自然现象的发出者拟人化,使“下雨”等自然现象也具备[+自主]语义特征,例(18)中“下雨”对于“老天爷”而言是[+自主]的。如:

(18) 老天爷也是的,下回子雨,才下这么点儿。

2.2.3 VP 具有[+说话人期盼的行为]语义特征

进入“VP 回子”结构 VP 的前三类(重大活动或节假日、人生重要事件和日常生活中出现频次较低的行为事件)是说话人所希望出现的;第四类“下雨、下雪、刮风、晴天”等自然现象只有在人们期望发生的语境下才可以进入“VP 回子”结构。“打人、打仗、骂人、摔跤、生气、嚷嚷、躲灾”等不具备[+说话人期盼的行为]语义特征的动词不能进入“VP 回子”结构。自然现象“地震”在某任何情况下都不可能是人们所期望发生的,也不会给人带来某种好处,不能进入“VP 回子”结构。如:

(19) 好不容易下回子雪,多下一会儿。

(20) *地回子震,多震一会儿。

3　VP 和后续句的情理关联与说话人的表态

3.1　VP 和后续句的情理关联

李先银、洪秋梅(2017)指出，情理是人们做事的道理，包括社会道德、法律规则、或明或暗的社会行为准则等。“VP 回子”中 VP 的共同特征是与后续句的行为(VP’)存在情理上的关联。在人们的认知中，不仅时间和行为具有天然的联系，①空间、某个人的身份、年龄和行为具有天然的联系，②某一行为和另一个行为之间也具有某种特定的联系。孟村方言“VP 回子”的“回子”语用价值就在于强化 VP 和后续句行为(VP’)的情理关联(VP 和 VP’为不同动词[例(21)、例(22)]或某一行为及其关涉量之间的情理关联(VP 和 VP’为同一动词[例(23)、例(24)]。“回子”是一个话语标记，说话人用“回子”来凸显 VP 这一行为非常见并强调这足以成为是否实施另一行为(VP’)或对 VP 关涉量有所期许的理由，后续句则是基于行为的情理关联提出建议或做出评价。如：

(21) 来回子，你总怎么不把孩子捎来呢？

(22) 过回子年，不该给小子买两件子衣裳吗?!

(23) 拿回子，多拿几呀走吧。

(24) 你住回子娘家，还不住个十天半月的。

VP 和 VP’情理关联分两种情况，一种是个体认知视角下的情理关联，该行为关联只存在于包含说话人在内的少数人之间。如例(21)“你来”和“带着孩子(一起来)”存在情理上的关联，这是说话人和听话人之间共同知道的，或者是在他们所在的小群体中已经形成惯例的。另一种是集体认知视角下的情理关联，两种行为的关联存在于某个国家、民族、种族、社团等集

① 举 1 例：“大过年的，上什么班？”李先银、洪秋梅(2017)讨论了时间—行为的情理关联及其对“大 X 的”话语模式的塑造。文章指出时间(过年)和行为(不上班)之间具有情理关联。

② 这不在本文讨论范围之内，仅举例如下：(1) 一个当姐姐的，总怎么打弟弟呢？(时间—行为情理关联)(2) 三十好几了，总怎么还不结婚？(年龄—行为情理关联)(3) 大街上的，总怎么能脱衣裳呢？(空间—行为情理关联)

体之中,该集体所有成员知晓并遵守。如例(22)“过年”和“给孩子买新衣服”存在情理上的关联。

无论是个体认知视角下的行为情理关联,还是集体认知视角下的行为情理关联,都是在反复的社会互动中逐渐固化而来的。行为情理关联固化后,就变成了一条“不成文规则”。集体认知视角下的行为情理关联是整个社团的共同规则,对整个社团具有约束力,要求社团全体共同遵守,并且影响和指导每个个体的日常行为。

3.2 说话人表态

VP 是已经发生或即将发生的行为,说话人基于 VP 和 VP’两种行为的情理关联,提出建议或做出评价(后续句),呈现为肯定性和否定性两种相反的表述:

a. 当 VP 已经发生或即将发生时,应该 VP’。

b. 当 VP 已经发生或即将发生时,不应该 VP’。

以结婚为例:对中国人来说,结婚是人生大事,不仅国家法律规定有婚假,而且人们普遍认同:结婚的人在结婚前后一段时间可以不工作(花时间准备婚礼),或走亲拜友告知婚讯,知道婚讯的亲朋好友送礼金礼物,等等。那么“结婚”和“歇班”“告知婚讯”“送礼金”就建立起了行为情理关联。

后续句具体可以表述为:

结婚时,应该:歇婚假、告知亲友、照婚纱照、筹备婚礼、穿新衣服、给亲友发喜糖、请亲友喝喜酒、表现出开心的样子等;(亲友)参加婚礼、送礼物礼金、说祝福语等。

结婚时,不应该:工作、不告知亲友、不办婚礼、不发喜糖、不买新衣服、不穿婚纱、不拍婚纱照等;(亲友)不去参加婚礼、不送礼金、不说祝福语等。

“结婚”和“歇班”“告知婚讯”“送礼金”等行为的情理关联是在长期的、频繁的社会互动中“沉淀”和“固化”的。基于上述行为情理关联,说话人可以说下列句子:

(25) 结回子婚,你歇两天吧。

(26) 孩子结回子婚,你这个当爷爷的该出点血出点钱。

(27) 孩子结回子婚,你不能一分钱不给!

(28) 孩子结回子婚,你总怎么连个面也没露?

(29) 你结回子婚,总怎么一天假也没歇?

VP 可以是已经发生或即将发生的行为,VP'也可以是已经发生或即将发生的行为。因 VP'是 VP 的后续句,存在两种情况:即 VP 是未然或已然行为。VP'是未然行为,说话人基于 VP 和 VP'行为的情理关联提出某种要求或进行劝阻[例(25)—例(27)];VP 是已然行为,VP'是已然行为,说话人对 VP'进行评价[例(28)、例(29)]。

表 1　VP 和 VP'语境组合及后续句的话语行为

VP 语境 / VP'语境	VP 未然	VP 已然	后续句的话语行为
VP'未然	+	+	建议
VP'已然		+	评价

4　与 VP 存在情理关联的行为数目及行为情理关联激活的条件

4.1　与 VP 存在情理关联的行为的数目

说话人对 VP 及其持续时长、强度以及与 VP 具有情理关联的行为(VP')有所期待,且基于 VP 和 VP'行为的情理关联,明确提出肯定/否定性要求或做出否定性评价。

从 VP 所关联行为的数目看,VP 与 VP'存在"单一关联"和"多重关联"两种情况。单一关联指的是 VP 只与单一的 VP'存在情理关联;如例(3),从肯定性关联的角度看,"盼"与"(通话时)跟奶奶说话"的关联是单一的(从否定性关联的角度看可能是多个),多重关联指的是 VP 与多个 VP'存在情理关联,以结婚为例,与"结婚"存在情理关联的可以是"休婚假、请客、拍婚纱照、请客、告知别人婚讯、接受礼金"等多个行为。

4.2 行为情理关联激活的条件

行为情理关联是人们长期的、反复的社会互动中沉积下来的“不成文规则”,这些“不成文规则”储存于人们的心理知识库中。VP 出现或即将出现时,该行为对说话人产生一定的刺激,使得储存于心理知识库的某一条“不成文规则”在说话人的头脑中得以激活,这是说话人说出“VP 回子,S”的心理基础和前提。VP 已然与否及 VP 对说话人产生的刺激不同,造成说话人头脑中被激活的不成文规则也存在差异。

VP 是将然的或已然的,说话人基于行为情理关联提出要求或发出禁令。例(5)是基于“放假”与“住”情理关联提出的肯定性请求,例(4)是基于“回来”与“走”情理关联提出否定性请求。VP’可以肯定形式、否定形式或反问形式出现。肯定形式 VP’前通常有“得、应当”等助动词,或 VP’后有语气词“吧”,否定形式 VP’中有表示劝止的副词“别”。如:

(30) 结回子婚,你肯定得请请客。

(31) 进去回子,多拿点红薯出来吧!

(32) 好不容易回去回子,别着急回来。

(33) 结回子婚,你哪能不告诉他们一声?

若是现实情况下说话人所期望出现的 VP 的持续时长、强度未达到预期值,或与 VP 具有情理关联的行为(VP’)未出现或与说话人的预期不同(VP 和 VP’都是已然的),在说话人看来是违反情理的事件,说话人通过否定性评价表明自己的态度和立场,表达自己的不满或抱怨甚至是申斥,从而宣泄自己的情绪。例(13)“孩子送过来”这一行为发生后,说话人期望“你吃”,例(6)“上大学”这一行为发生后,说话人期望“大学毕业后找到一份工作”,事实上,“你吃”和“找到一份工作”并未出现,说话人对听话人表达了责备,对现实情况表达不满。话语形式上多采用“你总怎么……”反问句形式。再如:

(34) 好不容易回去回子,你总怎么今儿个就回来了呢?

(35) 过回子年,你总怎么连个电话都没打?

总之,现实语境不同,给说话人带来的刺激不同,从而导致说话人产生不同的反应,并且选择不同的语言形式去表达出来(参见表 2)。

表 2　VP 和 VP'行为情理关联与话语行为关系表

VP 的情况	VP'的情况	VP 和 VP'行为情理关联	偏好的语言表达形式	话语行为
VP 即将发生	P'未发生	肯定性关联	VP 回子,要(得,应当)VP'	要求
VP 已发生		否定性关联	VP 回子,别 VP'	劝阻
VP 已发生	VP'已发生	否定性关联	VP 回子,总怎么 VP'……?	否定性评价

5　结　　论

孟村方言"回子"出现在动词或动词性结构之后构成"VP 回子"。"VP 回子"不能独立成句,对语境有很强的依赖。本文将"回子"置于语境下,讨论"VP 回子"与表示建议或评价的后续句之间情理关联,探讨"VP 回子"的话语模式。语法是社会群体互动的结果。研究包括方言在内的语法现象,离不开人与人之间的交际互动。对于某些语言现象,跳出结构主义语言学的局限,更有利于我们发现语言的"真相"。

参考文献

李先银、洪秋梅:《时间—行为的情理关联与"大 X 的"的话语模式——基于互动交际的视角》,《语言教学与研究》2017 年第 6 期。

方梅、李先银、谢心阳:《互动语言学与互动视角的汉语研究》,《语言教学与研究》2018 年第 3 期。

张金圈:《无棣方言志》,中国出版集团、世界图书出版公司,2015 年。

(董淑慧　天津　南开大学汉语言文化学院　hydsh@nankai.edu.cn)

四川筠连方言应答句的负面立场表达*

胡乘玲　梁玉杉

提　要：文章对四川筠连方言“要+X”“X 啥子 X”“好+X”三个构式进行了描写，发现这些构式之间既存在共性，也存在差异。共性是都可以用在应答句中表示负面立场，都具有引述功能，差异主要体现在规约化程度、引述内容、对前一发话者话语句类的要求、语气、对对话情境的要求、对发话者话语所涉时间的要求等方面。通过对筠连方言的描写，我们认为：表高程度义的副词、表“将要”义的词、疑问代词和引述结合，有获得负面立场解读的跨方言共性。

关键词：四川筠连方言；负面立场；规约化；构式；引述

1 引　言

近年来，汉语普通话和汉语方言负面评价构式得到了学界的较多关注。但是专门关注对话情境应答句中负面评价或负面立场表达的研究成果较少，如李双剑(2017)提到开封话有两个特殊否定构式“要……哩”“快……啦”，成都话有一个否定构式“要……(的/哦)”，它们都是用在对话情境的应答句中，辛永芬(2018)描写了河南尉氏方言用于应答句的“快 VP 嘞”，温锁林(2020)描写了山西寿阳方言用于应答句的否定构式“说的”“你说得”“谝昂/嘞”，唐萍(2020)描写了衡阳祁东方言用于应答句的多种否定义构

* 本研究受到湖南省社会科学基金基地项目“清末域外南方汉语方言教科书研究”(项目编号 23JD006)资助。

式“你讲个”“好久咪”“晓得+X”“太(+X)+了”“甲咖+X+了”“凑够+X”,孔国兴、胡乘玲(待刊)描写了永州境内多个方言用于应答句的负面立场构式。上述研究大部分都没有专门提到对话情境,但事实是这些否定构式都只能出现在应答句,方梅(2021)注意到应答语这一序列位置是固化负面立场解读的重要条件,这些方言应答句表达负面评价或负面立场的构式多具有引述的特征。

我们注意到四川筠连方言应答句表达负面立场时,通常不会直接使用否定词进行否定,而是使用一些规约化的构式来表达自己的否定或者不赞同,如“要+X”“好+X”“X 啥子 X”等,这些构式都是用在对话应答情境下表示应答者的负面立场的,且都具有引述特征,表达了应答者强烈的主观情感,有的具有强势而不容反驳的意味,有的具有想结束当前话题的意愿,有的具有反讽的作用,很值得我们研究。

筠连县隶属于四川省宜宾市,位于四川盆地南缘,云贵高原北麓川滇接合地带,北界高县,东接珙县,南靠云南省威信县、彝良县,西邻云南省盐津县。根据《中国语言地图集:第 2 版 · 汉语方言卷》(2012:B1-11),筠连方言属于西南官话西蜀片岷赤小片,本文所说的筠连方言主要是筠连县城和所辖巡司镇所说的方言。

2 筠连方言应答句的负面立场表达构式

2.1 “要+X”的负面立场表达

“要”在筠连方言中有“将要”义,如“我要来了”。值得注意的是,当“要”出现在对话情境的应答句,用来引述前一发话者的话语时,可以和引述的内容“X”一起构成“要 X”,这时“要 X”不表“将要”义,而是表达应答者的一种负面立场,即不认同前一发话者的观点或认识,重音在“要”上。如:

(1) A:快点走,开会迟到了。

B:要迟到了,他骗你的。

例(1)B“要迟到了”表达的是“没有迟到”的意思,应答者从自身的认识出发,通过“要 X”来否定发话者的观点或认识,以显示自己具有更高的认识权威。"要+X"在表达负面立场时有以下几个特点。

第一,筠连方言应答句中"要+X"中的"X"是对前一发话者说话内容的引述。大部分情况是部分引述,可引述的成分十分丰富,既可以是形容词性成分也可以是动词性成分,还可以是核心动词[例(2)]、状中短语[例(3)]、中补短语或是单独的补语[例(4)]、动宾短语[例(5)]等。既可以是肯定形式[例(2)—例(5)],也可以是否定形式[例(6)]。

(2) A:蜀南竹海晒人得不得了。

B:要晒哦,竹海到处都是竹子哪点晒得倒人。

(3) A:耶,你妹妹跟我弟弟一样高的嗦。

B:要一样高,你弟娃儿很明显高了好多。

(4) A:你们来得早哦。

B:要(来得)早哦,也是刚刚来。

(5) A:你弟弟今天吃酒吃了四碗饭,有点得行厉害的。

B:要吃四碗,我看了的,每碗都只添了滴点儿。

(6) A:我已经"两手空空",分钱没得了。

B:要没得了,将才还揣了一百块钱遭我看到了。

上述例句中"要X"表达了应答者对发话者的认识、观点比较强势的否定,立场比较坚定,即应答者十分自信,表达自己对发话者所述事件具有更高的认识权威。"要+X"后可以加语气词,也可以不加语气词:不加语气词,应答者表达的否定态度更为坚决,如例(1)、例(3)、例(5);加语气词,应答者的态度相对缓和,如例(2)、例(4)、例(6)。语气词多用"了"和"哦",二者在"要X"后的语气并无太大区别,可供应答者灵活选择。

四川广安方言中也有一个形式上和筠连方言"要+X"有点接近,用在应答句中表示负面评价的"要(VP)了"结构(黄光毅 2023),但广安方言的"要(VP)了"使用更受限制,VP一般只能是与人有关的行为或活动,不能是系动词(如"是")和领有动词(如"有"),也不能是能愿动词(如"该、会")。但筠连方言的引述成分X不受此限制。如:

(7) A:李三娃儿不是跟你老汉儿是铁哥们吗?喊他帮个忙嘛。

B:要是了/哦,他们两个前天才吵了一架。

(8) A：你舅舅不是有百来万吗？喊他拿几万块出来舍用嚜。

B：要有了/哦，他穷得叮当响。

(9) A：这人一天到黑就走街上转过去转过来的，今天遭电动车车撞了嚜，该背时活该。

B：要该了/哦，人家是在做调查。

(10) A：耶，我们幺女不是会弹钢琴吗？快点跟大家展示一下！

B：要会了/哦，人家学的拉小提琴。

可见，筠连方言"要+X"的规约化程度更高，"X"可以是各类引述成分。且引述内容之后的语气词也比较灵活，不限于"了"，也可以是"哦"等，也可以不使用语气词。

第二，用"要+X"来表达应答者更高的认识权威时，要求发话者所述内容是表达发话者自身的认识、观点或态度。发话者所说话语前都可以加上诸如"我觉得""我认为""我想""我看到""我晓得"等直接表示主观认识、推测或者态度的词语，以例(2)、例(3)为例，可以变成"我晓得/觉得蜀南竹海晒人得不得了""我觉得你妹妹和我弟弟一样高的"，其他例句也是如此。有些句子看起来是客观的陈述，如果蕴含发话者的认识，也可以用"要+X"来回应。如：

(11) A：外边雨落得好大。

B：要好大，完全都可以不用打伞。

值得注意的是，例(11)中"要"引述的成分为"好大"，在句法上，表"将要"义的"要"和"好大"本是不能组配的，但是在应答句中表示负面立场时，却可以结合在一起，这也说明筠连方言"要+X"已经高度规约化了，"要"和"X"的结合已经突破了句法结构的限制。这样的例子还有很多。如：

(12) A：你幺儿是不是长好高咯？

B：要好高，才一米五。

(13) A：听到说隔壁子才生了一窝小狗儿丑得很。

B：要好丑，奶呼呼的多乖。

(14) A：你婆婆蒸的酒米饭弄很耙软。

B：要弄耙，粘牙齿得不得了。

(15) A：你大姐今天下午才拢到屋啊。

B：要才拢屋，回来都耍了两天了。

(16) A：你看看你的小外甥睡着的样子多很乖。

B：要多乖，塌鼻子小眼睛还没得眉毛。

第三，“要+X”用作答语，大部分情况下是表明应答者对发话者所评述的事实具有更高的认识权威，表达应答者对自己提出的否定立场有十足的把握，这时候发话者所述话语的主语通常是他指词或短语（如上面例句出现的“你妹妹、你弟弟、这人、李三娃儿”等）或第一人称代词。“要+X”也可以表达对发话者建议或提议的拒绝。这跟发话者的话语性质有关，如果发话者是表达自己的看法或认识（既可以由陈述句，也可以由反问句来表达），那“要+X”就是表明应答者更高的认识权威，如例(1)—例(16)；如果发话者是命令或要求听话者做某事，那“要+X”就是用来表示拒绝，这时候发话者所述话语的主语是第二人称。如：

(17) A：你弟弟语文作业做不起，你帮他一下嘛。

B：(我)要帮(他)，又不是没学过自己动下脑壳能想出来的。

(18) A：你幺爹明天过生，记倒祝下他生日快乐哈。

B：(我)要祝(他生日快乐)，我过生他从来都没问过我。

例(17)、例(18)B“(我)要帮(他)”“(我)要祝(他生日快乐)”分别表达的是“不会帮他/才不帮他呢”“才不会祝他生日快乐”之意，是拒绝对方的提议。无论是表达哪一层意思，用“要+X”进行否定后，应答者往往会后接小句陈述自己否定说话人观点的依据或理由。理由也可以省略，只是省略后会显得应答者非常强势，没有礼貌。

可见，筠连方言“要+X”用在应答句中表负面立场十分常见，它对对话情境的依赖性很强，具有引述性，既可以表达应答者更高的认识权威，也可以表达应答者对发话者提议的拒绝态度。那“要+X”为什么会规约化为负面立场表达构式呢？“要”的词义很多，发展为表达负面立场构式的“要+X”中的“要”来源于“将要”义的“要”。某件事情“将要”发生，就意味着当下没发生，从而可以蕴含否定，尤其是又用在应答句情境，和引述相结合的时候，很容易获得负面立场的解读，因为引述是获得负面立场解读很关键的要素（方梅 2021），且重音又在“要”上，其实是一种故意突出“将要”义而蕴含否定的手段。应答句用表“将要”义的词来构成负面立场表达构式在其他方言中也可见，比如东安土话（胡乘玲 待刊）中负面立场表达构式“敔下唧 X 了”中的“敔下唧”本义就是表“将要”义“等一下”，开封话中否定构式（李双剑 2017）“要……哩”“快……啦”和成都话中否定构式“要……（的/哦）”中的“要”和“快”是表近将来的词，河南尉氏方言（辛永芬 2018）中的“快 VP 嘞”中的“快”也是表示“将要”义的词。可见，应答句中用“将要”义词来构成负面立场表达构式，在汉语方言中具有共性。李双剑（2017）还专门研究了“近将来”形式到“否定”形式的构式语法化过程，认为成都话的“要……（的/哦）”正处于构式语法化的初级阶段。根据李文所述的四个语法化阶段，我们认为筠连方言的“要+X”至少已经发展到了第三个阶段，即较高构式语法化阶段。“要 X”基本摆脱了反问或反语的影响，只留下了语用上的限制，只能用在对话情境的应答句中。既能出现在表将来、现在或惯常事件的句子中，也能用于其他时间的事件中（包括过去），VP 中也加上各种副词（如情态词、否定词等）。例如：

（19）A：你马上去吃喜酒不？

B：我要马上去哦，我跟他关系又不好。

（20）A：明天你不去吃喜酒啊？

B：要不去，我可是赶随了六百块钱人亲的。

（21）A：我记得你女儿六年级的时候就过钢琴十级了哒。

B：要过了哦，那个时候只过了八级。

2.2 “好+X”的负面立场表达

筠连方言的“好”是程度副词，用来修饰形容词或心理动词、能愿动词，如“我好想去”“苹果好红”。当“好”用在对话情境的应答句，用来引述前一发话者的话时，所构成的“好+X”可以表达负面立场，句末经常带语气词“哦”。如：

(22) A:你看人家幺儿考起了宜一中多得行!

B:好得行哦,踩线过的。

(23) A:梁妹妹儿的新衣服有点漂亮的哦!

B:好漂亮哦,巾巾甩甩形容着装布条繁多零碎,显得拖沓的。

(24) A:他愿意去。

B:好愿意哦,信息都不回我。

(25) A:妹妹肯定想妈妈了。

B:好想哦。

这几个例句中"好得行""好漂亮""好愿意""好想"分别表示"不得行""不漂亮""不愿意""不想"之意。这些例句中的"得行""漂亮""愿意""想"是对前一发话者话语关键信息的引述。

筠连方言"好+X"用在应答句中表负面立场,和"X"的引述有直接关系,也和"好"的程度义有关系,是通过故意言过其实来表达一种反语义,而这种反语义在应答句中发生了一定程度的规约化,可以不出现后续句。普通话中的"好X"也能表达负面立场,但需要更多语境条件,如"A:他的裙子很漂亮。B:哈哈,好漂亮!"单纯的"好+X"较难理解为负面立场。用高程度义副词通过引述来表达负面立场的现象,在汉语其他方言中也存在,如东安话中"X蛮多""晓了X"中的"蛮"和"晓了"就是表高程度义的副词,东安话中的这两个构式规约化程度更高,那些本不能和程度副词组配的各类成分,在应答句中都能充当X。而筠连方言的"好+X"规约化程度没那么高,也没有该方言中同类构式"要+X"高,因为"好+X"中的X还必须是在句法上能和"好"组配的形容词或心理、能愿动词,不能是其他成分。

2.3 "X啥子X"的负面立场表达

"啥子"是筠连方言中的疑问代词,相当于"什么",如"你说啥子?""啥子"还可以用在应答句中,通过引述前一发话者的话形成"X啥子X"来表达负面立场,"X"是引述成分,在"啥子"前后各出现一次来表达否定。如:

(26) A:你妈妈好温柔啊,对我们说话都细声细气的。

B:温柔啥子温柔,平时打我的时候你是没看倒。

(27) A：二环路新开了一家烧烤店，听倒说多好吃的，今晚上试下不？
B：试啥子试，我昨晚上吃过了，咸得很。

例(26)B句中的“温柔”是对发话者话语关键信息的引述，“温柔啥子温柔”表达的是“不温柔”，是对A句所述话语的否定，意在表达应答者的负面立场，显示自己更高的认识权威。例(27)B中的“试”是对发话者话语关键信息的引述，“试啥子试”表达的是“不试”之意，是对发话者所提出的建议“今天试下不”的拒绝。

“X啥子X”用在应答句中表负面立场，和“X”对前一发话者话语的引述有关，也和疑问代词“什么”有关，是用一种明知故问形式来表示否定。普通话的应答句用疑问代词表否定的现象也很常见，如：“A：他说的对。B：对什么呀/哪里对了？”普通话应答句中疑问代词表否定也有引述性，整个结构的规约化程度较低，“对什么呀/哪里对了”可以用疑问语气（否定态度相对缓和），也可以用感叹语气（否定态度更强硬），筠连方言中“X啥子X”规约化程度较高，虽然包含疑问代词，但已经没有疑问语气了，语气比较强烈，既可以表达应答者更高的认识立场，也可以表示拒绝发话者的提议。普通话的“X什么X”也有立场表达功能（朱军 2014），但多用来表示对提议的拒绝，如“A：你一起去吧！B：去什么去，作业还没写完呢！”较少用来表达应答者更高权威的认识，如“A：你妈妈好温柔啊！B：温柔什么温柔。”中B句就比较别扭，一般要用“温柔什么呀？”来回应。我们比较熟悉的东安话中也有“X什么X”这类结构用在应答句表负面立场，只能用来回应发话者的提议，不能用来回应发话者的评价，如“A：你明朝去唠！B：去什么去！”是成立的，但“A：你妹妹好聪明。B：聪明什么聪明！”中B句就不成立。可见，筠连方言的“X啥子X”的使用范围较广，规约化程度较高。

3 “要+X”与“好+X”“X啥子X”用法的比较

筠连方言“要+X”“好+X”“X啥子X”都能用在应答句表示对发话者的认识、观点、立场等的否定，都发生了规约化，都具有引述性，“引述”没有提供新的信息,听到了或听懂了并重复对方的话语实际上是表明了回应者不耐烦或不满的态度,这种态度和负面立场表达有密切的关联。在不考虑语气差异的前提下,在一些情境中三个构式可以互换。如:

(28) A:你们家娃儿多能干的,在屋头个儿一个人洗衣服、洗鞋子,还帮倒大人洗碗扫地。

B_1:他要能干,只会做这些力气活路活儿,脑壳点都不得行。

B_2:能干啥子能干,只会做这些力气活路,脑壳点都不得行。

B_3:好能干哦,只会做这些力气活路,脑壳点都不得行。

(29) A:蜀南竹海跟兴文石海一样晒人得不得了。

B_1:要一样晒,竹海到处都是竹子哪点晒得倒人。

B_2:晒啥子晒,竹海到处都是竹子哪点晒得倒人。

B_3:好晒哦,竹海到处都是竹子哪点晒得倒人。

但是这三个构式在以下几个方面也存在较大的差别:

第一,规约化程度不同。“要+X”的规约化程度最高,“X”可以是各类成分,包括那些在句法上本不能和“要”搭配的成分,“X”在引述时,比较自由;其次是“X 啥子 X”,该结构虽然有疑问代词,但已经不包含疑问语气了,X 在引述时也还相对比较自由;“好+X”的规约化程度较低,“X”必须是句法上能和“好”组配的成分,因此“X”在引述时比较受限。尤其是如果发话者的话语里有“好”作为程度副词了,这时候就不能用“好+X”来应答了,只能用“要+X”“X 啥子 X”。如:

(30) A:他跑得好快。

B1:要快哦!(连)我都没跑赢。

B2:快啥子快!(连)我都没跑赢。

B3:*好快!(连)我都没跑赢。

第二,引述内容不同。“X 啥子 X”和“好+X”都不能引述复杂的短语,只能引述词,“要+X”既可以引述复杂的短语,也可以引述词。如下例中发话者所述为一个平比句,关键信息是评述两个对象“一样高”,这时候就不能用“X 啥子 X”和“好+X”,只能用“要+X”。

(31) A：耶，你妹妹跟我弟弟(一)样高的嗦。

B_1：要一样高，你弟娃儿很明显高了好多。

*B_2：一样高啥子一样高，你弟娃儿很明显高了好多。

*B_3：好一样高，你弟娃儿很明显高了好多。

第三，对前一发话者话语句类的要求不同。“要X”和“X啥子X”用在应答句中既可以表示对发话者的否定，表达应答者更高的认识权威，还可以表示对发话者建议或提议的拒绝，发话者的话语除了可以是陈述句、疑问句，还可以是祈使句，“好X”只能表达应答者更高的认识权威，不能表示对发话者建议或提议的拒绝，即发话者的话语不能是祈使句，这和“好”只能修饰形容词和心理、意愿动词有关，也和“好X”规约化程度低有关。如：

(32) A：你快点去吧！

B_1：我要去哦。

B_2：去啥子去。

*B_3：好去。

第四，语气不同。虽然这三个构式都表示负面立场，但是语气不同，“要+X”和“X啥子X”语气都比直接否定更加强烈。“要+X”蕴含不容反驳的语气，“X啥子X”带有不满的语气，“好+X”更具有较强的讽刺意味，这和该构式来源于故意言过其实的反语有关。所以上述例(28)、例(29)三个构式虽然可以互换，但是语气有别。三个构式对语气词的依赖程度也不同，“好+X”后大都需要语气词“哦、欧”等同现，“X啥子X”后不需要出现语气词，“要+X”后可出现语气词，也可不出现。

第五，对对话情境的要求不同。“要+X”和“好+X”表示负面立场时不能脱离对话情境，“X啥子X”表达负面立场时，有时候可以脱离对话情境，独立出现。如：

(33) 跳啥子跳，楼板要遭你整垮。

例(33)“跳啥子跳”虽然没有出现在对话情况，但是蕴含了一个互动情境，即“有人正在不停地跳”，这时候“跳啥子跳”可以用来表示对该人行为的不满或制止。但其他两个构式则不能出现，必须有明确的对话情境。

第六,对发话者话语的所涉时间的要求不同。“要+X”对发话者话语所涉时间没有要求,可以是过去时间和将来时间,“好+X”不能用于过去时间和将来时间,“X 啥子 X”虽然可以用于过去时间和将来时间,但当发话者话语中包含“走到……去”结构时,“X 啥子 X”只能选择“去”,不能选择“到”,“要+X”则可以自由选择。如:

(34) A:五一我打算走长沙去旅个游,你安?

B_1:(我)要去/走哦,五一人多得挤爆,才不去受这个冤枉罪。

*B_2:好去哦,五一人多得挤爆,才不去受这个冤枉罪。

B_3:去啥子去(*走啥子走),五一人多得挤爆,才不去受这个冤枉罪。

(35) A:去年暑假你是不是走北京实习去了?

B_1:(我)要去/走了,去年暑假我在华西躺了个多月。

*B_2:好去哦,去年暑假我在华西躺了个多月。

B_3:去啥子去(*走啥子走),去年暑假我在华西躺了个多月。

4 结　　语

筠连方言“要+X”“好+X”“X 啥子 X”三个负面立场表达构式既有共性又有差异。共性是都可以用在应答句中表示负面立场,都具有引述功能。差异主要体现在规约化程度,引述内容,对前一发话者话语句类和语气的要求,对对话情境的要求,对发话者话语所涉时间的要求等方面。通过对筠连方言三个用于应答句的负面立场表达构式的探究,我们得到了一些启示:表高程度义的副词,用在应答句中和引述结合,获得负面立场解读具有跨方言或跨语言共性;汉语方言中表示“将要”义的词,用在应答句中和引述结合,获得负面立场解读具有一定范围的跨方言共性;疑问代词用在应答句中和引述结合,获得负面解读也具有一定范围的跨方言的共性。筠连方言除了引述性的负面立场表达构式外,是否还有其他类型的负面立场表达构式,还值得我们进一步关注。

参考文献

方梅:《从引述到负面立场表达》,《当代修辞学》2021 年第 5 期。

黄光毅:《四川广安方言负面评价规约化》,湖南师范大学硕士学位论文,2023 年。

孔国兴、胡乘玲:《永州方言规约化构式的负面立场表达》(待刊)。

李双剑:《从“近将来”到“否定”——开封、成都话中的特殊否定构式》,载复旦大学汉语言文字学科《语言研究集刊》编委会编《语言研究集刊》第十八辑,上海辞书出版社 2017 年版。

唐萍:《湖南祁东方言否定义构式研究》,湖南师范大学硕士学位论文,2020 年。

温锁林:《晋语寿阳方言里的几种规约化构式》,《语言科学》2020 年第 6 期。

辛永芬:《河南尉氏方言表否定的“快 VP 嘞”》,载崔志远、吴继章编《中国语言文学研究》,社科文献出版社 2018 年版。

朱军:《反问格式“X 什么 X”的立场表达功能考察》,《汉语学习》2014 年第 3 期。

中国社会科学院语言研究所、中国社会科学院民族学与人类学研究所、香港城市大学语言资讯科学研究中心编:《中国语言地图集:第 2 版 · 汉语方言卷》,商务印书馆 2012 年版。

(胡乘玲　长沙　湖南师范大学文学院　huchenglinghenguai@163.com;
梁玉杉　长沙　湖南师范大学文学院　18141349956@163.com)

沿海闽语*n-与*ń-的对立及相关问题*

曾南逸

提　要：文章通过比较闽语的同源词根指出：原始沿海闽语需要构拟*n-与*ń-的对立，才能解释闽东、闽南、莆仙之间词根的对应关系。至于这一对立是否一定可以构拟到原始闽语中，尚可留待进一步讨论。同时，莆仙方言和闽东方言一样，*n-与*ń-已合流，只是莆仙方言根据韵母的条件，合流之后又发生了分化。文章还指出，闽南方言日母文白读的 dz-(z-)具有不同来源，白读来自原始沿海闽语的*ń-，文读则来自通语的*ɻ-或*j-。

关键词：原始沿海闽语；舌冠鼻音；泥娘母；日母

1　原始闽语*n-与*ń-的疑似互补

Norman(1973)原始闽语有*n-和*ń-两个不同部位的舌冠鼻音。① 这两个鼻音构拟的依据是它们在闽南方言读音的不同：在厦门和潮州，*n-演变为 l-(n-)，*ń-演变为 dz-(z-)。

不过，郑至君、郭必之(2016)指出，原始闽语不需要构拟*ń-，因为闽南方言的 dz-(z-)②和 l-(n-)是互补的，所以原始闽语只需要构拟*n-声母，闽南方言的 dz-(z-)其实是*n-在-i-介音条件下擦化产生的。

---

*　本项研究得到国家社会科学基金冷门绝学研究专项“闽南方言语音史研究(项目编号 20VJXG039)”的资助。感谢沈瑞清、左瑾瑜等同行以及审稿专家的宝贵意见。文中如有谬误，概由笔者负责。

①　暂不把*nh-纳入讨论。

②　潮州方言“日入二”等字的声母，Norman 标作 dz-，其他学者往往标作 z-。

我们把闽南（厦门）、闽东（福州）、闽北（建瓯）存在对应，且被 Norman 遗稿构拟为*n-、*ń-两声母的词根（由沈瑞清整理提供）放在一起对比，会发现它们似乎真的呈现互补的状态，详如表 1 所示①：

表 1　原始闽语*n-、*ń-两类声母词根对应情况

		厦门	福州	建瓯
洪音韵	嫩	lun^{6}	nauŋ^{6}	nɔŋ^{6}
	瓤	nŋ^{2}	nouŋ^{2}	nɔŋ^{5}
	奶	lue^{3}	nɛ^{3}	nai^{3}
	南	lam^{2}	naŋ^{2}	naŋ^{5}
	念	liam^{6}	naiŋ^{6}	naŋ^{6}
	忍	lun^{3}	nuŋ^{3}	neiŋ^{3}
	韧	lun^{6}	nouŋ^{6}	nyɪŋ^{6}
	闰	lun^{6}	nouŋ^{6}	nœyŋ^{6}
	软	nŋ^{3}	nœyŋ^{3}	nyɪŋ^{3}
细音韵+闽南韵母鼻化	娘	nĩũ^{2}	nuoŋ^{2}	niɔŋ^{2}
	染	nĩ^{3}	nieŋ^{3}	niɪŋ^{3}
细音韵+闽南韵母不鼻化	二	ʣi^{6}	nei^{6}	ni^{6}
	腻	ʣi^{6}	nɵy^{6}	nɛ^{6}
	认	ʣin^{5}	neiŋ^{6}	neiŋ^{6}
	仁	ʣin^{2}	niŋ^{2}	neiŋ^{5}
	惹	ʣia^{3}	nia^{3}	nia^{3}
	入	ʣip^{8}	niʔ^{8}	ni^{8}
	日	ʣit^{8}	niʔ^{8}	ni^{8}
	尿	ʣio^{6}	nieu^{6}	niau^{6}
例外	搦抓	liaʔ^{8}	niaʔ^{8}	na^{8}

① 本文字音如不标示一律指白读或无异读字音。

需要说明的是,表 1 中“洪音韵”的条件是沿海闽语普遍读洪音,比如“忍韧闰软”这几个词根,如果构拟到原始闽语,都是需要有 * -i-介音的,但它们在沿海闽语都读洪音。“念”在闽南虽然读细音,但在闽东读洪音,早期也属于洪音韵母(Norman 构拟的 * -em)。

表 1 中第二部分细音韵且在闽南方言读鼻化韵母的词根,郑至君、郭必之(2016)并未强调,实际上,闽南方言 ʥ-(z-)声母基本不搭配鼻化韵,在鼻化的条件下,基本只读 n-,①尤其是白读。

就表 1 的规律来看,似乎可以在郑至君、郭必之(2016)的基础上进一步得出如下结论:原始闽语并没有 * n-与 * ń-的对立,闽南方言的 ʥ-(z-)是 * n-在沿海闽语细音韵且韵母不鼻化的条件下演变出来的。

但这里有一个例外,“搦抓”②在闽东读细音配 n-声母,在闽南并没有读 ʥ-(z-),而是读的 l-。“搦抓”还有另外一个问题,就是它在沿海闽语有-i-介音,在内陆没有。所以 Norman 构拟了 * nak4~ * niak4 交替。

2　沿海闽语 * n-与 * ń-的对立

除了“搦抓”外,如果扩大到更多沿海闽语共有词根的话,我们会发现沿海闽语在细音韵且闽南韵母不鼻化的条件下,闽南 l-对闽东 n-的词根至少有 3 个。为了说明问题,我们增加 4 个沿海闽语词根“若挐乱汝纽”,并加上之前讨论过的“搦抓”,放在一起比对。表 2 是潮州、厦门、福清、福州四地“若挐乱搦抓汝纽”等 5 个词根的对应情况:

表 2 中“挐乱”的意思是“杂乱”,在闽南和莆仙是单说的词,但在闽东往往作为双音词的第一个语素出现。“挐”字是我们根据语音语义与古籍的

---

① 有一个例外就是“尔耳”的文读在一些方言会读 ʥĩ³,但另一些方言不是,这应该是后起的。

② “搦抓”闽南一般写作“掠”,根据与莆仙、闽东的对应关系来看,其声母是鼻音,所以本字需要用“搦”才解释得通。“搦”除了“抓”的意思外,历史上应该还有“拿”的意思,因为闽南方言“搦”有进一步虚化为处置介词的用法,这一虚化应是以“拿”义为发展起点的,而且内陆闽语“搦”也有“握、拿”的意思。

对应初考的本字。① “纽”在闽南、莆仙表示名词“扣子”或“结”，也表示动词“扣(扣子)”。

表 2　闽南对闽东的 ʥ-(z-)<>n-和 l-(n-)<>n-

		潮州	厦门	福清	福州
ʥ-(z-)<>n-	若	zieʔ^{8}	——	nyo^{1}	nuɔʔ^{8}
	挐乱	zɤ^{2}	ʥi^{2}	ny^{2}	ny^{2}
l-(n-)<>n-	搦抓	liaʔ^{8}	liaʔ^{8}	nia^{1}	nieʔ^{8}
	汝	lɤ^{3}	li^{3}	ny^{3}	ny^{3}
	纽	liu^{3}	liu^{3}	——	niu^{3}

福州“挐乱”“纽”的音义根据《榕腔注音词典》(Maclay & Baldwin 1870)增补，其中“挐乱”在《榕腔注音词典》第 593 页(꜀nü nëük꜆: wrinkled, rumpled, as a sleeve shoved up 起皱的，凌乱的/皱巴巴的，比如袖子被捋起的样子)；“纽”在《榕腔注音词典》第 587 页[kwoi꜄ ꜂niu(髻纽): the hair twisted in a knot on the head 头发上打的结]。

结合表 1、表 2 的字词音来看，在细音条件下，虽然闽南 ʥ-(z-)<>闽东 n-仍是主流，但是 ʥ-(z-)<>n-和 l-<>n-两种对应显然是并存的，而且有接近最小对立对的两个词“挐乱”和“汝”，这两个词在闽南声母是不同的，而在闽东都是 n-。“若”和“搦”的情况也很接近，都是阳入调，原始语应该都有-i-介音，只是主元音稍有不同，它们的声母在闽南也是不同的。

第一节我们在郑至君、郭必之(2016)的基础上推断，闽南的 ʥ-(z-)与 l-(n-)在口语中是互补的，根据对应关系，可以解释为由早期闽语的 n-分化而来。现在根据表 2 的材料，尤其是“挐乱”和“汝”、“若”和“搦”的对立来看，至少就沿海闽语内部的对应而言，是解释不通的。

---

① “挐”上古有“纠缠、纷乱”义，参看王力(2000: 365)，相关用例主要在战国至汉代。《广韵》“挐”的注音是“女余切(娘母平声鱼韵)”，不过高诱注《淮南子》说“挐读如上谷茹县之茹”，所以“挐”也许有日母的又音。从语义上来说，今天沿海闽语“□杂乱”一词与“纠缠、纷乱”义接近；从读音上来看，“□杂乱”的音韵地位指向鱼韵日母或娘母，所以“挐”可能就是这个词的本字。

结合表1、表2,我们恐怕不得不承认,原始沿海闽语需要构拟*n-和*ń-的对立,来解释闽东—闽南字音的两类对应规律。

此外,需要指出的是,Norman遗稿原始闽语词根并没有“纽”,但除了沿海的闽南、莆仙外,“纽”在内陆的闽中、闽北也表示“纽扣”的意思(出现在“纽子”一词中),①所以“纽”很可能也是原始闽语词根。如果把“纽”加入表1,加上既有的“搦抓”,原来互补的条件,将明显被打破。

第1节我们提到闽南方言的ʣ-(z-)并不能搭配鼻化韵,日母字“让染”在闽南读*n-。根据对应规律,我们只能把“让染”的声母构拟成*n-。但是还有一种可能,“让染”在原始沿海闽语阶段其实是属于*ń-声母的,只是闽南方言在鼻化的条件下*ń-也并入*n-,并不演变为ʣ-(z-)。不过,这一推断尚需要直接的证据来证明,笔者暂时没能找到这样的证据。

3 原始闽语*n-和*ń-的对立的两种可能处理

本文目前的证据其实只能充分论证原始沿海闽语构拟*n-和*ń-对立的必要性,到原始闽语层面,尚可有两说,理由如下:

其一,内陆闽语第二人称代词不用“汝”。

其二,“纽纽扣”虽然在闽南、闽北、闽中、莆仙存在普遍对应,但是沿海闽语“纽”还有一个白读表示“秤纽”,闽东读音是*nau⁶,(秋谷裕幸 2018:415)闽南也有对应的读音(潮州 nãũ⁴、陆丰 nãũ⁶、漳州 lau⁶),构拟为原始沿海闽语大概也是*nhau-B。因此,前文涉及的“纽纽扣”应属于一个较晚的层次。

其三,“搦抓”在沿海闽语和内陆闽语的“原始形式”介音不同。沿海闽语“搦抓”有-i-介音,适合构拟为*niak-D;内陆闽语“搦抓”的原始形式没有-i-介音,建瓯 na⁸ 指向原始闽语形式为*nak-D,与客家话、赣语一致,例如:客家梅县 nak⁸、赣语建宁 nak⁸、南昌 lak⁷、黎川 naʔ⁷。

沈瑞清、盛益民(2022)指出,沿海闽语和内陆闽语的形成源于不同

---

① 闽东“纽扣”一般说“布扣”。“纽”是上古汉语就有的词,而用“扣(釦)”表示“纽扣”是近代汉语才有的,所以闽东“扣”的说法应该是后起的。

的移民路线，它们可能早在进入闽地之前就有一定的差异。所以，不是所有的沿海闽语区别的音类都可以推到原始闽语阶段。因此，如果把"汝"看作沿海闽语独有词汇，把"纽纽扣"看作晚期层次，给"搦抓"构拟交替形式，那么原始闽语尚可根据郑至君、郭必之(2016)的论断，不构拟*ń-声母。

不过，在我们看来，"纽纽扣"虽是较晚的层次，但未必不能构拟进原始闽语；"搦抓"如果取消交替形式只构拟一个形式，恰恰可以进一步夯实*ń-声母构拟的必要性，详情如下：

其一，原始闽语韵母本身可以有两个历史层次，比如昔韵铎部字有*-iok/*-iak 两个层次，祃韵鱼铎部字有*-io/*-ia 两个层次(曾南逸，沈瑞清，林诺舟 2024)，所以"纽"字如果有两个都可构拟进原始闽语的层次，也是正常现象。因为沿海闽语"纽秤~(*nhau-B)"在客家话、平话存在明显对应的洪音读法，客家话"纽"读如侯韵字(如梅县 neu^3、揭西河婆 neu^3)，平话"纽秤~"读如豪韵字(如横县 $nɔu^4$)，这两大方言"纽"均存在其他尤韵字所没有的特殊洪音读法，且与沿海闽语形成明显的对应，①这就显示了这几个方言"纽"的读音同属于一个很早的层次，与昔韵铎部字*-iok 层时代相近。而"纽纽扣"虽属于较晚的层次，但它有可能属于与昔韵铎部字*-iak 层同时代的层次，二者都可以被构拟进原始闽语中。

其二，"搦抓"的 ak~iak 交替或许可以通过声母的构拟为*ń-来解决。作为古娘母字(上古来源一般构拟为*nr-)的"搦抓"本身不是简单的*n-声母字，虽然从音位上娘母和泥母的*n-是互补的，但《切韵》泥娘母在系联上其实属于两个声类，娘母在《切韵》音系中其实具有一定卷舌或舌叶的特征，这个卷舌或舌叶特征可能是它在沿海闽语增生-i-介音的来源。如果是这样的话，我们可以把原始闽语"搦"和"日入仁认二腻尿"都构拟为*ń-(即"搦"构拟为*ńak-D)。"日入仁认二腻尿"是*ń-配细音，在闽南演变为 ʥ-(z-)，在其他闽语演变为 n-；"搦"为 ń-配洪音，内陆和沿海发生了分化，内陆闽语*ńak-D>*nak-D，沿海闽语滋生-i-介音*ńak-D>*niak-D。即：

① 沿海闽语"纽(秤~)"与侯韵"楼走猴"豪韵幽部字(老扫草)白读同韵。

*ń-(配细音条件下):闽南*ń->ʥ-(z-);其他闽语*ń->n-。

*ń-(配洪音条件下):内陆闽语*ń->n-;沿海闽语*ń->ni-。

也就是说,取消了“搦”的内陆—沿海洪细交替后,反而可以更进一步加强*ń-声母的构拟。而且,秋谷裕幸(2022)指出,原始闽语应当构拟一套与舌尖塞音对立的“舌叶塞音”,“舌叶塞音”的辖字在不同闽语之间也存在洪细交替。从系统性的角度,我们认为原始闽语有一套与“舌叶塞音”搭配的鼻音*ń-的可能性更大,所以我们倾向于认为原始闽语应当也有*ń-和*n-的对立。

不过,上述两种原始闽语构拟的不同处理方法,可留待将来有进一步证据之后再做分别。

此外,Branner(2000:117-118)也曾根据内陆闽语的情况,构拟了*n1-(相当于Norman的*n-)和*n2-(相当于Norman的*ń-)的对立。Branner(2000:117-118)甚至认为闽南方言的ʥ-(z-)、l-/n-对立不能作为构拟*n-和*ń-对立的证据,内陆闽语的证据更为可靠。不过,本文第2节提出了沿海闽语在细音前存在ʥ-(z-)<>n-和l-<>n-两种对应规律,这两种细音前的对应规律对我们确认*n-和*ń-系对立而非互补至关重要。而Branner(2000:117-118)并没有在内陆闽语里找到类似的对立。所以,可以反过来说,Branner仅依靠内陆闽语的n-与ŋ-/ɳ-不同,而不是细音前n-与ɳ-对立构拟的两类鼻音声母,反而是更不牢靠的,在未找到细音前对立的情况下,内陆闽语的所谓*n2-,反而更可能是*n1在细音条件下分化出来的。

4 沿海闽语*n-和*ń-在莆仙方言的合流与分化

*n-和*ń-两声母在莆仙方言基本上是先合流后分化,大致上,逢鼻音尾韵、早期鼻化韵①读n-,逢元音韵、早期入声韵南日、莆田、江口(均属莆田市区,即原莆田县)读t-,枫亭、仙游、游洋(均属仙游县)读l-。② 详如表3所示:

① 枫亭、仙游、游洋保留鼻化韵,南日、莆田、江口早期鼻化韵并入阴声韵。

② “奶”“脑”“恼”是例外,都读n-,但这些字音分别出现在“娘奶”“樟脑柴”“烦恼”三个词里,其前字都是鼻音尾韵或早期鼻化韵,莆仙方言连读变声,所以这三个字读鼻音声母应该是语流音变的结果。

表 3　原始沿海闽语*n-、*ń-声母在莆仙方言中的对应情况

			南日	莆田	江口	枫亭	仙游	游洋
*n-	鼻音韵	嫩	nɔŋ^{3}	nœŋ^{3}	nœŋ^{3}	nəŋ^{3}	nuoŋ^{3}	noŋ^{3}
		南	naŋ^{2}	naŋ^{2}	naŋ^{2}	naŋ^{2}	naŋ^{2}	naŋ^{2}
		念	nɛŋ^{6}	niaŋ^{6}	nɛŋ^{6}	nieŋ^{6}	nieŋ^{6}	niɛŋ^{6}
		忍	nɔŋ^{3}	nɔŋ^{3}	nɔŋ^{3}	nəŋ^{3}	nuoŋ^{3}	noŋ^{3}
		闰	nɔŋ^{6}	nɔŋ^{6}	nɔŋ^{6}	nəŋ^{6}	nuoŋ^{6}	noŋ^{6}
		认	niŋ^{6}	niŋ^{6}	niŋ^{6}	niŋ^{6}	niŋ^{6}	niŋ^{6}
		染	niŋ^{3}	niŋ^{3}	niŋ^{3}	niŋ^{3}	niŋ^{3}	niŋ^{3}
	早期鼻化韵	软	nuai^{3}	nuai^{3}	nuɛ^{3}	nũĩ^{3}	nũĩ^{3}	nũĩ^{3}
		娘	niau^{2}	niau^{2}	niau^{2}	nĩũ^{2}	nĩũ^{2}	nĩũ^{2}
	元音韵、早期塞尾韵	闹	tau^{6}	tau^{6}	tau^{6}	lau^{6}	lau^{6}	lau^{6}
		纳	taʔ^{8}	taʔ^{8}	taʔ^{8}	laʔ^{8}	laʔ^{8}	laʔ^{8}
		汝	tø^{3}	ty^{3}	tœʔ^{8}	li^{3}	**ty^{3}**	**ty^{3}**
		搦抓		tia^{2}			lia^{2}	
		纽	tiu^{3}	tiu^{3}	tiu^{3}	liu^{3}	liu^{3}	liu^{3}
*ń-	元音韵、早期塞尾韵	入	tiʔ^{8}	tiʔ^{8}	tɛʔ^{8}	liʔ^{8}	liʔ^{8}	liʔ^{8}
		日	**tʰiʔ^{8}**	tiʔ^{8}	**tʰɛʔ^{8}**	liʔ^{8}	liʔ^{8}	liʔ^{8}
		尿	tiau^{6}	tiau^{6}	tiau^{6}	lieu^{6}	lieu^{6}	liau^{6}
		二	ti^{6}	ti^{6}	ti^{6}	li^{6}	li^{6}	li^{6}
		拏乱		ty^{2}			ly^{2}	

表 3"日"在南日、江口的例外,主要是由于在"日头"一词中,受"头"声母同化成 tʰ-。"汝"在仙游、游洋的例外,可能常用人称代词是受市区(原府城)莆田方言影响所致。

相比于闽南方言,莆仙方言才真正呈现*n-和*ń-不分,根据韵母条件分化的结果。其演变路径大致如下:

音变 1：*ń->*n-
音变 2a：*n->n-/__[+鼻音成分]
音变 2b：*n->*d-/__[-鼻音成分]
音变 3：*d->t-(古莆仙县境)；*d->l-(仙游县境)

5 沿海闽语日母文读的“原始形式”

闽南方言的 ʣ-声母不仅出现在白读中,也出现在文读中,它们的来源应该是不同的。莆仙方言、闽东方言的文白异读可以帮助我们理解闽南方言 ʣ-声母的两种不同来源。莆仙方言日母文读为 ʦ-,不读 n-、l-、t-;闽东方言的文读为 Ø-,不读 n-。相比之下,闽南方言日母文读为 ʣ-,与口语中泥娘日母白读 ʣ-混同。详见表 4:

表 4 闽南、莆仙、闽东日母文读的对应情况

	厦门	莆田	福州
燃文	ʣian²(白读 hĩã²)	ʦɛŋ²(白读 nyɒ²)	yɔŋ
忍文	ʣim³(白读 lun³)	ʦiŋ³(白读 nɔŋ³)	yŋ³(白读 nuŋ³)
让文	ʣiɔŋ⁶(白读 nĩũ⁶)	ʦyɒŋ⁶(白读 ʦiau6①)	yɔŋ⁶(白读 nuɔŋ⁶)
热文②	ʣiat⁸(白读 ʣuaʔ⁸)	ʦɛʔ⁸	ieʔ⁸

莆仙、闽东文读的情况提示我们,闽南日母文读 ʣ-应该不是自身演化的结果,而是通语影响的新层次。相关字音如要比较,闽南文读的 ʣ-应该与莆仙文读 ʦ-、闽东文读 Ø-一起构拟为早期通语的*ɻ-或*j-;而闽南白读 ʣ-,则与莆仙白读 t-/l-,闽东白读 n-一起构拟为早期的*ń-,二者不应混淆。

6 小　　结

本文在 Norman(1973)、郑至君和郭必之(2016)的基础上指出,闽南方

① 莆田城区的白读应是声文韵白,邻近的南日读 niau6。
② 莆田、福州“热”无异读,但其读音对应闽南的“文读”。

言口语语素中古泥娘日母来源的dz-(z-)和n-/l-并不是互补的,从对应规律来看,原始沿海闽语在细音前存在*n-与*ń-的对立,这是我们必须构拟两套早期鼻音声母的重要依据。不过由于内陆闽语缺乏对应的词汇,所以是否为原始闽语构拟*n-与*ń-的对立尚可进一步讨论,如果在原始闽语层面构拟*ń-,"搦"在内陆和沿海之间的"洪细交替"可以是证据之一。文章同时指出,莆仙方言和闽东方言一样,*n-与*ń-已合流,只是莆仙方言根据声母的条件,合流之后又发生了分化。此外,通过与闽东、莆仙方言的比较可知,闽南方言日母文白读的*ʥ-具有不同来源,白读来自原始沿海闽语的*ń-,文读则来自通语的*ɻ-或*j-。

本文的材料来源:

闽南:厦门取自Douglas(1873);潮州取自李永明(1959),个别字音由笔者调查补充;漳州取自漳州市地方志编纂小组(1999);海丰取自罗志海(1995)。

闽东:福州主要取自北京大学中国语言文学系语言学教研室(2003)及陈泽平、林勤(2021),"挐乱""纽"根据Maclay和Baldwin(1870)增补;福清取自秋谷裕幸(2020)。

莆仙:主要取自李如龙、刘福铸、吴华英、黄国城(2019),"搦""挐乱"根据莆田市政协文化文史和学习委员会(2021)增补。

闽北:建瓯取自北京大学中国语言文学系语言学教研室(2003)。

客家:梅县取自黄雪贞(1995),揭西河婆取自张霞(2018)。

平话:横县取自闭克朝(1994)。

赣语:建宁取自李如龙(2001),南昌取自熊正辉(1995),黎川取自颜森(1995)。

参考文献

北京大学中国语言文学系语言学教研室编:《汉语方音字汇》(第二版重排本),语文出版社2003年版。

闭克朝:《广西横县平话词汇(二)》,《方言》1994年第2期。

陈泽平、林勤:《福州方言大词典》,福建人民出版社2021年版。

李如龙:《福建县市方言志12种》,福建教育出版社2001年版。

李如龙、刘福铸、吴华英、黄国城:《莆仙方言调查报告》,厦门大学出版社2019年版。

李永明:《潮州方言》,中华书局 1959 年版。

罗志海:《海丰方言》,德宏民族出版社 1995 年版。

莆田市政协文化文史和学习委员会:《莆仙方言大词典》,厦门大学出版社 2021 年版。

秋谷裕幸:《闽东四县市方言调查研究》,上海教育出版社 2020 年版。

秋谷裕幸:《原始闽语中的舌叶塞音声母及其相关问题》,《语言学论丛》2022 年第 1 期。

沈瑞清、盛益民:《内陆闽语非南朝吴语直系后代说》,2022 年第 55 届国际汉藏语言暨语言学会议论文。

王力:《王力古汉语字典》,中华书局 2000 年版。

熊正辉:《南昌方言词典》,江苏教育出版社 1995 年版。

颜森:《黎川方言词典》,江苏教育出版社 1995 年版。

曾南逸、沈瑞清、林诺舟:《论闽语"厝"本字为"舍"》,《中国语文》2024 年第 2 期。

张霞:《河婆半山客方言语音研究》,深圳大学 2018 年硕士论文。

漳州市地方志编纂小组:《漳州市志 · 方言》,中国社会科学出版社 1999 年版。

郑至君、郭必之:原始闽语鼻音声母的构拟问题,载《汉语研究的新貌:方言、语法与文献——献给余霭芹教授》,香港中文大学吴多泰中国语文研究中心 2016 年版。

Branner, David Prager(林德威), *Problems in Comparative Chinese Dialectology: The Classification of Miin and Hakka*. Berlin: Mouton De Gruyter, 2000.

Douglas C.(杜嘉德), *Chinese-English Dictionary of the Vernacular or Spoken Language of Amoy, with the Principal Variation of the Chang-Chew & Chin-Chew Dialects*(《厦英大辞典》), London: Trubner & Co. 1873. 台北南天书局有限公司 1990 年重刊版。

Norman J. Tonal Development in Min, *Journal of Chinese Linguistics*, 1973(1-2): 222-238.

Maclay R S, Baldwin C C. *An Alphabetic Dictionary of the Chinese Language in the Foochow Dialect*(《榕腔注音词典》). Foochow: Methodist Episcopal Mission Press, 1870.

(曾南逸　广州　中山大学中文系　zengnanyi@ com)

青海循化回族汉语四庄话的格标记*

代少若

提　要：文章指出，青海循化回族汉语四庄话语序类型为SOV，属于有格标记的语言。其格标记系统主要由宾/与格—哈、离格—塔拉、向格—到时、工具/伴随格—来、比较格—看时五种组成。四庄话的格标记在甘青方言中有一定的独特性，其来源与发展趋势也不尽相同。

关键词：青海方言；回族汉语；格语法；语言接触

1　引　　言

青海是一个多民族聚居的省份，拥有各种不同的语言，除汉语以外，还有藏语及属于阿尔泰语系的蒙古语、东安语、撒拉语等。处于多语言环境中的青海的汉语，受此影响，呈现出不同于其他省份汉语的一些特征。在这些特征中，格语法是一个青海汉语方言中较突出、普遍的现象。此前张安生（2013），杨永龙（2014；2015），杨永龙、张竞婷（2016）等从格范畴角度对青海多地汉语方言的语法现象进行了阐释，揭示了一些迥异于其他汉语方言的语法规律。

青海各地的汉语方言与周边少数民族语言接触的生态与接触深度都各不相同，所表现出来的语言特征有地域共享的青海汉语方言特征，也有各地

* 基金项目：本文是国家社会科学基金重大招标项目——西北地区汉语方言地图集（项目编号15ZDB106）的阶段性成果；安庆师范大学博士科研支持项目成果。

独有的个体特征。就格语法现象而言,青海各地汉语方言的情况就不尽相同,具体表现在格范畴的完整性、格标记的选用及来源,以及格范畴的发展阶段等。本文就青海循化回族汉话“四庄话”的格语法进行描述、分析,并就相关情况与其他青海汉语方言进行一定的对比。

“四庄”是青海省循化撒拉族自治县回族人聚居的村庄,即“瓦匠、托坝、线尕拉、沙坝塘”四个庄子。四庄回族人所说的汉话,当地称“四庄话”。“四庄话”属回族人讲的汉语,与循化本地的汉族人说的汉话存在一定的差距。相对本地汉族人来说,“四庄”人定居循化时间更久远,其移民史可追溯至元明清时期。循化民间有“撒拉八工,外五工,藏族六沟,中原四庄”的说法,“工、沟、庄”指的是撒拉族、藏族、回族早期聚居地的社会组织名称,“中原”是回族人聚居的地理位置;这也说明,循化各民族分地而居的民族相处模式是古已有之的。在这种模式下,各民族语言保持着一定的独立性,但因社会生活的交流,又不可避免地相互接触、影响。循化县是我国唯一的撒拉族自治县,县域内的语言情况可概括为“三分”:循化的撒拉族说撒拉语,藏族说藏语,而回族说区别于汉民的汉话——“四庄话”。各民族对内用本民族语言,对外则用汉话与其他民族人民进行交际。所以,“四庄话”在循化地区还具有地区公共交际语的地位。

“四庄话”按《中国语言地图集》[香港朗文(远东)出版有限公司,1987],属于中原官话陇东片的“河州片”。从地域来看,青海汉语方言与甘肃部分地区所组成的“河州片”,在中原官话里具有鲜明的语言特征,其中语法上的格语法现象就是其重要的特点。

2 格语法理论的发展及相关概念的认识

格语法主要是用来解释语义与句法现象的一种语法分析理论,是在美国语言学家 Fillmore 于二十世纪六七十年代发表的一系列文章的基础上发展起来的。Fillmore 格语法系列论文论述的重点是简单句,其中,又以“命题”为关注重点。相关理论主要有:“简单句的命题核心是由一个述谓成分(predicator,可以是动词、形容词或名词)跟一个或几个实体(entity)结合而成。"每一个实体都跟该述谓成分有一种叫作"深层格"(deep structure case)的语义关系。格确定了实体在表述(predication)之中的作用,人类语言有通用的格表。深层语义格与句子中的表层格形式相对应。(杨成凯 1986)

格语法理论应用于语言研究中,对格语法相关的概念及理论在理解上因人而异,存在一定的偏差。杨永龙(2016)曾对格语法相关理论进行过梳理,该文所持主要观点总结如下。

(1) 格这种语法范畴主要是与体词有关的。具体表现为,小句层面或短语层面的从属性体词与中心动词、附置词(或其他名词)之间的各种语法关系,前者如施事、受事、与事、工具等语义关系,后者如从属名词与中心名词之间的领属关系。杨文这种观点,与 Fillmore 的"实体与述谓成分的'深层格'的语义关系"的定义,有所不同。

(2) 格范畴是一个系统,每个系统内包含若干个次范畴或次类。如说"某个语言有六个格"时,格指的是格系统的次类,并举例说俄语有主格、宾格、领格、与格、工具格、方位格等六个格。也就是说,杨文所说的格范畴系统,是指在语言形式上具有固定格标志的系统。

杨永龙(2016)以"John ruined the table." "John built the table."两个句子为例介绍了 table 在两个句子里分别与动词 ruin、build 的"深层格"关系。作者特别说明了文中不讨论这种深层的格关系,即杨文主要以表层的格形式为主讨论格的语法关系。

(3) 格关系的表达手段。在句法层面,格关系的表达可以用形态变化的词缀,也可以是词汇手段。各种语言用以表达格关系的语法单位或手段,按照其与中心成分的黏着程度大小,可分为:

词缀>附着形式>附置词、语序、零形式

其中,零形式属于表达格关系隐性手段。从广义来说,附置词也属于格标记。杨文讨论的青海甘沟话的格系统是后置格标记系统;总体来说,杨文中的后置格标记属附着性较高的后置词。因此,杨文采取的是格标记的广义标准。

本文主要依照杨永龙(2016)所采用的格语法观点,对青海循化四庄话的格语法进行总结与分析。

3　四庄话的 SOV 语序

按语言类型学的理论,人类的语言具有一些共性,根据这些语言共性所表现出来的语言现象间的普遍相关性,可以将人类的语言分成不同的类别。在句法现象中,语序是最普遍的存在。语言类型学派将语序作为核心课题,创立了语序类型学。通过跨语言的比较研究,语言类型学家们发现,各种语言的语序,存在一定相互对应的规律性,这些规律似乎可以以某一种或几种语法结构间的语序为参项,建立起语言间类型的相关性。这种相关性再经过蕴涵性共性及“四分表”等逻辑推导,从优势语序、语序和谐性两个方面进行选择,可以推定某种语言会存在哪种语序、不会出现哪种语序;或者以一种倾向性形式存在。

如小句的基本成分主语 S、动词 V、宾语 O 三者间的语序,是语言类型学最重要的参项。类型学派根据动词 V 的位置分出三种主要语序 SVO、SOV、VSO,在此基础上,再简化出两种理想型语言,即 VO 型、OV 型语言类型,而其他结构的语序,都是某种语言类型下的特征。(刘丹青 2003)

语序类型学对小句中主语 S、动词 V、宾语 O 三者的语序所反映出来的共性及规律,有诸多发现且成果在不断更新。如 VSO、SOV 处在语序类型序列的两端,各结构的语序多表现为对立;而 SVO 语言的类型特征表现不一致,不同的 SVO 语言在另两个类型间摇摆,且方式、程度都不相同等。

3.1　四庄话的 SOV 语序类型

小句中 S、V、O 的语序与本文关系较大,然而本文不打算从类型学角度详细讨论 S、V、O 的语序,也不会对与四庄话各语法结构的语序相关性展开详细讨论(涉及与语序相关的格语法标记后置,随文说明),只着重解释小句中 S、V、O 的语序跟四庄话格语法现象的关系。

四庄话从 S、V、O 语序来分,是较典型的 SOV 语序,主要表现有二。

一是,单句中,四庄话的基本语序为 SOV,如:

(1) 几个他一个苹果摘下了他摘了一个苹果。①

(2) 几个一块肉(哈)扔了出去给了他把一块肉扔出去了。

二是,当短语做限定性语法成分时,其中的结构关系也是OV型,如:

(3) 张三老师哈喀"哈给"的合音的书几面那边有哩张三给老师的书在那边。

(4) 苹果的皮子哈盒子里撩着要去给不要把苹果皮扔到盒子里。

四庄话的判断句,现在有一种SOV、SVO的混合用法:

(5) 张三是当官的是哩张三是当官的。

(6) 我的阿大是李四是哩我的爸爸是李四。(此二句的"是哩"似又可以分析为确认语气,可另行分析。)

四庄话SOV语序类型,在语法上带来一个直接的问题就是,S、O都居于V前,怎么区分都为体词性的S、O的主语、宾语等题元身份?按汉语通行的SVO语序规律来解释,这类语序是以S、O在小句中相对于V所处的位置来确定其题元身份的。在V前的体词性成分就是主语S,在V后的体词性成分就是宾语O;也就是说,一般通过体词与动词V的相对位置就能确定其题元身份。

3.2 四庄话确定体词题元角色S、O的方法

从四庄话的SOV语序来看,S、O都在V前。在逻辑上,V前有两个体词N,在分布位置上,可以有两种相对位置以示区别:(1) N+V,N连着V;(2) N+□+V,N与V间隔着另一个体词□("+"表示两个成分间,可插入其他非体词性成分)。对应SOV语序,(1)是四庄话的O与V的相对位置,(2)是四庄话S与V的相对位置。从形式与意义的关系来看,处在语序中的两种相对位置,也可以承担表示两个题元的功能,这在逻辑上是能说得通的。而事实上,四庄话就有大量的句子是通过N+V、N+□+V两种相对位置来区分主语与宾语的:

① 本文例句是据刘丹青、唐正大《现代汉语方言语法语料库调查方案(暂定稿)2003》的例句通过实地调查而得。

(7) 兀个两瓶酒送了去了他送了两瓶过去了。

(8) 兀个井里面一桶水吊了出来了他从井里面打了一桶水上来了。

(9) 兀个消息一挂传开来了他将消息传开了。

(10) 啊我哈相照给给我照相。

例(7)是简单的SOV语序,例(8)S“兀个”与O“一桶水”中间插入了处所状语“井里面”,例(9)S是“兀个”,O“消息”与V“传”中间插入了表情态的数量词“一挂全部、全”。在表能愿性意义时,O有格标记,则S的位置可以与V紧挨,形成OSV语序,如:

(11) 白酒哈兀个喝下下哩,我喝不下他能喝白酒,我喝不了。

若句子中的动词V前只出现一个具有题元性质的体词,那这个体词的题元角色如何界定呢?四庄话的处理方式是以体词后有无“哈”标记来确定其题元角色:

(12) 明天再他哈给给吧明天再给他吧。

(13) 事情哈一件一件地去做哩事情要一件一件地做。

例(12)里“他”后面有个“哈”,表明“他”是动词V“给”的宾语O,同理,例(13)里“事情”后有“哈”,也表明了“事情”是动词V“做”的宾语O。

在例(12)、例(13)里,四庄话用“哈”标记句子的宾语,与其SOV语序是有直接因果关系的,无“哈”无以明确“他”“事情”的题元角色,特别是例(12)的“他”,人称代词的有生命性、主动性、对象性等特点规定了“他”可以是施事做主语,也可是与事做宾语,具体是主语还是宾语,完全凭有无“哈”标记来判定:如果体词后有“哈”,则体词为动词V的宾语,如果体词后无“哈”,则体动可能为动词V的主语。例(12)若无“哈”则变为:

(14) 明天再他给给吧明天他再给吧。(“给”的受益对象缺失。)

“他”的题元角色变了,句子的意义也不一样了。这说明,“哈”在四庄话里,具有重要的语法、语义表达功能,且使用频繁,上述例(7)、例(8)、例(9)的宾语都可以加上“哈”,成为:

(7') 兀个他两瓶酒哈送了去了。

（8'）几个他井里面一桶水哈吊了出来了。

（9'）几个他消息哈一挂传开来了。

上述四庄话句子里的“哈”，从题元角色来看，可以分析为宾格标记，如例(8)，也可分析为与格标记，如例(10)。“哈”作为格标记在四庄话里具有多种格的语法意义，也是四庄话里适用范围最广泛、使用最频繁的格标记。我们认为，从微观层面而言，四庄话的格标记，固然可能是受周边其他有格语法标记的语言如撒拉语、藏语及蒙古语等的影响，通过接触、借用等而形成了其格范畴；但如置于宏观层面来观察，其 SOV 语序内在需要导入格标记来进行题元角色区分和语义表达。所以，我们更倾向认为，SOV 语序是触发四庄话格标记“哈”形成的内在动因，也是最直接的助推器。当然，这种 SOV 语序的形成也势必要受外在语言环境影响。

除“哈”之外，四庄话还有其他类似后置格标记，形成一个较完整的格标记系统。我们也有理由相信，相对于其他无后置格标记系统、SVO 语序的汉语方言而言，四庄话的格标记系统的形成，也与其 SOV 语序有着莫大的关系。因篇幅所限，此种关系本文不打算详细展开讨论。

4　四庄话的格标记系统

本部分将四庄话的格标记按照功能、来源等内容分别描述。通过对调查到的四庄话句子进行归纳，我们整理出了四庄话的格标记系统。

4.1　主格—零标记

四庄话的主格是无标记的，即零标记；在四庄话里，主格以其所处的位置及一定的语义来标明其格身份，属于格身份表达的隐形手段。主格的格身份句法位置总结如下：

第一，在 SOV 三题元完整的情况下，S 一般是具有施事能力的体词，与 V 间隔着 O，如上述例(4)。

第二，SOV 如果 V 前只有一个体词，即 NV(N 表示体词)，则无格标记的是 S，如上述例(5)。

除了零标记的主格外,四庄话里有标记的格共有五个。下文对四庄话里的格标记,按照使用频率与虚化程度的高低,逐一介绍。

4.2 宾/与格—哈

"哈"是整个青海地区及甘肃河州一带的汉语方言都普遍使用的一个格标记,也是甘青地区汉语方言重要特色之一。

"哈"作为一种格标记在四庄话里,主要用作宾格及与格。

4.2.1 宾格

"哈"做宾格标记,表示"受事、客事"等题元角色,其中受事包括一般受事、处置对象、役事等。举例如下:

(15) 张三哈打下了张三被打了。(一般受事)

(16) 阿妈我个人哈衣服洗给妈妈让我把自己的衣服洗了。(役事)

(17) 饺子哈最好是煮着吃饺子最好煮着吃。(处置对象)

(18) 兀个啊哈书啊给了他给书给我。("啊哈"是"我哈"的音变,接受者;"书啊"是"书哈"的音变,客事。)

(19) 兀个消息哈一挂传开来了他把那个消息传开了。(客事)

4.2.2 与格

四庄话与格表示"接受者、受话者、受益者、受损者、替代对象、关涉对象、比较标准、体验者、领有者"等题元角色。举例如下:

(20) 老张你哈东西有心吃给老张不愿意给你吃东西。(受益者)

(21) 你循化来了时,我你哈唱给你如果来循化,我唱给你听。(受益者)

(22) 兀个哈流氓腿子也打断给了他让流氓打断了腿。(受损者)

(23) 他哈朋友介绍给给他介绍朋友。(受益或接受者)

(24) 兀个哈一本书啊哈给了他有一本书给我。(领有者、接受者)

(25) 老张我们哈讲给几句老张给我们说几句。(受话者)

(26) 兀个人哈张三叫着哩他叫张三。(客体)

(27) 张三李四哈看时高些张三比李四高呢。(比较标准)

从以上例句可以看出,四庄话的"哈"作为格标记,标示多种题元角色或语义角色。而从句法形式上看,有时"哈"可以加在主语或话题后面,如例(22)、例(26);例(22)"哈"标示主题"兀个他"是受损对象,另一个具有行为能力的主体"流氓"无标记,是施事。从语义来分析,"打断"的"腿"只能受损对象的"兀个他"。上述分析说明,四庄话的"哈"主要表示语义角色标记,与句法的结构成分没有直接的关系。

"哈"在甘青汉语方言作格标记的来源,学界有几种意见。一种认为是从古汉语的"行"发展而来的,但其格标记功能是对译或借用自周边有格标记的少数民族语言,桥本万太郎(1983)、江蓝生(1998)、余志鸿(1983)等学者持此说;另一种意见以杨永龙(2014)为代表,倾向认为青甘汉语方言的"哈",是SOV语序类型语言系统处理V前体词S、O之语义角色的内在动因下发展而来的,具有类型学的普遍性。最新的观点由周晨磊(2019)提出,认为"哈"本字来源于汉语的"下",是甘青方言在和藏语的接触中,逐步形成的。以上三种意见说明,甘青方言格标记"哈"的来源情况较复杂,目前学界并未形成共识,还有待进一步探讨。

4.3 离格—塔拉

四庄话的"塔拉[$t^ha^0la^{44}$](t^ha读轻声,调值标为0)",表示"从……(到……)"的意思,是离格标记,主要功能在于引出动作位移的起点或时间上的起点。从起点义又可以引申出来源义。除起点义外,"塔拉"也可表路径。如:

(28) 外面塔拉看时,这个房子漂亮得很从外面看,这房子很漂亮。(位移起点)

(29) 北京塔拉上海时,1 500多公里有哩从北京到上海,有1 500多公里。(计量起点)

(30) 1978年塔拉开始,我兀个学校里就书教开了从1978年开始,我就在那个学校里教书了。(时间起点)

(31) 我们应该从厨师塔拉,饭做着学我们应该在厨师那儿学做饭。(来源)

(32) 一个车,我们的身边塔拉走了过去了一辆车从我们身边开过去了。(路径)

与格标记"哈"在青甘汉语方言区较统一的情况不一样,青甘地区汉语方言的离格标记,无论从形式还是功能来说,都不尽相同。从目前已见报道的资料来看,四庄话的"塔拉",可以与青海民和甘沟话的离格标记

“吵”(另有“撒、是、些”几种语音形式)大致对应。(杨永龙 2016)从功能上来说,青海民和甘沟话的“吵”还可以做比较格,如“兄弟阿姐(哈)吵大(弟弟比姐姐高,‘哈’也可省略)”,(杨永龙 2016)而四庄话的“塔拉”不能做比较格。这说明,四庄话的“塔拉”与甘沟话的“吵”有不同的发展途径。受普通话的影响,在年轻人中,也有将表来源的“从”与“塔拉”合用的情况,如例(31)。

经杨永龙(2016)研究,甘沟话的离—比格标记“吵”与当地的土族语的-sa、保安语、东乡语的-sə 在语音上相同或相近,功能相同。四庄话跟甘肃河州话(“河州”是甘肃临夏回族自治州的古称)在地理上连成一片,在历史上循化也曾经属于河州管辖。(张建军 2009)河州话的从—比格标记是“名词+ta”或“名词+xɵtʰɵ”,与普通话的“从”“向”相当(雒鹏 2004);相较起来,四庄话的“塔拉”与河州话“-ta”在语音相近。再参考马伟(2013)《撒拉语形态研究》一文,我们发现,四庄话的“塔拉”与循化撒拉语的从格“-dan”发音相近,如果再加上与从格连用表方向的“-bele(往这)、-ele(往那)”,则两者在语音上更为相似,相关例句如下:

我兰州 ta 来了我从兰州来了。

河州话(雒鹏 2004)

geji-den bele asman dum-ji.

昨天-从格 以来 天 阴-过去时

从昨天起,天变阴了。

撒拉语(马伟 2013)

在功能上,循化撒拉语的从格“表示动作行为的时空起源、原因、路径以及事物的材料、价格、数量、对比、从属等”,大大超过四庄话的“塔拉”。①

以上资料可以判定,四庄话的“塔拉[$t^ha^0la^{44}$]”与河州话的从—比格“-ta”有同一的历史来源,而四庄话的“塔拉”较河州话的“-ta”多出的“-拉”音节,许是受到撒拉语的“-ele”“-bele”的影响而增加的。

① 蒙邵明园教授在讨论会上指出,“塔拉”可能是“汉+阿尔泰”语素混合而成;若如此,则“塔拉”的“塔”应为“搭”;可作为一种解释。

4.4 向格—到时

四庄话的“到时”表示动作的方向、时间的趋向目标,属于向格。如:

(33) 东门塔拉西门到时二十分钟要哩从东门到西门需要二十分钟。

(34) 秦朝塔拉清朝的时候到时,好多的事情有哩从秦朝到清朝时期,其间发生了很多事情。

“到时”在四庄话里做向格,还保留了一定的实义,“到”是“到达”的意思,“时”是多见于河州话表“要是……的话”义、具有一定虚拟语气的一个词缀。相关的实义表达还有:

(35) 这个菜明天到啊时就不好吃了这菜放到明天就不好吃了。

(36) 两点到三点时,人这塔来哩两点到三点会有人来这儿。

撒拉语的向格和与格同形,都为-(G)A,表示动作行为的间接对象、趋向、价格、工具、目的、时间、领有所属对象等。雒鹏(2004)未收录河州话的向格。例(35)、例(36)显示,四庄话的向格“到时”在例句中具有一定实义,且“到”“时”中间可以插入“啊那”“三点”等表指示、时间的词,说明四庄话的向格“到时”的语言成分是自源性的,且还在发展过程中。

4.5 工具/伴随格—来

四庄话的“来”,有两种语义功能,一是表示“用……”,属于工具格;二是表示“跟、与……”,属于伴随格。在阿尔泰语言里,工具格与伴随格同形,称为造联格。

“来”的工具格用法如:

(37) 老张刀子来肉切着惹老张用刀子切肉。(“惹”是“哩”的音变)

(38) 兀个们砖来地铺着哩他们用砖铺地。

“来”的伴随格用法如:

(39) 大人们来玩笑要开不要跟大人开玩笑。

(40) 我有一些话你来说掉哩我有话跟你说。

除了以上“来”在体词后做伴随格外,现在也有将“来”等同于普通“跟、与”一样的用法,如:

(41) 你来兀个小张时什么个关系□[ra]你跟小张是什么关系?

(42) 小张来小王全部北京去了小张和小王都去北京了。

(43) 张三来李燕婚结了张三跟李燕结婚了。

其中例(41)、例(42)相当于并列连词,连接具有并列关系的两个名词。

青海民和甘沟话与四庄话的工具/伴随格—来相对应的是“俩”,(杨永龙 2016)甘肃河州话的造联格是“啦”。(雒鹏 2004)在阿尔泰语系语言里,工具格和伴随格同形的情况比较常见,也称“造联格”。杨永龙、雒鹏分别提到,当地属于阿尔泰语系的土族语的造联格是“-la”、保安语、东乡话的造联格是“-ɢalə”。从语音形式及功能来看,四庄话的“来”与上述提及的其他几种语言的造联格,都较为接近。

4.6 比较格—看时

四庄话的“看时”,用于差比句中比较对象之后,引出比较对象,表示“与……相比”,属于比较格。如:

(44) 兀个房子的顶顶嘎看时还高他比屋檐还高。

(45) 兀个的声音蚊子还看时大的冇有他的声音还没有蚊子的大。

(46) 小王小李看时还高一些小王比小李还高些。

青海民和甘沟话的比较格与离格合为“离—比格”,即“哕”;四庄话的比较格“看时”是独立的。从格的语音形式来分析,“看时”是由实义动词“看”及表示一定虚拟意义“要是……的话”的“时”组成的,与向格的“到时”的组合原理一致。①

撒拉语的从格标记-den/-dan有表示事物对比的功能,与四庄话的比较格相对应;河州话的从—比格标记“名词+ta”或“名词+$xɵt^hɵ$”,雒鹏(2004)

① 蒙邵明园教授在讨论会上指出,鉴于四庄话所处的语言环境,“看时”有可能受到了藏语从比格扩散的影响。按南措吉、达哇彭措(2011),藏语从格为-nas/-las,一般置于名词后。

列举了与普通话的“从”“向”相当的例句,未提到事物对比的句例,撒拉语的从格表事物对比的例句如下:

se(n)　men-den　jadax　ir-a.
你　我-从格　大　是-现在时
你比我大。
(马伟 2013)

4.7 其他

杨永龙(2016)还总结了甘沟话的领格与位格。其中,领格是表示短语层面从属性体词与中心名词的关系,即普通话做结构助词“的”所表达的关系;甘沟话领属关系的表达是“领属语+的+名词”。杨文指出,甘沟话的领格“的”与普通话助词“的”不同的地方在于:领格“的”出现的强制性较高。这一点在四庄话也有所表现,如:

(47) 睡的前面牙哈刷下睡觉前要刷牙。

另外,杨文将甘沟话的“里、上”两个位于NP后的方位词,定为位格,标记事件的发生地。理由是:甘沟话的“里、上”不需要像普通话“在……里/上”的表达格式,而是直接加在NP后,表示与普通话加“在”格式的相同意义;甘沟话的位格“里”“上”可以互换较少受语义限制,“里”可以加在别的方位词后,“里”的引出处所可以进一步虚化;位格“里/上”还可以进一步表示时间。

四庄话的“里/上”也有部分功能与甘沟话的位格“里/上”相同,但没有那么典型。从略。

5 结　　论

四庄话属于汉语方言中原官话的河州片,但在语法上却存在不属于汉语孤立语特点的后置格标记。我们认为,四庄话具有格范畴、格标记的现象,从属于甘青地区汉语方言的区域性特征。其主要动因是该方言片所选择的 SOV 语序;同时,因为四庄话所处的特殊语言环境,在格范畴、格标记方面,又有自己的个性特征。四庄话格范畴、格标记的个性特征主要表现在:除宾/与格“哈”外,其他格标记虚化程度较低,语法化程度也较低;通过与周边语言进行比较的结果来看,四庄话的格语法特征属于中原官话陇东片的“河州片”的整体特征;但由于与撒拉语长期全面接触,四庄话的格语法在一定程度上表现出与撒拉语的一致性。

四庄话除了格标记的表达方式外,还有其他向普通话靠拢的语法手段并存,并且这种手段的影响还在逐渐增强。

参考文献

江蓝生:《后置词“行”考辨》,《语文研究》1998 年第 1 期。

刘丹青:《语序类型学与介词理论》,商务印书馆 2003 版。

雒鹏:《河州话语法—语言接触的结果》,《西北师范大学学报》2004 年第 4 期。

马伟:《撒拉语形态研究》,中央民族大学博士论文,2013 年。

南措吉、达哇彭措:《藏语方言格助词演变对比研究——以拉萨话和同仁话为例》,《科技信息》2011 年第 19 期。

桥本万太郎:《北方汉语的结构发展》,《语言研究》1983 年第 1 期。

杨成凯:《Fillmore 的格语法理论(上、中、下)》,《国外语言学》1986 年第 1、2、3 期。

杨永龙:《青海民和甘沟话的多功能格标记“哈”》,《方言》2014 年第 3 期。

杨永龙:《青海民和甘沟话的语序类型》,《民族语文》2015 年第 6 期。

杨永龙、张竞婷:《青海民和甘沟话的格标记系统》,《民族语文》2016 年第 5 期。

余志鸿:《元代汉语中的后置词“行”》,《语文研究》1983 年第 3 期。

张安生:《甘青河湟方言名词的格范畴》,《中国语文》2013 年第 4 期。

张建军:《河州方言语音研究》,陕西师范大学博士论文,2011 年。

中国社会科学院,澳大利亚人文科学院:《中国语言地图集》,香港朗文(远东)出版有限公司 1987 版。

周晨磊:《甘青方言格标记“哈”的来源》,《语言暨语言学》2019 年第 3 期。

(代少若　安庆　安庆师范大学人文学院　shaoruodai@126.com)

地名语言研究的意义和路径

——以陕西为例*

贺雪梅

提　要：文章指出，地名的审音定字一直是国家语言文字工作的主要内容之一，对地名语音、用字、地理分布等进行深入挖掘是研究方言和文化的可靠途径，是助力乡村振兴、传承中华优秀文化的有效途径，可为地名标准化建设提供科学依据。

关键词：地名；语言研究；地名规范；文化传承

地名是表示地理实体和人文景观的专有名词，承载着特定地域的历史文化。本文通过考察地名的语音、用字、地理分布以及意义，探讨地名语言研究的有效途径，从而挖掘地名的语言文化价值，为助力乡村振兴、传承中华优秀传统文化服务。

1　地名语言研究的意义

1.1　地名语言研究可以为地名标准化建设提供科学依据

地名用字规范是语言规范的重要领域，是我国语言文字事业的一项重要任务。地名只通行于某地，限于当地人的文化程度、方言、本字不明等因

*　本文是陕西省社会科学项目"北洛河流域地名语言文化研究"（项目编号 2020K019）、国家社会科学基金项目"地理语言学视野下秦晋两省地名语言文化的深度调查研究"（项目编号 22XYY035）、教育部教育类教指委 2024 年度教育教学改革课题"语言文字领域铸牢中华民族共同体研究——以西北地名为例"（项目编号 2024JGYB015）的阶段性成果。

素,加上地图用字规范一般也只涉及乡镇一级,导致大量语言文化信息浓厚的村落和自然景观名存在着严重的用字不统一的问题。如地貌词“要险”,在“中国·国家地名信息库”中有“崾岘、崾崄、崾先、腰岘、要险、要岘、腰崄、腰险、要先、腰先、腰线、要现、崾限、要线”等十多种书写形式。① 这些书写形式通行于不同区域,地名普查又是以行政区划为界进行的,所以往往会被当作不同的地名记录下来,从而掩盖了“一名多写”的本质。国务院《地名管理条例》第五条(三):“一地多名、一名多写的,应当确定一个统一的名称和用字。”地名用字研究可打破区域界线,从历史文献、地理分布、字形特点以及名实关系等方面进行分析,找出正名,为地名用字规范提供可靠依据。

除用字外,地名读音规范也是语言规范的重要内容。包括三个方面:一是地名读音,二是地名拼写,三是地名翻译。地名读音与方言和语音历史层次有关,现在共时平面上的异读音可能是方言音、古读音,也可能是一字多音甚至是误读音。方言音一直是地名讨论的热点。2016 年,“六安”的读音引发热议。关于播音员是否读错、改地名还是改词典、方言与普通话、历史与文化传承等问题,来自政界、学界和大众传媒三方面意见并不一致,给审音定字增加了难度。一些地名音看似特殊,实则是不同历史时期古读音的遗留,如陕西“阿房宫”的“房”读“páng”就是上古汉语“古无轻唇音”的体现。有些是多音字,在不同地方的地名中读不同的音,如“堡”在陕北地名中有两个读音:吴堡的“堡”读“bǔ[pu^{53}]”,清涧乐堂堡称“pù[pu^{44}]”;读“bǔ[pu^{53}]”是村寨义,读“pù[p^hu^{44}]”时是驿站义。② 还有很多地名是借音字,如陕北安塞的“峙崾崄村”当地人叫“寺崾崄村”,在共时平面上看是读了半边的误读音。这些都是语音规范的重点内容。地名语音研究从共时和历时两方面考察音义的关系,可以为地名读音规范提供可信的依据,使地名审音做到法理、学理和情理的融通。

地名用字和读音规范中比较困难的是“据音改字”现象。有的地名本

---

① 中国·国家地名信息库网址为 https://dmfw. mca. gov. cn/,2023 年 9 月 7 日最后一次检索。

② 乐堂堡,当地人读 Lětépù[$lɤ^{53}thɤ^{24}phu^{44}$],“中国·国家地名信息库”(2021)注音为 Lètángbǔ,待商榷。另,若无特定地域说明,文中地名注音采用清涧城区音系。

与地理环境、历史人物、历史事件相关,蕴含着丰富的地理、历史信息,但随着语音的发展变化,后人据音改字,导致名实脱节,从而掩盖了其背后的文化。宝鸡渭河南岸一条支流叫"伐鱼河",而"伐鱼"词义难以解释。从历史看,伐鱼河与诸葛亮伐魏有关,诸葛亮屯驻五丈原时沿伐鱼河修筑了绥阳谷道,从斜谷口和陈仓两方面钳制魏军。后人为纪念诸葛亮伐魏,将他当年沿河谷而行的道路所循河流称作"伐魏河"。"魏""鱼"最初方言音近,后因"魏"在官话和大部分方言中读了 wèi,使得本字被同音的"鱼"替代;加之河中有鱼的事实,便讹写成了"伐鱼河"。类似的讹误还有很多,如陕北清涧县有"玉家河镇",看似与当地物产有关,实际上与姓氏有关,当地居民都姓魏,"玉"当为"魏"。"魏"写作"鱼""玉",表面上看起来是地名讹传、误写,实际上是唐五代西北方音中"支微入鱼"在地名中体现。(贺雪梅 2021)地名语言学的成果,可以帮助此类地名找到正名。

地名拼写和地名翻译都是国际标准化层面上的地名读音问题。《中国文字事业发展报告(2021)》提到:"民政部健全地名用字拼写管理法规,加强重点领域地名拼写审定,编写《地名拼写译写指南》,促进地名用字拼写规范。"地名语言研究,可以帮助确定地名音义之间的关系,为地名翻译提供科学的依据。

1.2 地名语言研究可为方言史及相关学科研究提供可靠的材料

方言作为地域性语言,除方志外,往往缺乏文献记载,但从目前所存的方志情况来看,明代以前的方志较少,这使得方言史的研究困难重重。地名存古性好,通过地名读音、用字等的分析,可以帮助我们构建当地的方言史。西北地名以"姓氏+家+通名"最为常见,其中"家"在地名组合中往往读轻声,轻声后主要元音发生高化,于是便产生了主要元音为 e 或 i 的读音,和"杰、界、吉"等变得同音。有的直接据音改字,如横山"白界镇"、清涧"高杰村镇"直接将"家"写成了"界"和"杰",从而印证了"家"在陕北方言历史中有一个元音不断高化的过程。(贺雪梅,黑维强 2019)

地名的形成和演变既有语言自身的原因,也有语言系统之外的原因。地理环境的变迁,行政区划的改变,历史移民的影响,民族的杂居和融合,在地名中都有一定的痕迹。地理环境的更替一直是地理学研究的内容,地名分布研究可以为地理学提供语言学方面的支持。陕北地区有大量以"海子"命名的居民点,如榆阳区有"喂驴海子""梧柳海子""乔家海子""草轱辘海子""石拉乌素海子"等,记录了毛乌素沙漠曾经水草丰美的历史。这些居民点现在都已成丘陵、山地,有的已经沙漠化。同样,民族融合一直是历史学和民族学研究的热点,地名是活的历史材料,忠实地记录了民族融合的历史,如陕北延长有呼延村,与匈奴有关;靖边有统万城,与鲜卑族有关;富县有羌村,与羌族有关。因此,地名语言具有很高的学术价值,可以为方言史的建构提供可靠资料,同时为地域文化及地理区划、历史更替、民族融合等研究提供可靠的参考材料,促进地理学、历史学、民族学、语言学的交叉研究。这是以往地名研究尚未关注到的领域。

1.3 地名语言研究可以助力乡村振兴战略

实施乡村振兴战略,是党十九大做出的重大决策部署,是中华民族复兴的一项伟大任务。乡村振兴是一项经济发展战略,以乡村特色地名为品牌,可以打造独具特色的旅游文化和地方品牌。地名不仅仅是地理标识,也是品牌标记,"茅台酒""山西醋""茯茶""龙井茶""景德陶瓷"等中的地名,已经成为一种品牌,有巨大的经济效益。发掘乡村特色地名,充分挖掘地名中最具特色部分,可使地名从无形文化遗产转化为区域建设发展的有形经济财富。

乡村振兴也是文化复兴战略,文化振兴是乡村振兴的灵魂。地名作为民众记忆和乡土文化的载体,在乡风继承、身份认同和文化自信等方面有着不可替代的作用。但在当下,我们正在经历人类历史上规模最大、速度最快的城镇化进程 2019 年,我国城镇化率达到 60.6%。(张晓彤,张立新 2021)随着城镇化的快速发展,大量传统地名正在消逝。地名消失的背后,是区域内乡土文化和乡土情感纽带的消失。对地名进行深入细致地研究具有文化抢救的性质,有助于地名归档和保护。

1.4 地名语言研究是传承中华优秀文化的有效途径

2017 年,中共中央办公厅、国务院办公厅印发了《关于实施中华优秀传统文化传承发展工程的意见》,明确提出推进地名文化遗产保护。2019 年,

《民政部关于加强地名文化建设的意见》中提到:“地名作为一种社会文化形态和文化载体,记录着人类社会发展的历程、民族的变迁与融合、人们生活环境的发展变化,是重要的民族文化遗产。”2019年中央广播电视总台和民政部联合摄制的地名文化节目《中国地名大会》,播出后引起了社会的广泛关注。这是民众乡土情结的流露,是民众对传统文化和自身身份认同的体现。比起永久沉寂的历史文献和考古材料,地名是流转于人们唇齿间的活的历史。如陕西有两条黄河支流,渭河和泾河,如果不挖掘它们背后的历史,那就仅仅是两条河流,但若和成语“泾渭分明”联系起来,便是文化标识。因此,只要能将沉淀在地名中的历史和文化唤醒,就唤醒了民众的文化自信和自觉,是传承和弘扬优秀中华文化的有效途径。

2 地名语言研究的现状

地名有多学科交叉的性质,且有历时延续性。下文仅就地名语言方面的现状进行梳理。

2.1 国内地名语言研究

国内地名研究按时间和研究方法可分为不同的阶段,学界有三分和两分两种观点。前者如韩光辉(1993,1995,2020),将中国地名学的发展分为古代(地名渊源与沿革阶段,大致到鸦片战争结束)、近代(地名学探索阶段,民国时期到20世纪60年代)、现代(从20世纪80年代后期开始至今)三个研究阶段。后者如孙冬虎(2008),李汝雯(1997)和华林甫(2002),将地名研究分为传统和现代两个阶段,认为从民国开始中国地名研究进入现代地名研究阶段。本文采用两分法。从研究视角看,国内地名研究一直是历史学、民族学、地理学以及文献学关注的重点。语言学视角下的地名研究仅集中在特殊区域如少数民族地区的地名整理、民族语或特殊地名诠释以及地名用字的规范性上。地名作为语言文化重要载体的研究还有待深入。

2.1.1 传统地名的语言文化研究

传统地名研究集中在训诂和探源。地名研究在国内起源较早,先秦就有《禹贡》《山海经》对地理实体名称进行记载和阐释。汉时我国语文学最重要的三部著作《说文解字》《尔雅》《释名》皆有对地名的记录和探源:《说文》采用"以形索义",仅以"邑""山""水"为部首的地名就有 872 个。《释名》有《释地》《释山》《释水》《释丘》《释道》《释州国》6 篇对相应的地理实体类型及得名缘由进行了详细的阐释和说明,开创了我国地名语源学的先河;尤其是对各类地形特征词语的解释,对后世的地名命名具有深远的影响。郭璞注《尔雅》是我国最早的一部词义解释著作,也是最早的一部对各类地理实体进行详细分类的地名著作。据华林甫(2002)统计,《尔雅》共收录的专有地名有 92 个,一般性的通名词语有 144 个。汉班固《汉书・地理志》是我国第一部系统阐释地名的著作,该书以国家政区单位郡国为纲,对各郡国及其下辖的各个县、邑、道、侯国等的历史沿革、山川湖泽、关隘险要、物产分布等皆做了详细的介绍,开辟了历史学著作中涉及地理沿革内容的先河。北魏郦道元的《水经注》是地名的集大成之作,全书旁征博引了各类诸子文集、地方志书、民间小说等 400 多种书籍,对地名的得名缘由及其地形地貌、风土人情、特产矿藏等做了详细的记载和描述,是我国古代收集地名数量最多的、也是最早具有系统性地名分类的综合性著作,标志着我国以地名探源为主的地名研究走向成熟。明代徐霞客《徐霞客游记》对地名通名的命名、地名来源的解释以及地名读音、字形等的考证,都对后世地名研究产生了很大的影响。其他有影响力的地名语言文化著作有晋代京相璠《春秋土地名》、唐代李吉甫《元和郡县图志》、宋朝乐史的《太平寰宇记》、王象之《舆地纪胜》、明郭子章的《郡县释名》、清初顾祖禹《读史方舆纪要》等。总的来看,传统地名语言的研究主要是释义探源;区域地名的语言、文化、历史、民族等相关情况介绍较为零散和杂乱,数量较少,地名的训诂探源还有很大空间。

2.1.2 现代地名学视角下的地名语言研究

一是宏观的理论探讨。国内对地名理论的关注是从地名翻译开始的。1935 年,葛绥成(1935)《地名之研究》将地名分为自然地名和人文地名,并对地名的翻译提出了七项注意事项。1959 年,曾世英连发两篇文章指出地名译音是地名学的一个组成部分。同年,周有光(1959)《地名译音工作的革新》提出地名翻译的四种原则。在讨论地名翻译和拼写的过程中,学界也在积极学习和引进国外的地名理论及研究方法。金祖孟(1945)《地名通论》中首次提出了专名、通名的概念。同年,他在《地名学概说》(1945)中将地名分为训诂地名学、读写地名学和通论地名学。训诂地名学是从地名的意义和来源研究地名,读写地名学则是研究地名用字和读音,地名在地理历史或语言上的理据探讨是通论地名学,初步确定了地名理论研究与音形义并重的研究方向。罗常培(1950)《语言与文化》在语言学视野下研究地名与民族迁徙的关系,是这一时期重要的地名语言文化研究的成果。总体上,从民国到20世纪60年代,学界以学习和引入国外地名理论为主,在地名翻译方面取得了一定的成绩。但学科理论还不成熟。

20世纪70年代后期开始,随着全国召开第一次地名工作会议,现代地名学理论研究开始迅速发展,现代地名学视角下的地名语言研究也出现了一系列的重要成果。中国地名委员会办公室(1985)《地名学文集》、储亚平(1986)《地名学论稿》、杜祥明(1989)《地名学研究文集》等著作均涉及地名用字、语言调查以及地名词考释等。周振鹤、游汝杰(1986)《方言与中国文化》设专章探讨了地名以及其与移民、经济、民族等之间的关系。对地名从语言学视角进行全面考察的是李如龙(1998)《汉语地名学论稿》,该书对汉语地名的语词结构、词汇系统、音形义、语源考释等做了全面详尽的挖掘,对地名自身具有的文化特征以及地名的应用性研究做了相应的探讨。孙冬虎(2008)《地名史源学概论》吸收了史源学的基本概念和研究方法,以阐述如何寻找地名史料、进行地名考证以及纠正文献中的地名错误为主要内容,理论性和可操作性强,是地名语言纵向研究的重要参考。另王际桐(2002)《中国汉语地名通名的规范》、周文德《谈汉字地名的特点》(2012)、《地名用字及其分类之一》(2014)以及张振兴(2021)《地名用字及相关问题》等都谈到了地名词的用字和规范化问题。乔全生(2019)《关于地名读音的依据及思考》是就地名读音层次及相关方言做的研究探讨。

二是区域地名语言研究。徐松石(1939)《粤江流域人民史》对我国的倒装地名、常见地名字及其分布进行了研究,并绘制了那、都、恩、古等八幅地名分布图(方言地图),是国内最早用语言地理学研究地名的著作。文朋陵(1989)《聚类分析在地名研究中的应用初探》通过对苏北10多万条村镇名的分析将苏北划分为4个明显不同的地名类型区,是用聚类统计和比较分析对地名做类型分析的样板。牛汝辰(1984)《新疆地名概说》对新疆汉语以及各民族语地名的特点做了语言考察。张清常(1990)《胡同及其他——社会语言学的探索》从社会语言学角度对北京街区街巷名称进行了研究。张惠英(2002)《语言与姓名文化:东亚人名地名族名探源》以方言比较为出发点,对不同地区、不同民族以及东南亚相邻国家之间所共有的或相通的人名、地名、族名做了深入探讨,是地名语言比较研究的范例。谭汝为(2005)《天津地名文化》从文化、民俗、语言等方面对天津地名做了解释。覃凤余、林亦(2007)《壮语地名的语言与文化》把广西壮族聚居区的 37 926 条地名建成数据库,采用多学科交叉的方法做定量的统计分析,剖析蕴涵于壮语地名的语言文化信息。尹钧科、孙冬虎(2009)《北京地名研究》中涉及了北京地名的语言特点、发展演变以及语源。另外还有大量的硕博士学位论文,比较重要的有戴红亮(2012)《西双版纳傣语地名研究》、林明明(2016)《泰国曼谷地区中文地名研究》、尹熙男的《延边朝鲜族自治州地名研究》等。尤其是戴文,从语言学角度出发详细地分析了傣语地名的语词结构、类型结构及其分类、特点、演变等,是区域地名语言文化研究很好的尝试。另期刊网大约有一千多篇地名研究的硕士学位论文,不再列举。

三是地名探源。有张清常(1993)《北京街巷名称史话——社会语言学的再探索》、王维屏(1986)《中国地名语源》、李如龙(1993)《地名与语言学论集》等。王维屏书探讨了地名的语源、意义以及汉、蒙、维、藏地名的结构规律等,是最早的地名探源专著。李如龙书有部分论文结合历史语言学对闽台地名语源做了考释。张清常(1993)《北京街巷名称史话——社会语言学的再探索》对北京胡同名称的历代演变进行了梳理,涉及北京地名的词汇、语法等语言学问题。孙冬虎(2008)《地名史源学概论》将地名与历史文献学相结合,从历时角度对地名进行地名溯源的理论、方法进行阐释,具有重要的参考价值。

我国原有两本专门的地名研究杂志。在太原创刊的《地名杂志》(现更名为《中国方域——行政区划与地名》,已停刊)和沈阳创刊的《地名丛刊》(现更名为《中国地名》,已停刊),其中有不少高质量的论文可供参考。

2.2 国外地名语言研究

国外地名研究兴起于 19 世纪初,理论相对完备,对我国影响较大的是日本和苏联，如褚亚平（1982）、牛汝辰（1993）都提到的日本镜味完二《日本地名学》（地图篇，1958）、山口惠一（1962）《地图地名学与地名问题》、镜味明克《地图与地名》（1984）和《日本地名研究的历程》（2011）等，都是用语言地理学的方法研究地名的名作。日本桥本万太郎（2008）《语言地理类型学》涉及了我国的地名，该书对中国地理通名"河"和"江"做了语言地理学分析，是中国语言学和地名学研究的重要参考。俄国 B. A. 茹奇克维奇（1983）《普通地名学》介绍了苏联地名的研究方言，其中有地图制图法。作为专门的地名研究对象的各类地图名，有按语法特征分类的地名图，有按产生时间分类的地名图，地名层次图，地名读音图，通名图等，是对我国地名影响深远的著作。

3 地名语言研究路径

3.1 调查是研究的基础

任何研究都离不开田野调查。2014 年开始，中华人民共和国民政部启动了第二次全国地名调查，到 2018 年底，基本完成普查，共采集地名 1 320 万条。依托此次普查成果，民政部完成了"中国 · 国家地名信息库"的建设。信息库设置了一主两副三个板块，主板块包括信息查询、行政区划、界线界桩、地名标志、历史地名、审音定字、地名原读音、统计分析、地名研究、意见反馈等功能（国家语言文字工作委员会组 2021）。这一研究成果为我们的研究提供了丰富的第一手材料。但由于调查的着眼点和目的不同，要进行地名语言研究，还需要语言学角度严谨、系统、专业的地名调查。

第一步，区域方言音系和连读变调的调查。为确保调查材料的准确性，我们一般都会选择三代都在本地生活的，未长期外出的，口齿清楚、生活经验丰富，母亲及配偶都是同一方言区，60 岁以上的老年男性作为合作人，这样才能确保调查到的方言是纯正的当地话。调查时先调查音系，然后是连读变调。尤其是地名的连读变调模式，要做专门的调查和研究。如果之前有可靠的方言研究成果，做好说明后也可直接采用。方言音系及连读变调的调查是地名调查的第一步,是为地名记音和语音研究做准备的。

第二步,地名调查。调查方法有三种:一是按地图进行调查。选择地图时,建议选择2014年撤乡并镇之前的地图,最好是地方史志办或行政部门最小比例尺的地图。不同于方言调查,地名调查除了国际音标记音,还需拍摄图片进行实体记录。很多地理地貌词,图片比文字更有解释力。二是用地名志进行调查。从第一次地名普查之后,各地都有详略不等的地名志、地名录,可依据这些地名录进行调查,同时参考现行地图,标注不一致的地方。不论用地图还是地名志调查,都要避免让合作人看着地名读,以确保调查到的地名是当地的实际读音。三是走访式调查,即以行政区划为单位,对地理地貌、水文水系、行政区划、村落名、居民点以及人文景观进行实地调查。这一调查方式的优点可以最大限度挖掘地名及其背后的特点,缺点是耗时费力,执行难度大。

第三,地名意义的调查。主要调查地名的方言意义以及命名缘由。特色地名在地方文献和方志中可能会有记录,地名的音形义方面也会有体现,后者更可靠。因此,对意义、用字、读音不一致的地名要进行重点调查。首先考虑语言本身的因素,其次是历史、民族和文化等因素。值得特别注意的是,当地人提供的命名依据多是俗语源,缺乏严谨性和可靠性,需仔细甄别。

3.2 方志和方言是研究的主要材料

地名作为地域性专名,工具书和传世文献鲜有收录,研究材料匮乏,只能借助方志或方言进行研究。上文提到的"嵝崄",明以后方志中时见,如嘉靖年间的《庆阳府志》卷八中有"胶泥嵝崄、大嵝崄、瓦嵝崄、石头嵝崄、土桥嵝崄、红土嵝崄、张皮嵝崄"等的记录;清雍正《陕西通志》,清乾隆《同官县志》《永寿县新志》,清光绪《米脂县志》等都有"嵝崄"的解释:"嵝崄,山之过峡处也。"但总体上来看,地名文献的资料较少。

地名中的文字总是滞后于音义,很多地名只有音义,用字比较随意。借助方言,可以探求正名及其意义。还是"嵝崄",虽在明代方志中就有记载,但结合今方言情况来看,"崄"有"jiǎn[$tɕi^{53}$]、xiǎn[$ɕi^{53}$]"两个读音,读"xiǎn[$ɕi^{53}$]"时同"险"。

3.3 语言本体是研究的主要内容

语言的本体研究包括语言考察、用字研究、地理分布及文化探源。

第一,语音考察。有下面四方面的内容:一是语音特点考察。晋语区很多地名都读入声,即便本字不读入声的,处于地名非重点语义位置时也会发生促化现象,如“家”。二是音变与地名变异。主要是对地名中发生的合音、弱化、促化、儿化、子缀等特殊音变进行剖析,如陕北清涧“小寨子”说“xiǎocàize[ɕiɔo^{53}tshai^{44}tsəʔ^{21}]”,写作“小寨则”;清涧石盘“王而腰”当地人说“wùyaor[u^{51}iur^{21}]”。三是语音层次分析。调查方言地名字的文白异读,结合地理分布和方志、文献等,离析方言语音的历时层次。如“王”在陕北有“wú、wā、wã、wāng”等读法,各读音的地理分布和历史层次都不同。四是地名异读音、方言音等语音规范问题,如清涧解家沟的“解”是“hài[xai^{51}]”还是“xiè[ɕi^{51}]”。

第二,用字研究。包括本字考释和用字更替研究。前者如地貌词“坬”,有“洼、凹、屲、窊、漥、窪、畖”等多种写法,通过音义形、方志以及民间文书考察,明确本字为“坬”。后者主要指不同时期同一地名的不同用字,如陕西周至,最早用“盩厔”,取义“山曲曰盩,水曲曰厔”,后改为“周至”。借助新材料,考证文字更替背后的语言和文化因素,同时也为俗字研究和民间文献的解读提供材料。

第三,地理分布研究。通过聚类统计和比较分析,分析地名类型的分布和边界线。如通名“硷 jiǎn[tɕi^{53}]”主要分布在黄河沿岸中原官话到晋语的过渡地带。同样是凹状山脊,陕甘宁说“崾崄”,陕晋蒙说“墕”,以白于山为界,西部的用分音形式,东部用合音形式。

4 小　　结

地名作为语言文化中最稳定的因素,好似一个语言与文化的微型窗口,分析其语音、用字及地理分布,可以让我们窥探不同文化在历史发展过程中的相互交融和发展,从而为学术研究、政策规划以及文化传承等提供有力支撑。

参考文献

褚亚平:《日本地名研究的梗概》,《世界地理》1982 年第 10 期。

褚亚平编:《地名学论稿》,高等教育出版社 1986 年版。

崔建英:《日本见藏稀见中国地方志目录》,书目文献出版社 1986 年版。

戴红亮:《西双版纳傣语地名研究》,中央民族大学出版社 2012 年版。

葛绥成:《地名之研究》,《地学季刊》1935 年第 1 期。

国家语言文字工作委员会:《语言生活皮书 中国语言文字事业发展报告 2021》,商务印书馆 2021 年版。

国家语言文字工作委员会组编:《中国语言生活状况报告 2017》,商务印书馆 2017 年版。

韩光辉、王洪波、彭静杨、朱永杰:《现代地名研究及地名科学的兴起与发展》,《北京史学》2020 年第 2 期。

韩光辉:《论中国地名学发展的三个阶段》,《北京社会科学》1995 年第 4 期。

韩光辉:《中国地名学的发展》,《中国科技史料》1993 年第 4 期。

贺雪梅、黑维强:《清朝土默特契约文书"两急情愿"考校》,《励耘语言学刊》2019 年第 2 期。

贺雪梅:《陕西地名研究的语言文化价值》,《中国社会科学报》2021 年 12 月 28 日。

华林甫:《中国地名学源流》,湖南人民出版社 2002 年版。

金祖孟:《地名通论》,《新中华》1945 年第 4 期。

金祖孟:《地名学概说》,《新中华》1945 年第 5 期。

李如龙:《地名与语言学论集》,福建省地图出版社 1993 年版。

李如龙:《汉语地名学论稿》,上海教育出版社 1998 年版。

林明明:《泰国曼谷地区中文地名研究》,华东师范大学博士学位论文,2016 年。

罗常培:《语言与文化》,语文出版社 1989 年版。

民政部:中国·国家地名信息库,https://dmfw. mca. gov. cn/. 2021.

莫超:《近代西北方言文献集成》,人民出版社 2018 年版。

牛汝辰:《新疆地名概说》,中央民族大学出版社 1984 年版。

牛汝辰:《中国地名文化》,中国华侨出版社 1993 年版。

乔全生:《关于地名读音的依据及思考》,《山西师大学报》2019 年第 1 期。

孙冬虎:《地名史源学概论》,中国社会出版社 2008 年版。

覃凤余、林亦:《壮语地名的语言与文化》,广西人民出版社 2007 年版。

谭汝为:《天津地名文化》,天津古籍出版社 2005 年版。

王际桐:《中国汉语地名通名的规范》,《中国地名》2002 年第 3 期。

王维屏:《中国地名语源》,江苏科学技术出版社 1986 年版。

文朋陵:《聚类分析方法在地名研究中应用初探谈苏北村镇地名区域类型划分》,《地名丛刊》1989 年第 5 期。

徐松石著、周蓓主编:《粤江流域人民史》,河南人民出版社 2016 年版。

尹钧科、孙冬虎:《北京地名研究》,北京燕山出版社 2009 年版。

曾世英、杜祥明:《地名学的国际现状与研究方向》,中国地理学会年会提交论文,1962 年 7 月。

曾世英:《地名学应作为一个空白学科来建设》,《新华半月刊》1960 年第 10 期。

曾世英:《地名译音在测绘科学上所占的位置》,《测绘通报》1959 年第 5 期。

曾世英:《地名译音在测绘科学上所占的位置及其发展方向》,《测量制图学报》1959 年第 3 期。

中国地名委员会办公室编:《地名学文集》,测绘出版社 1985 年版。

张惠英:《语言与姓名文化——东亚人名地名族名探源》,中国社会科学出版社 2002 年版。

张清常:《北京街巷名称史话——社会语言学的再探索》,北京语言文化大学出版社 1997 年版。

张清常:《胡同及其他——社会语言学的探索》,北京语言学院出版社 1990 年版。

张晓彤、张立新:《中国城镇化进程概述和未来城镇化水平预测》,《云南农业大学学报》2021 年第 1 期。

张振兴:《地名用字及相关问题》,《方言》2021 年第 2 期。

中国地名学研究会编:《地名学研究文集》,《中国地名学研究会成立大会暨第一届学术研讨会论文选》,辽宁人民出版社 1989 年版。

周文德:《地名用字及其分类: 地名用字研究之一》,《中国地名》2014 年第 6 期。

周文德:《谈汉字地名的特点》,《中国地名》2012 年第 10 期。

周有光:《地名译音工作的革新》,《文字改革》1959 年第 20 期。

周振鹤、游汝杰著:《方言与中国文化》,上海人民出版社 1986 年版。

[日]桥本万太郎著:《语言地理类型学》,余志鸿译,世界图书出版公司北京公司 2008 年版。

[俄]茹奇克维奇著:《普通地名学》,崔志升译,高等教育出版社 1983 年版。

(贺雪梅　西安　西安外国语大学　18700887970@126.com)

民族语言研究

藏语方言调查研究的历史与展望*

陈荣泽

提　要：我国藏语方言的调查研究具有悠久的历史。传统的藏语方言调查始于18世纪，现代语言学意义上的藏语方言调查研究始于二十世纪三四十年代，而大规模的藏语方言调查研究则始于1951年西藏和平解放之后。此后，藏语方言调查研究可分为三个阶段：第一个阶段为1951—1965年，是藏语方言调查研究的开创期，以藏语普查为主，为此后的研究获取了丰富的语料，并培养了一大批优秀人才；第二个阶段为1979—1999年，是藏语方言研究的兴盛期，藏语方言语音、语法研究成果丰硕，成就显著；第三个阶段为2000—2022年，是藏语方言调查研究的深入期，调查逐渐深入，研究内容不断拓展、深化，研究方法渐次多样化，研究队伍逐渐壮大。70余年来，藏语方言调查研究取得了巨大的成就，今后还应重视单点方言的调查研究、调查研究的均衡性、跨学科研究和人才培养等问题，有助于藏语方言调查研究的长足发展。

关键词：西藏和平解放；藏语方言；调查研究；历史；展望

1　引　言

藏语分布广泛，有着丰富的方言。早在吐蕃时期，藏语就已产生了方言的差异。《时轮大释》记载："诸搜集佛经者，于吐蕃将三乘用吐蕃语书写

*　本文系国家社会科学基金一般项目"地理语言学视角下的西藏三江流域藏语康方言比较研究"（项目编号20BYY200）、西藏民族大学研究生金课建设项目"汉藏语方言"的阶段成果。

之,而各地方又用方言书写之。”(巴卧·祖拉陈哇 1981)只是这样的记载十分笼统,后世从中难以知晓当时藏语方言之间究竟有何差异。到了12世纪,萨迦·索南泽摩在《文字启蒙读法》中反映了当时卫藏地区的藏语语音,指出了卫地和藏地的语音差异;但是,18世纪以后才始有藏语方言调查,例如札德·仁钦端智调查了甘肃天祝、夏河和西藏拉萨方言,嘎玛·司都亲自搜集藏语方言的语音资料,不过当时的方言调查只是为解决《三十颂》《音势论》等语法著作的注释问题。(完玛冷智,杰东智,周毛草 2015:42-43,55-58)在我国,直到20世纪30年代初,现代语言学的方法才被首次用来描写藏语方言。于道泉(1930)翻译出版了《第六世达赖喇嘛仓央嘉措情歌》,赵元任用国际音标和五度标记法为书中的62首藏文情歌标注了藏语拉萨话的读音。20世纪40年代中后期,闻宥在调查基础上运用现代语言学的方法对藏语方言进行研究,先后发表了 *Phonetic Changes of the Superadded and Prefixed Lettera in Eastern Tibetan Dialects*(1946)和 *Studies in Tibetan Phonetics, Sde-dgc Dialect*(1948)。总的来说,新中国成立之前的藏语方言调查研究仅处于萌芽阶段。1951年5月23日西藏和平解放,此后藏语方言调查随即展开,研究论著相继发表,我国藏语方言调查研究的大幕由此拉开。本文对西藏和平解放以来我国学者调查研究藏语方言的历史进行梳理,总结经验得失,希冀对藏语方言调查研究以及对国家民族文化的繁荣与发展有所裨益。

2 藏语方言调查研究的开创期(1951—1965)

以始于1956年的民族语言普查为界,开创期的藏语方言调查研究可分为普查前的藏语方言调查研究、藏语普查和普查后的藏语方言研究三个阶段。

2.1 普查前的藏语方言调查研究

1951年西藏和平解放,这为科研工作者进入高原进行科学考察创造了有利的条件。和平解放后,金鹏参加了由中国科学院组织的西藏科学工作队,赴西藏拉萨给下到地方的部队办藏语文训练班,于工作之余调查了藏语方言拉萨话、日喀则话和昌都话，相继发表论著《藏文动词屈折形态在现代拉萨话里衍变的情况》(1956)和《藏语拉萨日喀则昌都话的比较研究》(1958)。前者详细分析了藏语动词的形态在拉萨话中的演变，后者重点比较了藏语拉萨话、日喀则话和昌都话在语音、语法上的异同。此外，王尧(1956)《藏语的声调》以藏语拉萨话为例重点讨论了藏语声调的调类、调值、变调以及声调在藏语中的作用。

2.2 藏语普查

新中国成立之初，基于为少数民族创立、改进或改革文字和民族识别的目的，1956 年在国家民族事务委员会和中国科学院的领导下，中国科学院语言所、中央民族学院和各地民族语文机构以及其他有关单位的 700 余人组成七个少数民族语言调查工作队，分赴全国少数民族地区进行民族语言大普查工作。其中，第七工作队主要负责调查藏语和藏族地区的羌、嘉戎等其他少数民族语言。1958 年，民族语言大普查基本结束。虽然民族语言大普查只有 3 年左右的时间，但是此次普查对藏语方言研究意义重大，影响深远：第七工作队调查了青海、甘肃、四川、云南和西藏等五省区 90 余个点的藏语方言，获得了丰富的语言材料，培养了一大批优秀的人才，为之后的藏语方言研究奠定了坚实的基础。

2.3 普查后的藏语方言研究

藏语普查基本完成以后，随即开始了藏语方言材料的整理工作，在 20 世纪 60 年代形成了由瞿霭堂(1963)执笔完成的《藏语概况》(以下简称《概况》)和格桑居冕(1964)的《藏语方言概要》(以下简称《概要》)两项重大成果。《概况》以藏语拉萨话为例重点描写了语音、语法、词汇特点，简要介绍了藏语卫藏、康、安多三大方言的特点和差异，以及文字情况。金鹏《藏语简志》(1983)是《概况》的扩充版，正文之后还附有近千条藏语拉萨话词语。《概要》是国内第一部藏语方言学著作，较详细地描写了藏语卫藏、康、安多三大方言的语音、词汇、语法，后以《藏语方言学概论》(2002)为书名正式出版。

期间的研究文章有：瞿霭堂(1962)《卓尼藏语的声调与声韵母的关

系》探讨了卓尼藏语声调的性质、调类以及与古今声韵母的关系;瞿霭堂(1965)《藏语的复辅音》分析了藏语复辅音的性质、特点与声韵母和声调发展变化的关系及其在方言中的分布情况和发展趋势。

3 藏语方言研究的兴盛期(1979—1999)

藏语方言调查研究从1966年到1978年完全停滞,到1979年才得以恢复。(1) 藏语方言调查的恢复。1979年,中国社会科学院民族研究所调查了阿里地区的藏语,对阿里地区七个县的藏语进行了较为详细的调查,填补了阿里地区这个空白点。此次调查的成果是瞿霭堂、谭克让(1983)合著的《阿里藏语》,该书详细描写了阿里七县方言的语音、语法和词汇,确定阿里藏语的归属问题,认为噶尔等6点方言属于卫藏方言,改则方言属于康方言。(2) 藏语方言研究的恢复。1979年《民族语文》创刊,这为推动和繁荣民族语言文字研究工作发挥了积极作用。同年,瞿霭堂(1979)《谈谈声母清浊对声调的影响》、金鹏(1979)《论藏语拉萨口语动词的特点与语法结构的关系》先后在该刊上发表,使得停滞了十余年的藏语方言研究在新的历史阶段得以重启。经过短暂的恢复后,藏语方言研究在二十世纪八九十年代迅速兴盛起来。

3.1 方言语音研究

3.1.1 共时与历时研究

(1) 共时音系描写研究。格桑居冕(1985)《藏语巴塘话的语音分析》、陆绍尊(1990)《藏语中甸话的语音特点》较全面地呈现了单点藏语方言的语音系统。孙宏开、王贤海(1987)《阿坝藏语语音中的几个问题》分析了阿坝藏语中小舌音、复辅音、送气擦音和辅音韵尾等特殊的语音现象。

(2) 共时语音比较研究。在单点音系调查描写的基础上,杨士宏(1987)《安多藏语中诸语音层探析》、华侃(1989)《藏语安多方言内部语音上的一致性和差异性》对藏语安多方言进行共时语音比较,细致呈现了不同方言点之间的语音异同。

(3) 共时音变研究。瞿霭堂(1982)《藏语中的异根现象》讨论藏语夏河话双音节词第二音节异读与古音的关系，胡坦（1991）《论藏语韵尾的隐现》重点分析藏语拉萨话韵尾的共时变化，瞿霭堂（1981）《藏语的变调》、谭克让（1984）《藏语双音节词变调类型》详细讨论了藏语方言的变调，胡坦（1984）《藏语的语素变异和语音变迁》主要分析了藏语拉萨话语素变异的类别和规则，王志敬（1986）《藏语拉萨话中的同化现象》描写了藏语拉萨话的同化现象。

（4）共时描写与历时比较的结合研究。仁增旺姆（1987）《藏语夏河话语音与藏文的语音对应》、华侃等（1992）《藏语天祝话的语音特点及与藏文的对应关系》、耿显宗（1993）《安多方言与书面语的语音变音特点》、黄布凡等（1994）《玉树藏语的语音特点和历史演变规律》、黄布凡（1994）《从巴尔蒂话看古藏语语音》、华侃等（1997）《藏语松潘话的音系和语音的历史演变》在共时音系的描写基础上进行历时比较研究，清晰地展现了藏语方言的历史音变规律。

（5）历史音变研究。周季文（1984）《藏语拉萨话的文白异读》分析了藏语拉萨话中的文白异读现象，胡坦《略谈规则与例外》（1993）、《藏语历史音变的几种类型》（1993）以拉萨话为例分析藏语方言历史音变的规则与例外。

3.1.2 声韵母研究

声母的研究多涉及历史演变。华侃《安多藏语声母中的清浊音——兼谈它与古藏语中强弱音字母的关系》（1980）、《安多方言复辅音声母和辅音韵尾的演变情况》（1982）、《安多藏语声母的几种特殊变化》（1983）、《甘南夏河、玛曲藏语中复辅音声母比较》（1984）深入研究了藏语安多方言的辅音声母特点及其历史演变；黄布凡（1983）《十二、十三世纪藏语（卫藏）声母探讨》认为十二、十三世纪卫藏地区藏语的复辅音声母已大大简化，前置辅音或脱落或合并，部分基辅音和后置辅音结合变为新的单辅音；张济川（1996）《古代藏语方音差别与正字法》以活的藏语方言发音（多为辅音声母）来证实藏文创制之初藏语存在方言差别，认为历史上的正字法改革既反映了语音演变也反映了译师中不同地方势力的强弱。

比较而言，韵母研究的成绩更为突出。（1）元音研究。谭克让（1980）《阿里藏语的复元音》分析了复元音在阿里藏语中的分布、内部差异、来源，瞿霭堂(1987)《藏语的复元音韵母》指出藏语方言中的复元音韵母存在真性和假性两种不同性质的复元音韵母,认为复元音韵母主要是由音节减缩和韵尾影响造成的。另外,王荣德(1993)《天峻藏语里的元音和韵母》分析了天峻藏语单元音和闭音节韵母的来源。(2) 辅音韵尾研究。谭克让(1985)《藏语擦音韵尾的演变》主要探讨辅音韵尾-s 在藏语方言中的演变,认为其演变分为"脱落型"和"音变型"两类。格勒(1985)《略论藏语辅音韵尾的几个问题》以藏语方言为据证明了古代藏语的辅音韵尾在历史上确要发音,认为藏语复辅音韵尾发展方向是简化和脱落。(3) 综合研究。韵母的综合研究主要有瞿霭堂的相关论著:《藏语安多方言韵母演变的情况提要》(1982)揭示安多方言韵母演变的原因、过程和规律;《藏语韵母的演变》(1983)揭示藏语方言韵母演变的原因和方式;《藏语韵母研究》(1991)深入研究了藏语三大方言韵母的构成、对应关系以及演变,是"集藏语韵母研究之大成的论著"(瞿霭堂 1991:序2)。

3.1.3 声调研究

(1) 声调实验研究。此前,国内外在藏语方言的调类划分和具体调值上都存在或大或小的分歧。对此,胡坦(1980)《藏语(拉萨话)声调研究》首次对藏语方言声调进行实验分析,测出拉萨话有 6 个不同的调值,认为藏语拉萨话声调的调位可以有二分、六分、四分,详细分析了连读变调的规律,深入探讨了拉萨话声调的来源问题。通过实验研究,藏语拉萨话的调值已十分清楚,但在声调的分类、标法上仍有分歧。为此,谭克让(1982)《藏语拉萨话声调分类和标法刍议》以实验为据并综合考虑各种调类分法,提出拉萨话调类的 4 种分类以及相应的调值标法。此外,谭克让、孔江平(1991)《藏语拉萨话元音、韵母的长短及其与声调的关系》通过语音实验研究藏语拉萨话元音和韵母音长的性质及其与长短声调的配合关系,孔江平(1995)《藏语(拉萨话)声调感知研究》对藏语拉萨话的声调进行感知实验,实验结果表明拉萨话的声调在音高、调形和长短上都有明确的感知范畴。

(2) 声调演变研究。瞿霭堂(1981)《藏语的声调及其发展》重点通过与无声调的方言和藏文比较分析声调与声韵母之间的关系,探讨藏语的声调及其发展变化;张济川(1981)《藏语拉萨话声调分化的条件》认为在藏语拉萨话中音节起首辅音的清浊决定声调起点的高低,辅音韵尾的有无或舒促决定声调的升降；冯蒸（1984）《试论藏文韵尾对于藏语方言声调演变的影响》则认为至少在有些藏语方言（特别是康方言）中首先应是韵尾使声调分化，后因声母清浊或复声母的影响而使声调再次分化。黄布凡（1994）《藏语方言声调的发生和分化条件》根据10个藏语方言点的声调材料重点分析声调的性质、藏语方言声调的功能类型和藏语方言声调的起源和分化条件。此外，王会银《藏语拉萨话轻声初探》（1984）、《略论藏语拉萨话轻声的性质——兼谈轻声与句法结构的关系》（1985）探讨了拉萨话中的轻声现象。

3.1.4 实验语音学研究

在藏语方言研究中，实验研究最先应用于超音段特征的声调研究中，后逐渐应用于音素的声学特征分析，如：孔江平《道孚藏语双擦音声母的声学分析》（1991）、《道孚藏语双塞音声母的声学性质》（1991）对道孚藏语的双擦音和双塞音声母进行实验分析；鲍怀翘（1995）《藏语拉萨话元音声学分析》对拉萨话中的元音进行定性、定量分析，指出拉萨话元音系统呈规正的三角形，并考察了影响元音音质的各种因素，提出它们对元音影响的性质和程度。

3.1.5 藏语方言分区研究

国内藏语方言的分区在20世纪60年代就已经确定，这一时期的研究在结论上没有变化，主要是分区的细化。瞿霭堂、金效静（1981）《藏语方言的研究方法》详细分析了藏语方言分区中的语言标准问题；《中国语言地图集》（商务印书馆，1987）在图C11“藏语方言地图”的文字说明中详细地列出了国内藏语方言的分布区域；①张济川（1993）《藏语方言分类管见》将境内外藏语方言分为中部（或卫藏）、东部（或康）、北部（或安多）、西部和南部等5大方言区；郑玉玲（1998）《藏语方言语音量化分析》运用统计方法得出的藏语方言亲疏关系与藏语方言的传统分类是基本一致的。

3.1.6 藏语方言新土语的发现

随着调查的不断深入，藏语方言的一些新土语逐渐被发现。80年代

① 中国社会科学院语言研究所等编的《中国语言地图集：第2版·少数民族语言卷》（商务印书馆，2012年）仍延续国内藏语方言区的三分格局，仅将原来的“土语”改为“次方言”，并简化康、安多方言区的次方言种类和调整部分地区的方言归属。

末,瞿霭堂、谭克让调查了西藏聂拉木县樟木口岸的藏语夏尔巴土语,瞿霭堂等调查了工布江达县的藏语巴松土语,其成果有谭克让(1987)《夏尔巴藏语的声调系统》、瞿霭堂(1992)《夏尔巴话的识别——卫藏方言的又一个新土语》、瞿霭堂等(1989)《卫藏方言的新土语——记最近发现的巴松话》。

3.2 方言语法研究

因关涉形态变化、语法范畴、句式等,藏语方言动词一直是藏语方言语法研究的主要内容,其相关研究占了这一时期方言语法研究的半壁江山。瞿霭堂(1980)《阿里藏语动词体的构成》,谢广华(1982)《藏语动词语法范畴》,格桑居冕(1982)《藏语动词的使动范畴》,金鹏《藏语拉萨话动词的式及其表达方法》(1983)、《西藏现代口语动词的时态及其表达方法》(一、二、三)(1984,1985),谭克让(1988)《藏语动词的自动态与使动态》,江荻(1999)《藏语拉萨话现在时的标记及功能》主要讨论藏语方言动词的语法范畴;王青山(1982)《青海环海区藏语的动词重叠形式》、金鹏(1983)《藏语动词表三时的屈折形态简化的两种途径》、瞿霭堂(1985)《藏语动词屈折形态的结构及其演变》、王会银(1988)《藏语拉萨话动词的重叠形式》、巴桑卓玛(1990)《巴塘藏语动词屈折形态的分析化》讨论了藏语方言动词的语法手段;金鹏《藏语拉萨话判断动词和存在动词的用法》(1981)、《藏语(拉萨话)动词连用作谓语的结构简析》(1984),胡坦《拉萨藏语中几种动词句式的分析》(1984)、《拉萨藏语中的"是"字句》(1993),王志敬(1992)《藏语拉萨口语中的兼类词 $reʔ^{231}$、$tuʔ^{231}$》,益西(1995)《拉萨话的判断动词与存在动词》,尼玛卓玛(1997)《藏语拉萨话中的肯定与否定》等探讨了藏语方言与动词相关的句式问题;王志敬(1987)《藏语动名词探索》、胡坦(1991)《藏语动词的名词化》以藏语拉萨话为例讨论了动词名物化的问题。

王青山《藏语口语词的重叠与上加成素》(1984)、《现代藏语拉萨话形容词重叠形式》(1987),仁增旺姆(1987)《重叠方式在安多藏语中的运用》探讨了藏语方言中的重叠现象;王青山(1992)《浅谈藏语形容词的语法范畴》和张济川(1996)《藏语形容词级的范畴》分析了藏语方言形容词的语法范畴;谢广华(1985)《拉萨藏语的句法结构》、胡坦《论藏语比较句》(1985)、《藏语语序及其变异》(1999),王青山(1992)《藏语方言语法中的几种特殊句法关系》等讨论藏语方言中的一些句法问题,谢广华(1983)《论藏语结构助词》、马月华(1994)《试析巴塘藏语中的几个结构助词——兼谈人称代词的音变现象》、周毛草(1999)《藏语方言时态助词研究》研究了藏语方言中的助词;周毛草(1998)《藏语复合数词中的连接成分》主要讨论藏语方言复合数词中连接成分的构成及形式;胡坦(1992)《藏语语法的类型特征》以藏语拉萨话为例运用语言类型学的方法分析藏语方言语法结构的三个特征;结昂(1993)《工布藏语构词法》描写了藏语公布话构词法的一般情况和名动形数代等词类的构词法。专著有王志敬(1994)《藏语拉萨口语语法》,该书对藏语方言语法研究、藏汉双语教学和藏汉翻译具有重要的参考价值。

3.3 方言词汇研究

相较于语音、语法研究,藏语方言词汇研究最薄弱,论文主要有:安世兴(1984)《现代藏语中的古藏文词汇》讨论藏语方言中的古藏文词语,华侃(1985)《安多藏语(夏河话)中的同音词》、尼玛卓玛(1995)《藏语拉萨话中同音词现象产生的原因》都通过与古藏语进行比较来分析藏语方言中同音词形成的原因,王会银(1988)《藏语天峻话的词的感情色彩》分析藏语天峻话词语的感情色彩,白玛措等(1991)《藏语方言敬语对比试析》对比分析嘉绒藏语与安多藏语中的敬语,王青山(1992)《从社会语言学的角度看藏语的方言俚语》从社会语言学的角度分析藏语的方言俚语,索朗卓嘎(1991)《浅谈现代藏语拉萨口语中的外来语借词》和玉珍(1996)《藏语安多方言同仁话中的汉语借词》分析了藏语方言中的借词,胡坦(1996)《藏语时间词探源》对藏语方言中的时间词进行了探源,胡书津等(1999)《藏语卫藏方言与康方言、安多方言词汇比较研究》对藏语三大方言的词汇进行比较研究。

这一时期出版了两部方言词典和一本方言词汇集:于道泉(1983)《藏汉对照拉萨口语词典》是国内第一部藏语方言口语词典,收录拉萨口语词语 29 000 余条;华侃等(1993)《安多藏语口语词典》以夏河(拉卜楞)话为主,收录词语及常用短语 11 000 余条;杨士宏(1995)《一江两河流域藏语方言汇要》选取一江两河流域 6 个藏语方言代表点,收录常用词语和短语共计两千余条。此外,《藏缅语语音和词汇》(中国社会科学出版社,1991)收录了藏语拉萨话、德格话、泽库话和夏河话的音系及1 004条常用词,《藏缅语族语言词汇》(黄布凡 1992)汇编了藏语拉萨话、巴塘话、夏河话和阿力克话的1 822条常用词。上述著作对藏语方言词汇的比较研究具有重要作用。

4 藏语方言调查研究的深入期(2000—2022)

这一时期,藏语方言调查研究日益深入,其主要表现在:研究内容不断拓展、深化,研究方法渐次多样化,研究队伍日益壮大,调查逐渐深入。

4.1 方言语音研究

4.1.1 共时与历时研究

深入调查是方言研究繁荣发展的必要前提,孔江平等(2011)《藏语方言调查表》以古藏语音韵系统为框架,为藏语方言语音调查提供了极大的便利,有利于探索藏语方言语音的历史演变。

(1) 共时描写。在田野调查基础上,完玛冷智(2009)《藏语安多方言语音研究》、才项措等(2016)《安多藏语尖扎话的音位系统研究》、夏吾措(2016)《藏语安多方言农区话的音系研究》、昂色拉加(2018)《藏语玉树话(拉布)音系概况》、陈鹏等(2020)《藏语理塘话音系的语音特征》、仁欠华加(2020)《藏语安多方言贵德话的音位系统研究》、关东晨等(2020)《昌都左贡东坝话的语音系统》主要描写藏语安多和康方言的音系,仁增旺姆(2010)《迭部藏语音节合并现象及其联动效应——兼述周边土语的类似音变》讨论迭部藏语中的音节合并现象,周瓜克等(2017)《藏语拉达克话的几个语音特征》和洲塔等(2014)《走廊南山中的唐蕃古音——东纳藏语中字母 c、ch、j、zh、sh 的读音辨析》通过比较展现了藏语拉达克话和东纳话的一些读音特点。

(2) 历时演变。孙天心《热务沟话语音简貌:一种北川藏语新方言》(2003)、《求吉藏语的语音特征》(2003),桑塔等(2010)《康巴方言玉树话的语音特征研究》,华侃等(2015)《藏语久治话的音位系统及其语音的历史演变》,索郎措(2020)《安多藏语阿坝话音系及其历时音变概况》,尹蔚彬等(2021)《舟曲八楞藏语语音演变探析》和王双成(2021)《藏语安多方言语音研究》则在音系描写基础上进一步探讨藏语方言语音的历史演变;完玛冷智(2006)《藏语数词的语音变化》、瞿霭堂等(2015)《新视角下的藏语链移变化》重点讨论了藏语方言语音的历史音变。

(3) 共时比较。赵金灿(2010)《拉萨藏语与香格里拉藏语语音之比较》、更登磋(2012)《卫藏方言与安多方言语音分析》对藏语方言语音进行了共时比较,李春梅等(2020)《康定市吉居藏语所属问题》通过语音分析与对比研究认为吉居话属于康巴藏语崩波岗方言群,孙克敏等(2020)《藏语音节凸显的库藏类型学考察》通过藏语方言共时比较从标记度、稳定度、封闭度三个方面分析了藏语的音节凸显问题。

4.1.2 声韵调研究

声母研究方面,主要是王双成的相关成果,如《安多藏语轻重唇音的分化趋势》(2007)、《安多藏语送气擦音的实验研究》(2010)、《安多藏语的小舌音》(2011)、《藏语送气擦音的来源》(2015)、《藏语鼻冠音声母的特点及其来源》(2016)、《藏语的清化鼻音》(2018)等,对藏语方言中的一些特殊语音现象进行了深入的研究。

韵母方面,王双成《安多藏语复元音韵母的特点》(2004)、《安多藏语的复元音韵母》(2005)、《安多藏语的真性复元音》(2009)、《安多藏语 i 的舌尖化及其类型学意义》(2010),江荻(2008)《藏语元音央化的社会成因》,邓戈《藏语北路康方言元音变迁——以德格话元音变迁为例》(2012)、《康方言昌都话的元音变迁》(2013),冯法强(2013)《青海卓仓藏语、乐都汉语与江淮官话元音擦化现象比较探讨》,徐世梁(2014)《卓仓藏语中的元音高化和高顶出位》重点讨论元音演变(主要是央化、高化)和复韵母;尹蔚彬(2000)《古藏语韵尾-r 在今拉萨话中的变异》和东主才让(2019)《从古藏族部落的迁徙看藏语韵尾-S 的残存——以嘉绒、巴尔蒂和拉达克藏语为例》探讨了藏语方言韵尾的演变。

声调方面,王双成(2011)《玛多藏语的声调》、达哇彭措等(2015)《藏语声调产生的原因探析——以安多天祝话单音节和双音节音调实验为个案》从微观角度研究了藏语安多方言中的声调,江荻(2005)《藏语声调形成的过程与社会历史系统状态》和徐世梁(2015)《无声调藏语的习惯音高和有声调藏语的连读变调》从宏观角度研究藏语方言的声调,胡方(2022)《音节时间结构与拉萨藏语的声调起源》讨论了拉萨藏语音节的时间结构与声调起源问题。

4.1.3 实验语音学研究

实验语音学在藏语方言语音研究中有着极为广阔的研究空间。进入新世纪,随着科技的发展、语音仪器设备的不断更新,国内实验语音学研究方兴未艾。这一时期,尤其是近10年来,西北民族大学成为藏语方言实验语音学研究的重镇,培养了一大批专业人才,其研究主要涉及元音、辅音、声调等的声学分析,如郑文思等(2011)《藏语拉萨话调域统计分析》、杨柳新等(2015)《藏语拉萨话主要元音的声学分析》、陈小莹等(2015)《藏语拉萨话单音节嗓音声学参数分析》。另外,桑塔等(2015)《安多藏语塞音的VAT研究》重点考察了藏语安多方言的塞音与VAT之间的相关性,完么措等(2021)《藏语安多话元音的音位分布及声学表现》在安多藏语单元音的音位分布特征基础上使用声学实验方法重点分析了藏语安多话单元音的音高、时长、音强和共振峰等参数。

4.2 方言语法研究

藏语方言的动词研究依然是这一时期关注的重点,代表论文有胡坦(2002)《藏语"体"范畴》,多杰东智《安多藏语动词变化的简化》(2004)、《安多藏语自主非自主动词与格的关系》(2008)、《简析安多藏语动词的自主非自主与使动自动关系》(2008)、《藏语安多方言VP+gə ndʑək句式与自动使动》(2009),周毛草(2006)《安多藏语玛曲话动词的名物化》,仁增旺姆(2012)《藏语存在动词的地理分布调查》,邵明园(2015)《安多藏语言说动词zer和bzlas的语法化》,瞿霭堂(2018)《藏语多动词谓语句的认知基础和模块化》,次林央珍(2020)《东旺藏语致使范畴的结构和语义分析》等。示证范畴成为藏语方言语法研究的一个新亮点,代表作有江荻(2005)《藏语拉萨话的体貌、示证及自我中心范畴》、曲世锋(2015)《论藏语动词的示证系统》、邵明园(2015)《安多藏语的亲知示证和拟测示证》、才吉文毛(2020)《藏语康方言称多话的示证范畴》。次林央珍(2021)《东旺藏语动词的互动范畴》则讨论了东旺藏语动词互动范畴的构成形式、语义、论元配置和形成机制等。

此外,词类方面的研究有周毛草《安多藏语代词》(2008)、《古藏语作格助词在现代方言中的表现》(2011)、《安多藏语玛曲话里的ལ(la)类助词》(2013),燕海雄《藏语甘孜话的人称代词》(2013)、《藏语甘孜话的数词》(2016),意西微萨·阿错(2018)《藏语的句末语气词与声调、韵律的关系及相关问题》,次林央珍(2021)《东旺藏语基数词研究》等;句法方面的研究有胡坦(2003)《藏语存在句》、邵明园(2012)《安多藏语的差比句》、汪岚(2018)《德钦藏语的差比句》、宋占峰等(2021)《华锐藏语小句链的实然与非实然标记》等;瞿霭堂等(2020)《藏语甘孜话附缀语素的减缩变化》详细分析了藏语甘孜话中涉及语音与语法层面的附缀语素的减缩变化现象。

这一时期出版了周毛草(2003)《玛曲藏语研究》、周季文等(2003)《藏语拉萨话语法》、王诗文(2012)《藏语康方言语法研究——德格话语法》、江荻(2016)《藏语拉萨话语法标注文本》、燕海雄等(2016)《藏语甘孜话语法标注文本》、王志敬(2019)《现代藏语语法研究》、多杰东智(2019)《藏语安多方言动词的自主非自主研究》和龙从军(2021)《藏语噶尔话语法标注文本》等藏语方言语法著作。

4.3 方言词汇及其他研究

藏语方言词汇研究依然薄弱,论著极少。论文有华侃(2006)《藏语安多方言词汇的异同和比较》、王诗文等(2010)《藏语方言词汇对比研究——德格话与松潘话的比较》、张建民(2011)《夏河藏语中的汉借词与汉语西北方音》、多杰东智(2017)《现代藏语方言中汉语借词的应用及其语言场景研究——以西藏、青海藏语方言为例》、李春梅(2017)《论藏语康方言敬语》,著作有华侃(2002)《藏语安多方言词汇》、耿显宗等(2007)《安多藏语口语词典》和邓戈(2020)《藏语康方言词汇集》。

其他方面的研究主要涉及社会语言学、文化语言学和地理语言学,其中地理语言学研究逐渐受到重视。黎昌友(2011)《甘孜州藏语及藏文化的现状与保护》、王文玲(2016)《华锐藏语濒危成因及保护对策分析》、苏晓红等(2018)《浅谈天祝藏区藏语的传承与保护》重在讨论藏语方言的使用、传承与保护问题,陈荣泽(2016)《藏语方言的分布格局及其形成的历史地理人文背景》探讨藏语方言的形成与历史地理人文因素的关系,刘颖等(2019)

《方言地理信息系统与藏语方言信息化》讨论构建基于地理信息平台的藏语方言时空数据共享服务平台。

4.4 综合研究专著

最近10年出版了4部藏语方言调查研究的专著：东主才让(2011)《藏语方言调查与研究》是一部具有藏语方言概论性质的著作，以藏语拉萨话、德格话、拉卜楞话为代表介绍藏语三大方言的基本特点和发展演变以及藏语方言的调查方法；仁增旺姆(2012)《迭部藏语研究》重点描写分析藏语迭部方言电尕、旺藏、洛大三个土语的语音、词汇、语法，并对三个土语进行比较；瞿霭堂等(2017)将其在20世纪80年代以前调查的藏语方言材料整理成为60余万字的《藏语卫藏方言研究》，有利于较全面地了解藏语卫藏方言以及具有过渡性质的康方言改则、那曲话的语音、词汇、语法面貌；邵明园(2018)《河西走廊濒危藏语东纳话研究》详细描写研究了藏语安多方言东纳话的语音、语法和词汇。

4.5 学位论文

从2004年开始，调查研究藏语方言的博士、硕士学位论文相继出现。据不完全统计，有硕博学位论文共70余篇，如博士论文有徐世梁(2007)《卓仓藏语语音研究》、邵明园(2014)《安多藏语阿柔话的示证范畴》、曲世锋(2015)《藏语动词情态范畴的历史演变研究》等，硕士学位论文有南措吉(2013)《安多方言词汇特征研究》、张勉(2015)《玉树地区藏语复辅音研究》、次林央珍(2018)《东旺藏语数词研究》、韦蕊(2020)《藏语康方言安多话语音研究》、索郎措(2020)《地理语言学视角下的阿坝藏语方言研究》、多杰吉(2021)《藏语安多方言同仁瓜什则话研究》等，涵盖藏语方言的语音、词汇、语法等方面。

4.6 基金项目、语保工程

自2007年以来，国家社会科学基金几乎每年都有藏语方言方面的课题立项，有力地促进了藏语方言的调查研究，如重大项目有欧珠主持的“基于地理信息平台的藏语方言数据库建设”；重点项目有王双成主持的“基于地理信息平台的青海境内藏语方言数据库建设”“青海玉树地区藏语方言语音研究”，意西微萨·阿错主持的“藏语方言的重音及相关韵律问题研究”，东主才让主持的“‘一带一路’视野下的藏语方言文化比较研究”等；一般项目有周毛草主持的“藏语安多口语语法研究”、龙布杰主持的“藏语安多与康巴方言语音对比研究”等，青年项目有燕海雄主持的“藏语甘孜话现状与历史研究”、邵明园主持的“藏语示证范畴研究”、张金溪主持的“藏语拉萨语元音的超声舌像数据库及舌位研究”等。

2015年，教育部实施中国语言资源保护工程，该工程是由国家财政支持的重大语言文化工程，其目的是利用现代化技术手段，调查记录汉语方言、少数民族语言和口头文化的实态语料，进行科学整理和加工，建成大规模的多媒体语言资源库，开展语言资源保护研究工作。中国语言资源保护工程的实施，再次掀起中国语言调查记录的热潮。其中，藏语方言共设30余个调查点，调查人员主要由高校、研究机构的中青年教师、研究人员、博士研究生构成。本次调查极大地推进了藏语方言的深入调查，为今后的藏语方言研究准备了丰富的方言材料，同时也为藏语方言调查研究锻炼了队伍、培养了人才。中国语言资源保护工程对藏语方言调查研究的积极作用将在今后一段时间内逐渐显现出来。

5 关于藏语方言调查研究的思考与展望

西藏和平解放70余年来，藏语方言调查研究取得了巨大的成就，但与此同时还有一些值得思考的地方。(1) 单点方言调查研究的问题。以往的调查研究重面轻点，面上的调查研究多，而点上的深入调查研究极其匮乏，藏语单点方言调查研究的著作寥寥无几。今后应统筹规划，合理布局，选择若干个藏语单点方言进行深入调查，以强化藏语单点方言的研究。(2) 调查研究的均衡性问题。从研究内容上看，已有的研究以语音、语法为主，而词汇研究还十分薄弱，故此建议中国语言资源保护中心组织力量编辑出版《藏语方言词汇、语法对照集》，这对促进藏语方言的词汇研究具有重要意义。从研究地域上看，此前的调查研究集中在卫藏和安多方言，但康方言的调查研究较少，今后应加强对康方言(尤其是分布于西藏的康方言)的调查研究。(3) 跨学科研究的问题。跨学科的交叉研究是大势所趋,对藏语方言研究具有巨大的推动作用。藏语方言与计算机科学、数据库技术方面的交叉研究已有不少成果,今后应加强与社会学、文化学、地理学等的跨学科研究,多方位推进藏语方言的调查研究。(4) 科研人才的培养问题。从整体上看,从事藏语方言调查研究的科研人员数量较少,这在很大程度上制约了藏语方言研究事业的发展。鉴于此,建议相关民族高校的藏语文专业招收本科学生,系统地教授藏语文,选拔培养硕士、博士研究生,形成培养藏语文研究人才的长效机制;而一些从事藏语文研究的非民族高校,也须夯实研究生的藏语文基础。惟其如此,藏语方言研究事业才能薪火传承,方可长足发展。

参考文献

安世兴:《现代藏语中的古藏文词汇》,《西北民族学院学报》1984 年第 2 期。

昂色拉加:《藏语玉树话(拉布)音系概况》,《西藏研究》2018 年第 1 期。

巴桑卓玛:《巴塘藏语动词屈折形态的分析化》,《民族语文》1990 年第 5 期。

巴卧・祖拉陈哇:《〈贤者喜宴〉摘译(二)》,《西藏民族学院学报》1981 年第 1 期。

白玛措、汪青:《藏语方言敬语对比试析》,《西南民族学院学报》1991 年第 3 期。

鲍怀翘:《藏语拉萨话元音声学分析》,《中国语言学报》1995 年第 7 期。

才吉文毛:《藏语康方言称多话的示证范畴》,《民族语文》2020 年第 1 期。

才项措、刘思思、达哇彭措:《安多藏语尖扎话的音位系统研究》,《西北民族大学学报》2016 年第 3 期。

陈鹏、周及徐:《藏语理塘话音系的语音特征》,《民族语文》2020 年第 1 期。

陈荣泽:《藏语方言的分布格局及其形成的历史地理人文背景》,《中央民族大学学报》2016 年第 2 期。

陈小莹、艾金勇、于洪志:《藏语拉萨话单音节嗓音声学参数分析》,《中文信息学报》2015 年第 3 期。

次林央珍:《东旺藏语数词研究》,云南师范大学硕士学位论文,2018 年。

次林央珍:《东旺藏语致使范畴的结构和语义分析》,《黔南民族师范学院学报》2020 年第 2 期。

次林央珍:《东旺藏语基数词研究》,《百色学院学报》2021 年第 1 期。

次林央珍:《东旺藏语动词的互动范畴》,《民族语文》2021 年第 4 期。

达哇彭措、桑塔:《藏语声调产生的原因探析——以安多天祝话单音节和双音节音调实验为个案》,《西藏大学学报》2015 年第 1 期。

邓戈:《康方言昌都话的元音变迁》,《西藏研究》2013 年第 2 期。

邓戈:《藏语北路康方言元音变迁——以德格话元音变迁为例》,《西藏大学学报》2012 年第 2 期。

邓戈:《藏语康方言词汇集》,西藏人民出版社 2020 年版。

东主才让:《藏语方言调查与研究》(藏文),中国藏学出版社 2011 年版。

东主才让:《从古藏族部落的迁徙看藏语韵尾-S 的残存——以嘉绒、巴尔蒂和拉达克藏语为例》,《西藏研究》2019 年第 1 期。

多杰东智:《安多藏语动词变化的简化》,《民族语文》2004 年第 2 期。

多杰东智:《安多藏语自主非自主动词与格的关系》,《中央民族大学学报》2004 年第 4 期。

多杰东智:《简析安多藏语动词的自主非自主与使动自动关系》,《中央民族大学学报》2008 年第 1 期。

多杰东智:《藏语安多方言 VP+gə ndʐək 句式与自动使动》,《民族语文》2009 年第 3 期。

多杰东智:《现代藏语方言中汉语借词的应用及其语言场景景研究——以西藏、青海藏语方言为例》,《西藏大学学报》2017 年第 1 期。

多杰东智:《藏语安多方言动词的自主非自主研究》,民族出版社 2019 年版。

多杰吉:《藏语安多方言同仁瓜什则话研究》,西北民族大学硕士学位论文,2021 年。

冯法强:《青海卓仓藏语、乐都汉语与江淮官话元音擦化现象比较探讨》,《云南师范大学学报》2013 年第 4 期。

冯蒸:《试论藏文韵尾对于藏语方言声调演变的影响——兼论藏语声调的起源与发展》,《西藏民族学院学报》1984 年第 2 期。

格勒:《略论藏语辅音韵尾的几个问题》,《民族语文》1985 年第 1 期。

耿显宗:《安多方言与书面语的语音变音特点》,《青海民族学院学报》1993 年第 3 期。

耿显宗、李俊英、龙智多杰:《安多藏语口语词典》,甘肃民族出版社 2007 年版。

格桑居冕:《藏语方言概要》,中央民族学院民语系油印本 1964 年版。

格桑居冕:《藏语动词的使动范畴》,《民族语文》1982 年第 5 期。

格桑居冕:《藏语巴塘话的语音分析》,《民族语文》1985 年第 2 期。

格桑居冕、格桑央京:《藏语方言概论》,民族出版社 2002 年版。

更登磋:《卫藏方言与安多方言语音分析》,《西藏研究》2012 年第 5 期。

关东晨、王双成:《昌都左贡东坝话的语音系统》,《中国藏学》2020 年第 4 期。

胡方:《音节时间结构与拉萨藏语的声调起源》,《民族语文》2022 年第 3 期。

胡书津、王诗文、娜么塔:《藏语卫藏方言与康方言、安多方言词汇比较研究》,《西南民族学院学报》1999 年第 1 期。

胡坦:《藏语(拉萨话)声调研究》,《民族语文》1980 年第 1 期。

胡坦:《拉萨藏语中几种动词句式的分析》,《民族语文》1984 年第 1 期。

胡坦:《藏语的语素变异和语音变迁》,《民族语文》1984 年第 3 期。

胡坦:《论藏语比较句》,《民族语文》1985 年第 2 期。

胡坦:《论藏语韵尾的隐现》,《东京外国语大学亚非言语文化研究所学报. 亚非语言文化研究集刊》1991 年第 41 期。

胡坦:《藏语动词的名词化》,《东京外国语大学亚非言语文化研究所学报. 亚非语言文化研究集刊》1991 年第 41 期。

胡坦:《藏语语法的类型特征》,载《藏学研究论丛》编委会编《藏学研究论丛》(第 4 辑),西藏人民出版社 1992 年版。

胡坦:《藏语历史音变的几种类型》,载戴庆夏、罗美珍、杨应新主编《民族语文论文集——庆祝马学良先生八十寿辰文集》,中央民族学院出版社 1993 年版。

胡坦:《拉萨藏语中的“是”字句》,《藏语文研究》1993 年第 3 期。

胡坦:《略谈规则与例外》,《民族语文》1993 年第 4 期。

胡坦:《藏语时间词探源》,《中央民族大学学报》1996 年第 5 期。

胡坦:《藏语语序及其变异》,《贤者新宴》1999 年第 1 期。

胡坦:《藏语“体”范畴》,戴庆厦主编《中国民族语言文学研究论集 2(语言专集)》,民族出版社 2002 年版。

胡坦:《藏语存在句》,《贤者新宴》2003 年第 3 期。

华侃:《安多藏语声母中的清浊音——兼谈它与古藏语中强弱音字母的关系》,《西北民族大学学报》1980 年第 1 期。

华侃:《安多方言复辅音声母和辅音韵尾的演变情况》,《西北民族大学学报》1982 年第 1 期。

华侃:《安多藏语声母的几种特殊变化》,《民族语文》1983 年第 3 期。

华侃:《甘南夏河、玛曲藏语中复辅音声母比较》,《西北民族大学学报》1984 年第 4 期。

华侃:《安多藏语(夏河话)中的同音词》,《民族语文》1985 年第 4 期。

华侃:《藏语安多方言内部语音上的一致性和差异性》,《西北民族学院学报》1989 年第 1 期。

华侃:《藏语安多方言词汇》,甘肃民族出版社 2002 年版。

华侃:《藏语安多方言词汇的异同和比较》,载赵嘉文、石锋、和少英主编《汉藏语言研究：第三十四届国际汉藏语言暨语言学会议论文集》，民族出版社2006年版。

华侃、多杰东智、南卡多杰：《藏语久治话的音位系统及其语音的历史演变》，《中国藏学》2015年第2期。

华侃、尕藏他：《藏语松潘话的音系和语音的历史演变》，《中国藏学》1997年第2期。

华侃、龙博甲：《安多藏语口语词典》，甘肃民族出版社1993年版。

华侃、马昂前：《藏语天祝话的语音特点及与藏文的对应关系》，《西北民族研究》1992年第1期。

黄布凡：《十二、十三世纪藏语年第卫藏声母探讨》，《民族语文》1983年第3期。

黄布凡：《藏缅语族语言词汇》，中央民族学院出版社1992年版。

黄布凡：《藏语方言声调的发生和分化条件》，《民族语文》1994年第3期。

黄布凡：《从巴尔蒂话看古藏语语音》，《中央民族大学学报》1994年第4期。

黄布凡、索南江才、张明慧：《玉树藏语的语音特点和历史演变规律》，《中国藏学》1994年第2期。

江荻：《藏语拉萨话现在时的标记及功能》，《民族语文》1999年第5期。

江荻：《藏语拉萨话的体貌、示证及自我中心范畴》，《语言科学》2005年第1期。

江荻：《藏语声调形成的过程与社会历史系统状态》，《藏学学刊》2005年第2期。

江荻：《藏语元音央化的社会成因》，载周庆生主编《中国民族语言学研究》，社会科学文献出版社2008年版。

江荻：《藏语拉萨话语法标注文本》，社会科学文献出版社2016年版。

结昂：《工布藏语构词法》，《民族语文》1993年第4期。

金鹏：《藏文动词曲折形态在现代拉萨话里衍变的情况》，《语言研究》1956年第1期。

金鹏：《藏语拉萨日喀则昌都话的比较研究》，科学出版社1958年版。

金鹏：《论藏语拉萨口语动词的特点与语法结构的关系》，《民族语文》1979年第3期。

金鹏：《藏语拉萨话判断动词和存在动词的用法》，《西藏民族学院学报》1981年第4期。

金鹏：《藏语动词表三时的屈折形态简化的两种途径》，《语言研究》1983年第1期。

金鹏：《藏语简志》，民族出版社1983年版。

金鹏：《藏语拉萨话动词的式及其表达方法》，《民族语文》1983年第1期。

金鹏：《藏语（拉萨话）动词连用作谓语的结构简析》，载中国西南民族研究学会《藏族学术讨论会论文集》编辑组编《藏族学术讨论会论文集》，西藏人民出版社1984年版。

金鹏：《西藏现代口语动词的时态及其表达方法（一）》，《西藏研究》1984年第3期。

金鹏：《西藏现代口语动词的时态及其表达方法（二）》，《西藏研究》1984年第4期。

金鹏：《西藏现代口语动词的时态及其表达方法（三）》，《西藏研究》1985年第1期。

孔江平：《道孚藏语双塞音声母的声学性质》，《语言研究》1991年第2期。

孔江平:《道孚藏语双擦音声母的声学分析》,《民族语文》1991 年第 3 期。

孔江平:《藏语(拉萨话)声调感知研究》,《民族语文》1995 年第 3 期。

孔江平、于洪志、李永宏等:《藏语方言调查表》,商务印书馆 2011 年版。

黎昌友:《甘孜州藏语及藏文化的现状与保护》,《兰台世界》2011 年第 14 期。

李春梅:《论藏语康方言敬语》,《四川民族学院学报》2017 年第 6 期。

李春梅、铃木博之:《康定市吉居藏语所属问题》,《民族学刊》2020 年第 5 期。

刘颖、赵耀龙、杨锦、邓戈、欧珠:《方言地理信息系统与藏语方言信息化》,《热带地貌》2019 年第 1 期。

龙从军:《藏语噶尔话语法标注文本》,社会科学文献出版社 2021 年版。

陆绍尊:《藏语中甸话的语音特点》,《语言研究》1990 年第 2 期。

马月华:《试析巴塘藏语中的几个结构助词——兼谈人称代词的音变现象》,《青海民族学院学报》1994 年第 4 期。

南措吉:《安多方言词汇特征研究》,西北民族大学硕士学位论文,2013 年。

尼玛卓玛:《藏语拉萨话中同音词现象产生的原因》,《中国藏学》1995 年第 2 期。

尼玛卓玛:《藏语拉萨话中的肯定与否定》,《中国藏学》1997 年第 3 期。

曲世锋:《藏语动词情态范畴的历史演变研究》,中国社会科学院博士学位论文,2015 年。

曲世锋:《论藏语动词的示证系统》,《民族语文》2015 年第 4 期。

瞿霭堂、共确、益西、结昂:《卫藏方言的新土语——记最近发现的巴松话》,《民族语文》1989 年第 3 期。

瞿霭堂、金效静:《藏语方言的研究方法》,《西南民族学院学报》1981 年第 3 期。

瞿霭堂、劲松:《新视角下的藏语链移变化》,《民族语文》2015 年第 6 期。

瞿霭堂、劲松:《藏语卫藏方言研究》,中国藏学出版社 2017 年版。

瞿霭堂、麦朵拉措:《藏语甘孜话附缀语素的减缩变化》,《中国藏学》2020 年第 2 期。

瞿霭堂、谭克让:《阿里藏语》,中国社会科学出版社 1983 年版。

瞿霭堂:《卓尼藏语的声调与声韵母的关系》,《中国语文》1962 年第 7 期。

瞿霭堂:《藏语概况》,《中国语文》1963 年第 6 期。

瞿霭堂:《藏语的复辅音》,《中国语文》1965 年第 6 期。

瞿霭堂:《谈谈声母清浊对声调的影响》,《民族语文》1979 年第 2 期。

瞿霭堂:《阿里藏语动词体的构成》,《民族语文》1980 年第 4 期。

瞿霭堂:《藏语的变调》,《民族语文》1981 年第 4 期。

瞿霭堂:《藏语的声调及其发展》,《语言研究》1981 年第 1 期。

瞿霭堂:《藏语中的异根现象》,《中央民族学院学报》1982 年第 2 期。

瞿霭堂：《藏语安多方言韵母演变的情况提要》，载民族语文编辑组编《民族语文研究文集》，青海民族出版社1982年版。

瞿霭堂：《藏语动词屈折形态的结构及其演变》，《民族语文》1985年第1期。

瞿霭堂：《藏语韵母的演变》，《中国语言学报》1983年第1期。

瞿霭堂：《藏语的复元音韵母》，《中央民族学院学报》1987年第1期。

瞿霭堂：《藏语韵母研究》，青海民族出版社1991年版。

瞿霭堂：《夏尔巴话的识别——卫藏方言的又一个新土语》，《语言研究》1992年第2期。

瞿霭堂：《藏语多动词谓语句的认知基础和模块化》，《民族语文》2018年第5期。

仁欠华加：《藏语安多方言贵德话的音位系统研究》，《四川民族学院学报》2020年第1期。

仁增旺姆：《重叠方式在安多藏语中的运用》，《西北民族大学学报》1987年第4期。

仁增旺姆：《藏语夏河话语音与藏文的语音对应》，《民族语文》1987年第6期。

仁增旺姆：《迭部藏语音节合并现象及其联动效应——兼述周边土语的类似音变》，《西北民族大学学报》2010年第6期。

仁增旺姆：《迭部藏语研究》，中央民族大学出版社2012年版。

仁增旺姆：《藏语存在动词的地理分布调查》，《中央民族大学学报》2012年第6期。

桑塔、达哇彭措：《康巴方言玉树话的语音特征研究》，《西藏研究》2010年第2期。

桑塔、姚云、兰正群：《安多藏语塞音的VAT研究》，《中国语音学报》2015年第5期。

邵明园：《安多藏语的差比句》，《东方语言学》2012年第12期。

邵明园：《安多藏语阿柔话的示证范畴》，南开大学博士学位论文，2014年。

邵明园：《安多藏语的亲知示证和拟测示证》，《历史语言学研究》2015年第9期。

邵明园：《安多藏语言说动词zer和bzlas的语法化》，《语言科学》2015年第1期。

邵明园：《河西走廊濒危藏语东纳话研究》，中山大学出版社2018年版。

宋占峰、王双成：《华锐藏语小句链的实然与非实然标记》，《中央民族大学学报》2021年第1期。

苏晓红、朱广鹏：《浅谈天祝藏区藏语的传承与保护》，《甘肃高师学报》2018年第4期。

孙宏开、王贤海：《阿坝藏语语音中的几个问题》，《民族语文》1987年第2期。

孙克敏、刘丹青：《藏语音节凸显的库藏类型学考察》，《民族语文》2020年第2期。

孙天心：《热务沟话语音简貌：一种北川藏语新方言》，《语言暨语言学》2003年第4期。

孙天心：《求吉藏语的语音特征》，《民族语文》2003年第6期。

索郎措：《安多藏语阿坝话音系及其历时音变概况》，《四川民族学院学报》2020年第4期。

索郎措：《地理语言学视角下的阿坝藏语方言研究》，中央民族大学硕士学位论文，

2020 年。

索朗卓嘎:《浅谈现代藏语拉萨口语中的外来语借词》,《藏语文研究》1991 年第 2 期。

谭克让:《阿里藏语的复元音》,《民族语文》1980 年第 3 期。

谭克让:《藏语拉萨话声调分类和标法刍议》,《民族语文》1982 年第 3 期。

谭克让:《藏语双音节词变调类型》,载中国西南民族研究学会《藏族学术讨论会论文集》编辑组编《藏族学术讨论会论文集》,西藏人民出版社 1984 年版。

谭克让:《藏语擦音韵尾的演变》,《民族语文》1985 年第 4 期。

谭克让:《夏尔巴藏语的声调系统》,《民族语文》1987 年第 2 期。

谭克让:《藏语动词的自动态与使动态》,《民族语文》1988 年第 6 期。

谭克让、孔江平:《藏语拉萨话元音、韵母的长短及其与声调的关系》,《民族语文》1991 年第 2 期。

完玛冷智:《藏语数词的语音变化》,《民族语文》2006 年第 4 期。

完玛冷智:《藏语安多方言语音研究》(藏文),青海民族出版社 2009 年版。

完玛冷智、杰东智、周毛草:《藏语言文字研究史》,社会科学文献出版社 2015 年版。

完么措、南拉才让、陈禹风:《藏语安多话元音的音位分布及声学表现》,《西藏大学学报》2021 年第 4 期。

汪岚:《德钦藏语的差比句》,《语言研究》2018 年第 3 期。

王会银:《藏语拉萨话轻声初探》,载中央民族学院少数民族语言研究所编《民族语文论丛》(第一集),1984 年。

王会银:《略论藏语拉萨话轻声的性质——兼谈轻声与句法结构的关系》,《中央民族学院学报》1985 年第 4 期。

王会银:《现代藏语拉萨话形容词重叠形式》,《中央民族学院学报》1987 年第 6 期。

王会银:《藏语天峻话的词的感情色彩》,《民族语文》1988 年第 3 期。

王会银:《藏语拉萨话动词的重叠形式》,《民族语文》1988 年第 3 期。

王青山:《青海环海区藏语的动词重叠形式》,载《民族语文》编辑部编《民族语文研究文集》,青海民族出版社 1982 年版。

王青山:《藏语口语词的重叠与上加成素》,《青海民族学院学报》1984 年第 3 期。

王青山:《浅谈藏语形容词的语法范畴》,载中国民族语言学会编《民族语文研究新探》,四川民族出版社 1992 年版。

王青山:《藏语方言语法中的几种特殊句法关系》,《青海民族学院学报》1992 年第 2 期。

王青山:《从社会语言学的角度看藏语的方言俚语》,《青海民族研究》1992 年第 1 期。

王荣德:《天峻藏语里的元音和韵母》,《青海民族学院学报》1993 年第 2 期。

王诗文:《藏语康方言语法研究——德格话语法》,民族出版社 2012 年版。

王诗文、泽登孝、胡巧竟：《藏语方言词汇对比研究——德格话与松潘话的比较》，《西南民族大学学报（人文社科版）》2010 年第 12 期。

王双成：《安多藏语复元音韵母的特点》，《民族语文》2004 年第 3 期。

王双成：《安多藏语的复元音韵母》，《西藏研究》2005 年第 3 期。

王双成：《安多藏语轻重唇音的分化趋势》，《语言研究》2007 年第 1 期。

王双成：《安多藏语的真性复元音》，《东方语言学》2009 年第 2 期。

王双成：《安多藏语 i 的舌尖化及其类型学意义》，《语言研究》2010 年第 2 期。

王双成：《安多藏语的小舌音》，《语言科学》2011 年第 5 期。

王双成：《玛多藏语的声调》，《民族语文》2011 年第 3 期。

王双成：《藏语送气擦音的来源》，《语言科学》2015 年第 5 期。

王双成：《藏语鼻冠音声母的特点及其来源》，《语言研究》2016 年第 3 期。

王双成：《藏语安多方言语音研究》，中西书局 2012 年版。

王双成、陈忠敏：《安多藏语送气擦音的实验研究》，《民族语文》2010 年第 2 期。

王双成、沈向荣、张梦翰：《藏语的清化鼻音》，《民族语文》2018 年第 2 期。

王文玲：《华锐藏语濒危成因及保护对策分析》，《北方民族大学学报》2016 年第 5 期。

王尧：《藏语的声调》，《中国语文》1956 年第 6 期。

王志敬：《藏语拉萨话中的同化现象》，《西藏研究》1986 年第 3 期。

王志敬：《藏语动名词探索》，《民族语文》1987 年第 1 期。

王志敬：《藏语拉萨口语中的兼类词 $reʔ^{231}$、$tuʔ^{231}$》，《语言研究》1992 年第 1 期。

王志敬：《藏语拉萨口语语法》，中央民族大学出版社 1994 年版。

王志敬：《现代藏语语法研究》，中国藏学出版社 2019 年版。

韦蕊：《藏语康方言安多话语音研究》，西藏民族大学硕士学位论文，2020 年。

夏吾措：《藏语安多方言农区话的音系研究》，《西北民族大学学报》2016 年第 4 期。

谢广华：《藏语动词语法范畴》，《民族语文》1982 年第 4 期。

谢广华：《论藏语结构助词》，《中央民族学院学报》1983 年第 3 期。

谢广华：《拉萨藏语的句法结构》，《民族语文》1985 年第 6 期。

徐世梁：《无声调藏语的习惯音高和有声调藏语的连读变调》，《语言研究》2015 年第 4 期。

徐世梁：《卓仓藏语语音研究》，南开大学博士学位论文，2007 年。

徐世梁：《卓仓藏语中的元音高化和高顶出位》，《语言科学》2014 年第 1 期。

燕海雄：《藏语甘孜话的人称代词》，载江荻、黄行、李大勤主编《万水千山走遍：中国民族语言语法研究暨庆祝孙宏开先生 80 华诞论文集》，民族出版社 2013 年版。

燕海雄：《藏语甘孜话的数词》，载龙从军、燕海雄主编《中国民族语言研究与应用》（第

1 辑),中国社会科学出版社 2016 年版。

燕海雄、江荻:《藏语甘孜话语法标注文本》,社会科学文献出版社 2016 年版。

杨柳新、于洪志:《藏语拉萨话主要元音的声学分析》,《西北民族大学学报》2015 年第 2 期。

杨士宏:《安多藏语中诸语音层探析》,《西北民族学院学报》1987 年第 1 期。

杨士宏:《一江两河流域藏语方言汇要》,甘肃民族出版社 1995 年版。

益西:《拉萨话的判断动词与存在动词》,《西藏研究》1995 年第 2 期。

意西微萨·阿错:《藏语的句末语气词与声调、韵律的关系及相关问题》,《韵律语法研究》2018 年第 1 期。

尹蔚彬:《古藏语韵尾-r 在今拉萨话中的变异》,《青海民族学院学报》2000 年第 1 期。

尹蔚彬、任先木:《舟曲八楞藏语语音演变探析》,《民族语文》2021 年第 6 期。

于道泉:《藏汉对照拉萨口语词典》,民族出版社 1983 年版。

于道泉:《第六世达赖喇嘛仓央嘉措情歌》,中央研究院历史语言研究所单刊甲种之五,1930 年。

玉珍:《藏语安多方言同仁话中的汉语借词》,《中国藏学》1996 年第 1 期。

《藏缅语语音和词汇》编写组:《藏缅语语音和词汇》,中国社会科学出版社 1991 年版。

张济川:《藏语拉萨话声调分化的条件》,《民族语文》1981 年第 3 期。

张济川:《藏语方言分类管见》,载戴庆厦、罗美珍、杨应新主编《民族语文论文集——庆祝马学良先生八十寿辰文集》,中央民族学院出版社 1993 年版。

张济川:《藏语形容词级的范畴》,《民族语文》1996 年第 6 期。

张济川:《古代藏语方音差别与正字法》,《民族语文》1996 年第 3 期。

张建民:《夏河藏语中的汉借词与汉语西北方音》,《中国藏学》2011 年第 2 期。

张勉:《玉树地区藏语复辅音研究》,上海师范大学硕士学位论文,2015 年。

赵金灿:《拉萨藏语与香格里拉藏语语音之比较》,《四川民族学院学报》2010 年第 1 期。

郑文思、于洪志、高璐:《藏语拉萨话调域统计分析》,《西北民族大学学报》2011 年第 1 期。

郑玉玲:《藏语方言语音量化分析》,《民族语文》1998 年第 5 期。

中国社会科学院、澳大利亚人文科学院:《中国语言地图集》,朗文出版社 1987 年版。

中国社会科学院语言研究所等编:《中国语言地图集:第 2 版·少数民族语言卷》,商务印书馆 2012 年版。

周瓜克、拉郎草:《藏语拉达克话的几个语音特征》,《西藏研究》2017 年第 3 期。

周季文:《藏语拉萨话的文白异读》,《语言研究》1984 年第 2 期。

周季文、谢后芳:《藏语拉萨话语法》,民族出版社 2003 年版。

周毛草:《藏语复合数词中的连接成分》,《民族语文》1998 年第 2 期。

周毛草:《藏语方言时态助词研究》,《民族语文》1999 年第 6 期。

周毛草:《玛曲藏语研究》,民族出版社 2003 年版。

周毛草:《安多藏语玛曲话动词的名物化》,《民族语文》2006 年第 5 期。

周毛草:《安多藏语代词》,载周庆生主编《中国民族语言学研究》,社会科学文献出版社 2008 年版。

周毛草:《古藏语作格助词在现代方言中的表现》,《民族语文》2011 年第 2 期。

周毛草:《安多藏语玛曲话里的ལ(la)类助词》,《民族语文》2013 年第 6 期。

洲塔、尕藏尼玛:《走廊南山中的唐蕃古音——东纳藏语中字母 ch、j、zh、sh 的读音辨析》,《青海民族研究》2014 年第 2 期。

Wen You: *Phonetic Changes of the Superadded and Prefixed Lettera in Eastern Tibetan Dialects. Chengdu*: *Studia Serica* Ⅴ, 1946.

Wen You: *Studies in Tibetan Phonetics*, *Sde-dge Dialect. Chengdu*: *Studia Serica* Ⅶ, 1948.

(陈荣泽　咸阳　西藏民族大学文学院　rzchen1@163.com)

怒苏语多义词的文化内涵*

罗自群

提　要： 怒苏语是中国云南怒族怒苏支系使用的一种语言，属于汉藏语系藏缅语族彝语支。怒苏语多义词根据其义项的词性，可以分为词性相同的多义词和词性不同的多义词两类。词性相同的多义词包括名词、形容词、动词等，词性不同的多义词包括名词—形容词类、名词—动词类、形容词—动词类、名词—形容词—动词类、名词—名量词类、动词—动量词类、名词—量词—动词类等。文章把怒苏语词性相同的多义词看作是词义静态相关，而把词性不同的多义词看作是词义动态相关，并指出和其他语言一样，怒苏语的多义词体现了语义的整体性和表义的模糊性的有机结合，反映了使用这种语言的人对客观事物的认知，体现了怒苏语的文化内涵。

关键词： 怒苏语；多义词；文化内涵

怒苏语是生活在中国云南怒江傈僳族自治州福贡县的怒族怒苏支系使用的一种语言，属于汉藏语系藏缅语族彝语支。

以现代汉语为参照点，怒苏语词汇按照义项来分，有单义词和多义词两类。本文重点从多义词这一方面来分析怒苏语词汇所体现的文化内涵。文中所用的怒苏语词汇都是来自本人田野调查获取的第一手语料。

---

* 本文系 2019 年度国家社会科学基金项目冷门“绝学”和国别史等研究专项立项《历史语言学视野下的怒苏语真实文本语料研究》（项目编号 19VJX081）的阶段性研究成果。发音合作人李卫才先生生前提供了宝贵的怒苏语语料，谨致谢忱。本文曾在 2022 年 7 月在新加坡新跃社科大学举办的第 22 届中国语言与文化国际学术研讨会上宣读过。

1　怒苏语多义词的类型

怒苏语中的多义词有两个及以上的现代汉语词语和它相对应。既然是多义词,语音相同,语义相关。根据词性,可以把怒苏语多义词分为两类:(1) 词性相同的;(2) 词性不同的。

1.1　怒苏语词性相同的多义词

怒苏语词性相同的多义词比较常见的是名词、动词和形容词。

1.1.1　怒苏语多义的名词

[ɑ^{35}pɔ^{35}] *n* 祖父,外祖父

[ɑ^{35}iɑ^{31}] *n* 祖母,外祖母

[dɑ^{55}pɔ^{35}] *n* 公公,老岳父

[dɑ^{31}xɑ^{55}] *n* 婆婆,老岳母

[ɑ^{35}dɛ^{31}] *n* 哥哥,姐姐,嫂子,姐夫

[ɑ^{35}pɹu^{35}] *n* 弟弟,妹妹,弟媳,弟妹

[vɹi^{55}ɑ^{31}] *n* 侄子,侄女,外甥,外甥女

[biɑ^{31}zɑ^{55}] *n* 孙女,孙子

[mi^{31}ɑ^{31}] *n* 母的,女人,姑娘,女孩子,新娘

[dzɑ^{31}ȵi^{35}] *n* 弱者,(男性)憨包

[mɑ^{42}] *n* 军队,军人,士兵,伙伴

[thoŋ^{35}vɹoŋ^{35}su^{35}] *n* 仇人,敌人

[tʃhuẽ^{42}mɔ^{35}] *n* 雾,云,云雾,彩云,乌云

[si^{42}vɑɹ^{42}ɑ^{31}] *n* 花儿,花粉

[phɑ^{42}m̥ɑ^{42}] *n* 山茶花,山茶树

[mɛ^{35}mɛ^{31}] *n* 谷子,米,大米,米饭

[khɹi^{55}] *n* 粪,屎,尿布

[the^{42}ɑ^{31}] *n* 平台,台阶

[gɹɑ^{55}phiɑɹ^{35}] *n* 地板,木板,楼板

[mɯ^{35}l̥iɑ^{42}ɑ^{31}] *n* 被窝,被子,毯子

[khoŋ^{55}khue^{35}] *n* 垫的,床单

[pɔ^{55}iɔ^{35}] *n* 车,马车,汽车

[iɔ^{35}ɔ^{35}] *n* 家,房子,刀鞘

[sɑ^{31}lɑ^{35}] *n* 饭桌,讲台

[uɔɹ^{55}suɔɹ^{35}bu^{55}ɑ^{31}] *n* 书,课本

[mɯ^{55}] *n* 天,天空,天神

[iɯ^{55}] *n* 案,祸,官司

[ʔu^{55}n̥iu^{42}] *n* 脑子,脑髓,脑海

1.1.2 怒苏语多义的动词

[ɕiu^{42}] *v* 喝(酒),抽(烟)

[dʑɑ^{55}] *v* 说,叫,吆喝,喧哗

[biu^{42}] *v* 消失,丢失,流浪

[su^{42}] *v* 会,知道,认识,亮

[zue^{31}] *v* 盘旋,飘,飞

[l̥e^{55}ɑ^{31}] *v* 变换,翻译,更换

[sɑɹ^{42}] *v* 打仗,吵架,杀害,熄灭,死

[phiu^{42}] *v* 失去,丢失,去世

[phu^{42}ɑ^{31}] *v* 脱落,退婚,反对,回转,翻,翻动

[ɑ^{31}khɹɑ^{35}] *v* 离开,逃脱,决裂,分开

[ʒɑ^{55}mi^{35}] *v* 担心,焦急,难过,担忧

[du^{55}] *v* 埋,挖

[bɑ^{55}ɑ^{31}] *v* 念,发誓,咒,祝福

[tɕu^{42}] *v* 孝敬,养,喂养

[tɕɔ^{42}] *v* 收获,收拾,缴获,收集,搜刮,献,奉献

[ʒɑɹ^{35}] *v* 造,修,做,安装,创作,医治

[liɑ^{35}biɑɹ^{35}] *v* 种地,劳动,生产

[n̥ɯ^{31}pɯ^{35}] *v* 叫醒,动员

[phoŋ^{31}khɹɑ^{31}] *v* 打开,睁开

1.1.3 怒苏语多义的形容词

[dʑu^{42}] *adj* 好,如意,得意,满意

[iɑɹ^{42}] *adj* 腻,醉

[ŋ̊ɔ̃^{35}] *adj* 矮,低

[n̥ɑ^{42}ɑ^{31}] *adj* 软,温柔

[sɑ^{35}xɯ^{35}] *adj* 开心,骄傲

[zə̃^{31}zə̃^{31}] *adj* 严重,热烈,激烈

[ʔne^{42}te^{42}] *adj* 牢靠,仔细

1.1.4 怒苏语多义的其他词类

[ʔŋ̊oŋ^{55}] *3sg* 他,她,它

[ʔŋ̊oŋ^{31}ku^{31}] *3dl* 他俩,她俩,它俩

[tɕhu^{31}] *adv* 刚,当场

[ɡoŋ^{31}ɡoŋ^{55}] *onom* 哄哄,呼呼,隆隆

1.2 怒苏语词性不同的多义词

怒苏语词性不同的多义词,比较常见的是一个多义词具有两种或三种不同的词性。具体情况如下。

1.2.1 名词—动词类

[bu^{42}] *n* 爆米花;*v* 亲吻,爆炸,炸裂

[zoŋ^{35}khue^{35}] *n* 榜样;*v* 学习

[phɯ^{55}] *n* 舅舅,价值,钱,价钱,税,费,聘礼;*v* 尊敬,尊重,器重

1.2.2 名词—形容词类

[ŋ̊ɑ̃ɹ^{35}] *n* 霜,难处;*adj* 穷,空

[tɕhɯ^{35}ɑ^{35}] *n* 甜的;*adj* 甜,无辜,甜蜜,慈祥

[l̥ɑ^{31}ɑ^{31}] *n* 月亮;*adj* 干净

[lɑ^{35}ti^{35}] *n* 聪明人;*adj* 勤快,聪明

[ɹi^{35}tsu^{35}phoŋ^{31}ɑ^{31}] *n* 开水;*adj* 滚烫

1.2.3 动词—形容词类

[ɣɑ^{55}] *v* 行,答应;*adj* 能干

[bə̃^{55}] *v* 褪色;*adj* 光

[vɹe^{35}] *v* 繁衍;*adj* 富

1.2.4 名词—名量词类

[goŋ^{55}] *n* 环;*cl* 环

[sɯ^{42}] *n* 窝;*cl* 窝

[khɹu^{42}] *n* 年,岁;*cl* 年,岁

1.2.5 动词—动量词类

[dɯ^{42}] *v* 割,切;*cl* 段

[guɑ^{31}] *v* 走,跨;*cl* 步

1.2.6 名词—量词—动词类

[uɔɹ^{42}] *n* 穿戴;*cl* 摇,晃;*v* 挥,摇晃,穿,盖

1.2.7 名词—动词—形容词类

[nɑ^{35}] *n* 病,疾病;*v* 疼,生病,伤害;*adj* 严重

[tu^{31}ɑ^{31}] *n* 对面;*v* 瞄准;*adj* 公正

2 怒苏语多义词语义的整体性和表义的模糊性

怒苏语的多义词体现了语义的整体性和表义的模糊性的有机结合:整体性,体现在把一个事物,一个动作,一个状态,看作是一个整体,用一个词来表示它的语义;模糊性,表现在需要依据一定的语境才能确定具体的词义。以下我们举例说明。①

2.1 怒苏语词性相同的多义词用例

2.1.1 [mi^{31}ɑ^{31}] *n* 母的,女性,女人,姑娘,女孩子,新娘

(1) ɕɯ^{35}gɯ^{35} ne^{42}, ʔu^{55}ɑ^{31} bɑ^{35}, mi^{31}ɑ^{31} e^{31} kuɑ^{31}ɑ^{55}ɑ^{31} ne^{42}dʑe^{55}.

这样 呢 远古 时 女性 被 管 HRS

是这样的,远古时(经历母系社会),(一切)由女人管着。

① 本文例句用 toolbox 软件进行语法标注,HRS 是示证标记,Topic 是话题标记,ACC 是宾格标记,CONJ 是连接句子的连词标记,COOC 是连接词组的连词标记。

(2) bi^{31}khe^{55}ɑ^{31} thɯ^{35}ȵi^{31} mi^{31}ɑ^{31} mɑ^{35}kuɑ^{31} ʔiu^{42}ɑ^{31} ʔŋe^{55} e^{31}

出嫁 那天 女人 Topic 男人 她 的

iɔ^{35} do^{35} loŋ^{31}ɑ^{55}ɑ^{31} ne^{42}dʑe^{55}.

家 里 等 HRS

出嫁那天，女方在她的家里等候男子(嫁到她家里来办婚事)。

(3) ŋɑ^{55} mi^{31}ɑ^{31} e^{31} tɕhɯ^{31}zɑ^{55}gɹɑ^{31}ɑ^{31} nɑ^{35} ɣɑ^{35} tsi^{35} e^{35}

鱼 姑娘 对 孤儿 ACC 柜子 做 吧

phɯ^{42} phiɑɹ^{55} e^{35} hɑ^{35} bɑ^{35}.

囤箩 编 吧 说 时

鱼姑娘对孤儿说：快做柜子、编囤箩吧。

(4) ʔȵoŋ^{55} e^{31} zɑ^{55} khɹu^{42} ʔiu^{42} mɑ^{35}kuɑ^{31} ʔiu^{42}ɑ^{31}

他 的 儿女 六 个(人) Topic 男孩子

sɔ^{31} ʔiu^{42}, mi^{31}ɑ^{31} thi^{42} ʔiu^{42} ɕi^{35} kɑɹ^{31} bɑ^{35}.

三 个(人) 女孩子 一 个(人) 死 了 时

他的六个儿女三个男孩子和一个女孩子(相继)死了。

(5) iɑ^{35}thi^{35} mɑ^{35}kuɑ^{31} nɔ^{55} mi^{31}ɑ^{31} thi^{42} goŋ^{35} m̥ə̃^{35} ne^{42}dʑe^{55}.

娅啼 Topic 牛 母的 一 头 名字 HRS

娅啼，即一头母牛的名字。

(6) xɹu^{55} bɑ^{35} ɕɑ^{35} lɑ^{55} le^{31} mi^{31}ɑ^{31} kuɑ^{31} l̥oŋ^{55}phɑ^{31}

松明 背 送 去 CONJ 新娘 Topic 丈夫

lɑ^{35}thoŋ^{31} tɕoŋ^{35} lɑ^{55} tɕhə^{42}.

后面 跟随 去 必须

背着松明送去，新娘必须在丈夫后面紧紧跟着。

2.1.2 [sɑ^{35}xɯ^{35}] *adj* 开心，骄傲

(7) thɯ^{35} le^{31}, tshə̃^{35}khɑɹ^{31}tse^{42} nɑ^{35} dɑ^{31}ɣɑ^{55} ɣɑ^{55}su^{35} khyi^{31}ɑ^{31}

是 CONJ 老一辈 ACC 英雄 能人 有

do^{35}le^{31} ŋɑ^{35}dɯ^{31} li^{31} sɑ^{35}xɯ^{35} khue^{35} khyi^{31} dɯ^{35}.

因为 我们 也 骄傲 用的 有 还

是啊，因为有老一辈这样的英雄，(所以)我们也为他们骄傲。

(8) thɯ^{31} ba^{35} tse^{35} dzi^{35} tɕhu^{31}ma^{31} na^{35} li^{55} ʔuẽ^{35} ma^{55},
那 时 年纪 小 什么 ACC 也 在乎 不
m̩^{35} tɕha^{31} li^{31} ma^{55} su^{42}, thi^{42}l̥ə̃^{35} na^{35} sa^{35}xɯ^{35} ɕi^{31}a^{31} ne^{42}.
做 什么 也 不 知道 一时 时 开心 着 呢
那时,年轻,什么也不在乎,什么也不知道做,图一时痛快。

2.1.3 [ɕiu^{42}] *v* 喝(酒),抽(烟)

(9) ʒi^{31} ɕiu^{42} ɕa^{31} dza^{55} ȵi^{31} ȵi^{31} ɕə^{35}.
酒 喝 肉 吃 天 天 高兴
喝酒吃肉天天乐。

(10) mi^{55}le^{31}l̥oŋ^{35} ia^{3} ɕiu^{42} tɕi^{31} ba^{35}.
夫妻 烟 抽 一起 时
夫妻一起吸旱烟。

2.2 怒苏语词性不同的多义词用例

2.2.1 [l̥a^{31}a^{31}] *n* 月亮;*adj* 干净

(11) bui^{35} le^{31} l̥a^{31}a^{31} khe^{31} e^{31} ʃuɔɹ^{35}?
太阳 COOC 月亮 谁 由 发明
太阳和月亮由谁发明的?

(12) ma^{55} l̥a^{31}a^{31} tha^{31} dza^{55}, ɹi^{31}tɕha^{35} tha^{55} ɕiu^{42}.
不 干净 不要 吃 冷水 不要 喝
不要吃不干净的(东西),不要喝冷水。

2.2.2 [goŋ^{55}] *n* 环;*cl* 环

(13) boŋ^{35}phɹa^{35} e^{31} le^{31}dɔ^{35} na^{35} thoŋ^{35} ba^{35}, thi^{42} goŋ^{35}
灶蚂蚁 的 脖子 ACC 套 时 一 只
li^{5} thoŋ^{35} ma^{35}tha^{42}.
也 套 不着
套灶蚂蚁的脖子,(套了半天,)一只也套不着。

(14) nie^{31} goŋ^{55} vɹi^{31} goŋ^{35} phue^{31}tsɑ^{42} le^{31}.
竹篾 环 四 环 捆扎 CONJ
捆扎四个竹篾环。

2.2.3 [nɑ^{35}] *n* 病,疾病;*v* 疼,生病,伤害;*adj* 严重

(15) dɑ^{55} nɑ^{35} m̩^{35}ɑ^{55} bɑ^{35} li^{55}, ȵoŋ^{55} ɕɯ^{35}gɯ^{35} sɑ^{35}xɯ^{35}?
大 病 做 时 又 你 这样 开心
(孩子)又病这么重,你却这样开心?

(16) m̩^{55} ɕi^{35} e^{31} thi^{42} khɹu^{42} thi^{42} tshe^{35} thi^{42} l̥ɑ^{31} nɑ^{35}
两 千 零 一 年 一 十 一 月 生病
n̥ə̃^{55} tshe^{35} n̥ə̃^{55} khɹu^{42} bɑ^{35} phiu^{35}ie^{35} kɑɹ^{31} ne^{42}dʑe^{55}.
七 十 七 岁 时 去世 了 HRS
(娅德)于2001年11月生病,77岁时去世了。

(17) ŋɑ^{35} pɛ^{31}tɕẽ^{55} bɑ^{31} xue^{35}iɛ̃^{55} ie^{35} le^{31} khuẽ^{55}mi^{31} do^{35}
我 北京 时 汇演 去 CONJ 昆明 里
mo^{31}ioŋ^{31} nɑ^{35} le^{31}, ɣɯ^{55}thə̃^{31} khe^{55} le^{31}, zə̃^{31} mɑ^{55}tɕhyi^{42}.
非常 严重 CONJ 肾 疼痛 CONJ 忍 不起
我去北京参加汇演时,在昆明(生病)非常严重,肾绞痛,苦不堪言。

3 怒苏语多义词的文化内涵

我们把怒苏语词性相同的多义词看作是词义静态相关,而把词性不同的多义词看作是词义动态相关。

3.1 怒苏语词性相同的多义词的文化内涵

上文列举了一些怒苏语中名词、动词、形容词等多义词及其用例,从这些词汇中,可以看到使用怒苏语的人对客观事物的认知。

就名词多义词而言,亲属称谓词中,区分辈分,长辈(祖父辈)分性别(男女)但不分姻亲,如:“[ɑ^{35}pɔ^{35}]祖父,外祖父”和“[ɑ^{35}iɑ^{31}]祖母,外祖母”;而同辈、晚辈称谓词分长幼但不分性别,如:“[ɑ^{35}dɛ^{31}]哥哥,姐姐,嫂子,姐夫”和“[ɑ^{35}pɹu^{35}]弟弟,妹妹,弟媳,弟妹”、“[vɹi^{55}ɑ^{31}]侄子,侄女,外甥,外甥女”和“[biɑ^{31}zɑ^{55}]孙女,孙子”等。

“[mi^{31}ɑ^{31}]母的,女性,女人,姑娘,女孩子,新娘”的义项比较多,都和女性有关,与年龄无关。

“[dzɑ^{31}ȵ̥i^{35}]弱者,(男性)憨包”一词,“弱者”和“(男性)憨包”同词,而怒苏语还有一个词“[iɑ^{35}du^{31}](女性)憨包”。我们是不是可以认为,男性的憨包才被看作是弱者?因为这个是男人的世界,弱者是和强者相对而言,强者是男性,男性憨包也相应地被看作是弱者。

“[mɑ^{42}]军队,军人,士兵,伙伴”一词,大都与军队有关。

“[thoŋ^{35}vɹoŋ^{35}su^{35}]仇人,敌人”一词,“仇人”是于私而言,“敌人”是于公而言,共同点都是和自己有仇的人。

“[tʃhuẽ^{42}mɔ^{35}]雾,云,云雾,彩云,乌云”一词可以看得出,生活在云贵高原的怒苏人,看到的云、雾往往是分不开的,与此相关的义项也就产生了。

而“[si^{42}vɑɹ^{42}ɑ^{31}]花儿,花粉”和“[phɑ^{42}m̥ɑ^{42}]山茶花,山茶树”这类词,是用一个词表示一个对象的不同方面。

像“[mɯ^{35}l̥iɑ^{42}ɑ^{31}]被窝,被子,毯子”“[khoŋ^{55}khue^{35}]垫的,床单”“[gɹɑ^{55}phiɑɹ^{35}]地板,木板,楼板”之类的词,几个义项都有共同点。

名词多义词的几个义项也不全是具体的,还有表具体事物的义项和表抽象事物的义项并存的情况。例如:“[mɯ^{55}]天,天空,天神”“[iɯ^{55}]案,祸,官司”“[ʔu^{55}ȵ̥iu^{42}]脑子,脑髓,脑海”。

就动词多义词而言,“[ç̥iu^{42}]喝(酒),抽(烟)”“[dʑɑ^{55}]说,叫,吆喝,喧哗”“[biu^{42}]消失,丢失,流浪”“[zue^{31}]盘旋,飘,飞”“[l̥e^{55}ɑ̤^{31}]变换,翻译,更换”等几个词,分别与嘴的进食动作、说、远离、飘、变换有关。“[ʒɑ^{55}khɹɯ^{35}]辛苦,受累,谢谢”是对别人表示感谢时说的话,“[ʒɑ^{55}mi^{35}]担心,焦急,难过,担忧”表示的是几种不好的情绪。

“[sɑɹ^{42}]打仗,吵架,杀害,熄灭,死”“[phiu^{42}]失去,丢失,去世”“[ɑ^{31}khɹɑ^{35}]离开,逃脱,决裂,分开”“[phu^{42}ɑ^{31}]脱落,退婚,反对,回转,翻,翻动”这几个动词,每个词的诸个义项的语义都相关,它们还有一个共同点是有的义项涉及双方,有的只涉及一方。

“[du^{55}]埋,挖”“[bɑ^{55}ɑ^{31}]念,发誓,咒,祝福”“[tɕu^{42}]孝敬,养,喂养”这几个词,也有一个共同点,即动作的方向不一致,有些还是相反的。

“[su^{42}]会,知道,认识,亮”“[tɕɔ^{42}]收获,收拾,缴获,收集,搜刮,献,奉献”“[bə^{35}]多,丰收,发展”“[ʒɑɹ^{35}]造,修,做,安装,创作,医治”“[liɑ^{35}biɑɹ^{35}]种地,劳动,生产”“[n̥ɯ^{31}pɯ^{35}]叫醒,动员”这几个动词和上面的动词有一点不同,它们都包括具体的义项和抽象的义项,应该是先有具体的义项,后出现抽象的义项。

“[phoŋ^{31}khɹɑ^{31}]打开,睁开”这个动词的特别之处在于,使动、自动两种动作共存,都用一个词表示了。

就形容词多义词而言,“[dʑu^{42}]好,如意,得意,满意”可以表达几种愉快的情绪。“[sɑ^{35}xɯ^{35}]开心,骄傲”可以表达喜形于色的那种满足感。而“[iɑɹ^{42}]腻,醉”在沉溺于某物的感觉上有共同点;“[ȵ̥ɔ̃^{35}]矮,低”在不长、不高方面有共同点;“[n̥ɑ^{42}ɑ^{31}]软,温柔”由具体物品的软和引申到人的态度给他人一种舒服的感觉。“[zə̃^{31}zə̃^{31}]严重,热烈,激烈”通过重叠形式,可以表达一种与程度有关的样子;“[ʔne^{42}te^{42}]牢靠,仔细”在认真这一点上有一致性。同样,“[tshi^{35}tshi^{35}ioŋ^{31}ioŋ^{55}]详详细细,点点滴滴,桩桩件件”在细致、全面上一致了。

以上,同为词义静态相关,名词多义词,不同的义项表示的是这个名词整体的不同方面,有指称上的差异;动词多义词,不同的义项表示的是指一个动作的不同阶段或不同表现;形容词多义词,不同的义项表示的是指一个状态的不同方面,有的还有程度上的差异。怒苏语的代词第三人称单数“[ʔȵ̥oŋ^{55}] *3sg* 他,她,它”和双数“[ʔȵ̥oŋ^{31}ku^{31}] *3dl* 他俩,她俩,它俩”将不同性别及非指称人的合而为一,没有区别,也是一个特点。

3.2 怒苏语词性不同的多义词的文化内涵

怒苏语词性不同的多义词,根据义项的词性,一个词的义项可以有不同的词性组合:除了名词、形容词、动词三者可以并存之外,名词和动词都可以和量词并存,这与名量词、动量词的来源有关。

不同的词性,在句子的位置不同,词义不同,因此,怒苏语词性不同的多义词的几个义项形成了一种动态相关的关系。

怒苏语词性不同的多义词有一些也能看出怒苏人对外界的认知和文化内涵。详见下例。

“[ŋ̊ãɹ^{35}] *n* 霜,难处;*adj* 穷,空”一词,“霜,难处”又可以表示“穷,空”,都是让人感到心冷的意思。

“[ɹi^{35}tsu^{35}phoŋ^{31}ɑ^{31}] *n* 开水;*adj* 滚烫”一词,“开水”和它的一个特点“滚烫”同词了。

“[l̥ɑ^{31}ɑ^{31}] *n* 月亮;*adj* 干净”一词,皓月当空,会让人联想到明净、干净。这样,“月亮”和它的一个特点“干净”同词了。

还有一个词“[phɯ^{55}] *n* 舅舅,价值,钱,价钱,税,费,聘礼;*v* 尊敬,尊重,器重”,除了父母,“舅舅”在藏缅民族亲属中的地位,比同辈的其他人都要高,所以和“舅舅”词性相同的都是与货币、有价值的东西相关的名词,而动词义则从另一个方面表现了人们潜意识中对“舅舅”的态度。

多义词符合语言的经济原则,但是,和汉语相比,怒苏语的多义词尤其是词性相同的多义词,由于语义的模糊性更强,表义更不确定性,当多义词出现时,说话双方对语境的依赖比较大,需要根据上下文或实际场景去判断对方说的是哪种义项。怒苏语的每一个多义词,无论是哪一种类型,都体现了使用这种语言的人对客观事物的认知,凸显了怒苏语不同于汉语的文化内涵。

参考文献

罗自群:《论小语种的语言保护问题——以基诺语、怒苏语为例》,《云南师范大学学报》2008 年第 4 期。

罗自群:《怒苏语的亲属称谓词》,转引自阿不都热西提 · 亚库甫主编《庆祝戴庆厦教授 80 华诞文集》,中国社会科学出版社 2016 年版。

罗自群:《怒苏语的“su^{35} 人”和“tshoŋ^{31} 人”》,《语言研究》2021 年第 2 期。

(罗自群 北京 中央民族大学中国少数民族语言文学学院 luoziqun@263.net)

民俗与文化研究

诗意栖居在现实的大地上

——读杨克栋采集的《陇南老山歌》

张志春

提　要：文章细读并解析了活态采集的《陇南老山歌》，认为它有着极为难得的本真性与现场性；并多向度、多层面地建构了婚恋世界的文化空间；以系统与完整的样态呈现基层民众婚恋生活。因而有着负载人生与时事的博大境界。

关键词：陇南老山歌；诗意栖居；大地

2013年应西和之邀考察七夕文化节，与杨克栋老先生初次见面。当谈到自己搜集陇南山歌时，他便打破平朴沉默而变得话语滔滔、充满激情，随即不顾年迈，匆匆回家取书相赠。这一情境给我留下了很深的印象。继而我们又相遇于八月北京的西和七夕文化研讨会，闲谈中彼此对民间文化认知相同相似，就亲近了许多。此后他不时发来电子文本的民俗调研成果或论文。此刻又收到他煌煌两大卷《陇南老山歌》（敦煌文艺出版社2021年7月版，以下引用均采自此书），14 300首，山花如此灿烂，底蕴如此厚重，真叫人爱不忍释！扉页几行苍劲有力的钢笔字："衷心感谢你对我研究地方文化的无私帮助，敬请对本书评述赐教。"自然谈不上赐教，但我深深感受到了他炽烈的期待。想想看，一个人愿意花费60年时间来含辛茹苦搜集山歌，是什么样的毅力与精神？人常说十年辛苦不寻常，而这里则是六个十年啊！在这漫长的岁月中，山歌的命运，采集者的感受与境遇都有着过山车似的颠簸，既有含羞忍辱的担惊受怕，又有跋山涉水的广种薄收，更有多方助益的天道酬勤，最后竟然是以自费出版而问世。巨大的期待中蕴含着深深的寂寞。杨克栋自然祈盼着学界的理解与学理的支持。而我更乐意品读这些源自山林田野的原生态歌谣。

1 这汇聚一万四千首于一册的《陇南老山歌》是活态的采集,它有着至为难得的本真性与现场性

我们知道,这些山歌采集自甘肃南部三市十七县区。所采录的山歌及其曲调,绝大部分是樵夫、牧童和采蘑女引吭高歌时耳听笔录的,或采集于登门造访时听民间歌者的亲口讲述。如同摄影镜头的直接摄照,收录机按键的音响储存,具备着鲜活的现场性。这里呈现的一首首山歌,无一不是纯正本真地采自乡野。它并非历代沿袭的文字挪移,而是底层民众发于心唱于口的一句句滚烫的句子,是从田野亲手挖掘出的连根带土的禾苗,是山林采撷而来带着露珠的盈盈花朵。

应该说,这种本真性和现场性源自他的幼年。杨克栋从小就生长在有山歌的环境里,如此书后记所说:

> 在赶畜上坡放牧,荷斧进林砍樵,负重长途贩运,终年稼穑劳作中常常用山歌唱自己的衣食住行、喜怒哀乐、生老病死,以此抒发内心情感,消除身心疲劳,展示天赋才艺。而且,男女老少都在唱,满山遍野有歌声,一年四季能听到。

从心理学来说,生理意义上的童年很快会过去,而一个人的童年心理感受往往覆盖一生。对个体生命来说,童年所形成的文化心理结构有着原型的建构意义。一个人性格上的塑形塑神在此大致定位。俗话所说的"三岁小看到老"也是这个意思。山歌的正当性、合理性也因这与生俱来的阅历而根深蒂固起来。应该说,耳濡目染,自幼直击山歌的现场阅历,为他终生喜爱山歌、欣赏山歌打下了不易动摇的基础。

从某种角度来说,幼年的乐趣确会治愈一生。杨克栋就是这样。当上林业工程师后,身份变了,但痴爱山歌之情仍没有变。从中等职业技术学校毕业后,他就职于家乡的国有林场,自然沉浸在山歌的海洋之中:林场常年有数百名工人从事林业生产,其中不乏优秀的山歌歌手。他们每天劳动时,

身在苍茫密林，面对耸立大山，常常引吭高歌，他每每独自坐在对面山坡，听于耳记于心，晚上再偷偷记上秘不示人的本子。在当时，这是犯禁的事，人们要是知道你搜集这种“低俗”“不雅”的山歌，会招来说不清道不明的麻烦。另一方面这确是他的挚爱，便放胆越轨犯禁。到了黑云压城城欲摧的“文革”时代，他虽焚烧了所谓的毒草书，但仍将这三千多首山歌“提心吊胆地秘藏起来”。之所以敢于秘藏，就在于他对于山歌美感的痴迷，对于山歌价值的确认，对于自己收集举动的肯定，以及对于收集成果的珍惜。这种对当时意识形态的疏离，应该说源自穿透现实的高远目光，源自美丑趣味的独立认知，源自笃信传统的是非判断。他看似沉默践行，其实是脱颖而出，因为他寄意高远，更倾向于相信未来。

生活的感受、生命的体验也是这样。他的工作是常年走在林间的小路上，对于内心世界丰富的年轻人来说，仅有统计的数字、量方的尺寸是不够的，途中的孤独需要消解，业余时间的空白需要填充，白天听樵夫唱歌，那声遏行云的高亢声腔，那如峰谷之间山路起伏动荡的旋律，那一句句从心口掏出的滚烫的唱词，都使他着迷而不能忘怀。他欣赏、沉浸，反复回味，虽好多山歌早已铭刻在心，但仍觉好记性不如烂笔墨，他每每晚上窗前灯下回忆着，一句句一首首记录在册。没有人指示与安排，兴趣支配了一切。再说，翻山越岭时也需要山歌做伴，为自己仗胆。莫小看戴着草帽唱着走，原来自己也是歌中人。

或许正是因为工作天天如此的枯燥与山歌有血有肉的浸润形成跌宕起伏的生活节奏，而欣赏与整理本身，使得杨克栋从衣食住行的生活工作世界陡然一变，升华到为旋律与节奏建构的口头叙事与文字叙事境界，一种精神上绝端自由的审美境界。这里平添一种帝王之乐置换不来的自信与快乐，也是他甘愿以全历程的生命来陪伴的强大的心理动能。从这个意义上，才能真正诠释他何以如此脱俗，退休后几十年仍不改初心，不辞劳苦，翻山越岭走村串户搜集山歌。人们固然看到了他记录底层民众的心声，某种意义上保留了樵夫、牧童和采蘑菇女子原生态的放声歌唱；但更应看到他有所发现的惊喜，他因自己的作为提升更大范围、更大族群生存境界的自得与自信。他因此而将自己的生存升格到诗意栖居的层面上来。在这个层面上，山歌的本真性、现场性才有生命的冲击力。

这样活态的山歌记录下来之所以难能可贵,关键在于,这样的山歌随口唱、顺风飘,如果不记录下来,除了个别一再传唱而成为某一地域保留"节目"而外,一般都会散入云烟。此时趁热打铁,即时将歌唱还未忘却的或即兴歌唱的呈现出来、记录下来,使得口头叙事陡变而为文字叙事,瞬间歌唱定格为永恒的记录。想想看,汉代民歌传唱至今的没有几首,明代民歌传唱至今的也没有几首,而《汉乐府》采录的一首不缺,正是由冯梦龙笔录下来,才能传唱千古。

再说,这里的山歌都是辛苦的劳作者内心的最为真切的感受,都是此时此刻心窝窝里掏出的话,都是饥者歌其食、劳者歌其事的有为之作。所可寄兴者都是眼前景、手中物、身边事与心上人。山歌的迷人之处或许就在这里。对于歌者来说,当时即兴唱,过后不思量。而恰巧遇到杨克栋这样的有心人,于是乎,习以为常的生存境界转型为口头叙事的审美境界,加以节奏与旋律的强化与美饰,转换为自由舒展的心灵世界。若换个角度,对于读者来说,这种当时、当地与当局之人所亲历实录的山歌,应该说是难得的第一史料,具有千金不易的当代性。

2 《陇南老山歌》多向度、多层面地建构了婚恋世界的文化空间,基层民众婚恋生活以如此系统与完整的样态呈现

自古至今,从中而外,爱情从来都是艺术表现的主题。《陇南老山歌》也不例外。在万余首山歌中,爱情之歌自然居于主体地位。一般说来,爱情生发的根基应是异性的青春形体。于是乎,歌颂年轻、健康和美丽,从容貌到身材,从声音到动作,成为山歌反复吟唱的句子:

小妹今年将十八,
活像牡丹将开花。

小哥今年将十九,
活像清明河边柳。

樱桃嘴来糯米牙,
贤妹娃人才压天下。

花儿生得人苗条,
高高的个子细柳腰……

爱情的歌唱就是青春的歌唱。青春是爱情的资本和标志。情人眼里出西施,追求中想象中就是要对方的容貌美、身材好、线条好、形体美,端的一个驾云直降人间的理想型人物。于是乎,反复喻指美女为花儿。在陇南地区更成为共名现象,直呼花儿便是唱颂美女。这自然是深层次地呼应着人类的美感。倘历时性追溯,或许华山脚下原始先民彩陶花卉及其同时代华胥女娲神话便是其源头。从共时性看,民间多以花卉为女子命名,譬如维吾尔族女子多名古丽,蒙古族女子多名高娃,白族女子多名金花……,都是以花卉作为共名。求偶期少男少女的激情与痴情,呈现为逐步演化的动作与心态,此情此景,爱过才知情重,非经过者不能道。在山歌中,还有更多的生活体验情景构成博喻,以强化自我崇拜期求偶期的痴情。“瞎瞎出洞忘了窝,麂子下山忘了坡。久不磕头忘了跪,久不缠花忘了妹。”仿佛截屏式跳跃式的叙事画面,蒙太奇式意象叠加如连环画一般层层递进,却又如此单纯清丽而集中。

“说不出来了唱出来”,“好嗓门世下惹人的,缠花调山歌勾魂的”,或许说本身是现实情境的生活,而唱却是经过扮饰的审美情境,是沉醉不知身何在的精神漫游。因而挣脱世俗的束缚,有所追求、有所寄寓的自由精神,有某种心无旁骛的庄严仪式感。痴情,激烈,大胆,冲破一切世俗羁绊,呈现为生命狂欢的燃烧式的歌唱。恋歌的内在动力,除却精神合一的期盼,自然还有想象身体合一的狂欢。灵肉合一的咏唱,在中外民歌中反复出现。这是生命主体性的呈现。因为美貌和歌唱就是美的价值的显现与追求,就是健康价值的展示与自豪,就是对于异性生命的崇拜与尊重。如此火辣辣的山歌告诉我们,人一旦步入青春期,这种生而为人的自豪情怀自然显露出来。这种自我崇拜期与求偶期所萌发的,对于青春容貌之美的由衷礼赞,就是潜藏在生命密码中的集体无意识,这恰是生命力得以勃发的原动力。

而爱情较有深度的考量则是智慧才干与人品。这在山歌中也有充分的呈现。“没学下山歌快走开。”一方面会唱山歌作为地域式的恋爱门槛,但这一门槛却不是选择的全部因素或者最重要的因素。“听着歌声喜懵了,把人一看气病了。”“难看娃山歌唱得亮,咋唱人才看不上。”声情并茂的山歌意象也会与现实人儿形成视觉形象的反差。对每个生命个体来说,即便升腾到云端的爱情也要落实到现实的大地上。痴情所爱并愿为之献身,前提是对方应是心仪的对象才行。痴情自在理性的框架之内弥漫,而不是毫无底线的任性。即便对方有不顾一切的勇气,而自己却只愿与可自由恋爱者对歌。追求容貌之美的狂欢,追求精神和谐的自由,追求幸福生活的实际,都成为山歌此时此刻即兴创作的文化空间与评判氛围。于是山歌便波澜壮阔地呈现出恋之趣、恋之愿、相思、幽会、恋之苦、恋之怨、家之咏叹等多声部交响乐来。

并非所有的歌唱都是欢乐美好的,结局都是皆大欢喜的。当对方唱山歌直如阿Q求吴妈时,当对方智慧或品行出现巨大落差时,生气贯注的精神追求全然让位于生理性焦渴的表述,即人的社会性轻率地易位为生物性的时候,人生美好理想的想象与联想便陡然消失,因而被贬损被拒绝是正常的表达。或者你觉得情相投然而对方却意不合;或者在对方看来能唱山歌是相恋的基础资本,非如此才有情致,才有韵味;或者分手又求合,谁知对方早冷了心而拒绝之,一唱三叹苦苦痴恋也无济于事……,总之,个中或许难论是非,此情此景中的直觉却有着穿透一切的理性自信,具有褒贬杀伐的果断决绝。如此这般,便从山峰到深谷,从最暗淡的子夜到最亮丽的正午,一首首山歌,给我们呈现了恋情呈现百态中的所有层面。倘以传统诗歌欣赏中的“兴观群怨”说来解读,应该说也是英雄到了充分的用武之地。

3　陇南山歌有着负载人生与时事的博大境界

这里所收集的山歌固然多是婚恋之歌,但并非全部。对于当地民众来说,触景生情,言之不足故唱叹之,并伴以手之舞之足之蹈之。载歌载舞,即兴咏唱原本是他们生活中有机的组成部分。喜也唱,悲也唱,顺畅唱,坎坷唱,对歌者来说,这是其生存状态的直觉造型。而在听者的感受中,却是一个博大的文化空间:唱能激发生命的意兴,唱能宣泄内在的郁积,唱能积淀人生的智慧,唱能传递历史的信息。

譬如写人生,“人有孝心天照应”、“忤逆人儿天报应”,期盼理想的伦理秩序与生态空间。强烈的祈愿因与现实对话而褒贬分明,宏大而神秘的命运模式化唱叹仿佛庙宇钟鼓的敲击。

譬如直言“好老子不打二十的娃”,是生活经验,也是世代积累起来的生存智慧。看似常识,没有更深层次的东西,但却是支撑生存空间的理性框架。倘若击打成年后代,而对方若缺乏人文教养而激情还手,和谐的亲情便撕裂、痛苦、尴尬了。

譬如“教子教妻不一样”,更是推崇“当面教子、背后教妻”的传统生存智慧。此类甚多,如“心急办不了大事情”“花上万贯置邻哩”“要没公道世上乱”“人把世事看不透”“时要转了运也来”这一首首、一句句,唱得出口,听得人耳,更会滋润人心。从心理学角度解析颇有道理,这也是千百年来生活经验的凝聚与升格。

譬如“眼看少年变老了”,说的就是人生苦短的瞬间感受。如同近年流行歌所唱的“时间到哪儿去了”的感叹,颇有“子在川上曰逝者如斯夫”的深深感喟。看似轻轻一句,却也是对时间的哲学性问询与思考。

在这里,这种民众口头叙事式的歌唱,便有了特别的价值与意义。我们既往所了解的历史,往往是特定立场的选择,是官方与社会精英文字叙事的结果,那往往也是经由筛选剔除后的结果。一般而言,社会基层的民众立场被忽略,大量的事实被沉没、被遗忘在时间的深层。而《陇南老山歌》所收集的人生歌与时事歌,却堂堂正正将基层民众的口头叙事融入文字叙事之中,使之以相对独立的样态进入历史文化的建构之中。它由随风即逝的口头叙事转型定格为文字叙事样态。它的叙事主体自然疏远了司空见惯的帝王将相、英雄豪杰。它的叙事角度转向了左邻右舍、底层小人物的日常生活,并以强烈的节奏与旋律的审美方式传播并发现生活日常的特殊意味。这里所唱、所叹者是生活的真情,是世俗的规矩,这里所建构、所尊崇者是远古以来所积淀的生活智慧与准则,是这一地域族群所建构的生存其中而不可越界的文化空间。

其实,"五四"以来的新文学正是以转向底层民众的日常而开始了现代性的叙事转型。当时刘半农、钟敬文搜集民歌便是一种建构历史的前卫举措。而杨克栋此举既与前贤呼应,也以温故而知新的意态与历史前行的节奏相吻合。从某种角度来说,这样的山歌不能简单地视为生活的复制,而应视为人生境界的重新发现、重新审视与重新解读。其中的人生密码有待于深层探寻。

说起来,陇南山歌以基层民众为主体,但却不乏大事件、大格局的印痕。这便是时事歌谣,它是时代的巨轮在平凡世界上碾压的辙迹。山歌所唱甚至有俯仰数千年,上下天地间的史诗格局。譬如《享福的都是当官的》:"开天辟地朝代多,都是换汤不换药。朝朝代代接茬换,百姓的穷根挖不断。"如此深透,可真比张养浩的兴亡百姓皆苦的长叹,可接踵鲁迅历史字里行间全是"吃人"二字的震惊。

譬如《颠倒颠世上多着哩》,道出类似于地上的鸡毛飞上天、红屁股猴子坐花轿的事体屡见不鲜:

兔子睡觉枕狗腿,
小鸡嚼破鹰的嘴。

豹子鹿羔儿一搭走,
一个癞蛤蟆两张口。

老鼠拉的大黑猫,
秫秫杆上结大桃。

绵羊追着咬黑狗,
小升子里头装大斗。

青桐树开的栀子花,
麻柳树上结冬瓜。

把油当水泼着哩，
颠倒颠世上多着哩。

如此描述，是因自幼形成的社会人生认知框架，在现实感受中被颠覆、被解构，遂滋生出卡通般的梦幻感、荒谬感。于是在理性框架内不可能出现的一切，在此时此刻如遍地斛泉不择地而涌出，在现实中、在叙述中反复呈现。而这种荒谬则是苦难世界的意象形式。倘若联想到古来专制的统治者，每每折腾民众里多有愚蛮举措，在当时粗陋践行中，却丝毫不缺的是“吏呼一何怒”的神圣与威严，然而稍稍思量，便觉无一不是挑战智慧底线的愚蠢与荒谬。而山歌就是以嬉笑怒骂的口吻，把这些无价值的东西撕破给人看。

譬如《饿极了想起番麦核》，番麦核是陇南方言，即玉米芯、御麦芯。这让我想起了所谓“御麦芯芯磨炒面麦秸磨淀粉”的饥饿时代。这都是我在公社食堂门前所见的闹剧与愚行。当时四、五岁的自己为饥饿所驱，主动去抱柴火而获得炊事员递来一个御麦芯芯粉饦饦。咬一口直如青泥且苦涩难咽，弃掷于路。这是当年深刻的印象。悲剧与灾难在这首山歌中透出冰山一角。再譬如山歌《十个社员九个贼》，看歌名读歌词更是惨不忍睹。当政策只讲义务而不讲权利的时候，当他们生存的责任在污名化情境中自主解决的时候，我们的反思范围与力度就需要拓展了。

又如《光交生产队里人》，一再言及交往队长、保管和记工员等就能自然寻租，得到种种不劳而获的好处。这种心态令人震惊。这不是我们常听到的哪里有不平哪里就有反抗，而是哪里有不平哪里就有屈服，就有蝇营狗苟！这是当代文学也不曾表述过的阴暗世态。我们知道，当管理机制粗疏荒蛮时，缺少对于权力的制约，于是权力平台容易成为顺势寻租的污浊之地。相关的人物自然进入染缸而享受不同级别的特权。基层民众对此有怨恨，也有嫉妒，但在一定情境下也不无羡慕之意。这就是令人叹惋的人性异化。再细读《汉书·艺文志》所说：“古有采诗之官，王者所以观风俗、知得失，自考正也。”诚哉斯言也！

事实上，杨克栋搜集的《陇南老山歌》并非只是现实细节的聚焦特写，亦有很多视空万里披鉴今古的长镜头扫描。那一句句山歌都会给人以辽远的联想,字里行间弥漫着厚重的理性积淀。读来不只荡气回肠,更会心事浩茫连广宇,进入一个博大的文化空间。因为充满生命活力的感性的句子,会唤起别有一番滋味的幽深情味,自然也使得山歌陡现出若隐若现的理论格局来。譬如:

"山歌本是古人留",蕴含着自成谱系的历史观念,以及当代人接着唱的传承意识;

"从根上山歌没本本",是认定口头叙事的自觉意识;

"山歌没本本靠口传",确认这一与文字叙事比肩的传播方式;

"山歌没本本句句真",这是对有感而发的山歌性质的界定;

"山歌没本本人人会",极言其普及,在一定的区域内人人都是歌者,都是歌中人……

可以说,这些都能够直接写入民间文学、民间文艺学教材中的句子,它本身因其厚重的理性色彩与文化储存而带有经典色彩。甚至比我们常见的一些理论叙述更精彩、简劲、有力。而这样的山歌所形塑的陇南歌者,虽然看似一个个普通平凡的樵夫、牧童与采蘑女,他们有追求有激情,有趣味有诗情,有爱有恨有原则,有责任有担当,更有观古今于须臾抚四海于一瞬的眼界与胸怀,但谁能说他们不是一个具备历史意识、理性穿透性目光的放声歌唱者呢,谁能说他们不是一个充满劳绩而诗意栖居在现实大地上的人呢?

参考文献

杨克栋编著:《陇南老山歌》,敦煌文艺出版社 2021 年 7 月版。

(张志春　西安　陕西师范大学文学院　zhangzi0369@ snnu. edu. cn)

云南彝族火把节的来源及俗称考*

陶雯静

提　要：明清以来云南地方志均载“星回节俗曰火把节”，火把节是否起源于星回节，火把节是否就等同于星回节，不同学者观点不同。黄宜凤、朱文旭等学者均未解释清楚二者的关系及火把节的来源问题，文章以彝族十月太阳历为依据，梳理历代方志材料及史料，结合云南当地彝族火把节的实际情况，考证火把节根源于彝族自然崇拜中的火崇拜。并考证星回节非火把节，该说因元代滇地文献讹误而致。

关键词：火把节；星回节；十月太阳历；火崇拜

火把节是西南少数民族地区的重要传统节日，有着深厚的民族文化内涵，被誉为“东方的狂欢节”。不同民族过火把节的时间不同，彝族、纳西族、基诺族是农历六月二十四，大理白族地区过农历六月二十五。以楚雄、禄劝、石林等地的彝族火把节最为隆重。火把节，峨山彝语称为“除伙咩震节”（除伙：汉译“六月”，咩震：“火把”，“节”即节日）。峨山彝族于每年农历六月二十三至二十五日举行，二十四日为正日。彝族火把节一般是过三天，分别是迎火、祭火、送火各一天。二十四这天，彝族地区的政府部门都有放假的习惯。火把节就是彝族人民的新年，比过春节还要隆重。彝家男女老少欢聚一堂，杀羊宰鸡喝美酒。夜晚（八点左右），由尊者点燃篝火，大家围火打跳，载歌载舞，欢声笑语，热闹非凡。清光绪二十七年《昆明县志》卷

* 本文系国家社会科学基金重大招标项目“明清以来西南官话区地方志方言俗语集成”（项目编号 17ZDA313）和“教育部人文社会科学重点研究基地重大项目《中国民间习俗与汉语俗语研究》”（项目编号 19JJD74005）的阶段性成果。

二《风土志》记载如下:“星回节俗曰火把节,当六月二十四五两日。斫松为燎,高丈余,入夜争然之,村落用以照田,以炬之明暗,占岁丰歉。鄽市群儿并杵松脂作粉,互相烧洒为戏。”

1 彝族火把节起源考

火把节是彝族重要的传统节日,有关火把节的起源,民间有很多神话传说。如纪念火神说、奴隶起义说、举火把为信说。但均为传说,关于彝族火把节的起源问题,不同学者持不同的态度。根据明清以来云南地方志记载,火把节起源于汉唐时期。民国二十七年《石屏县志》卷二十二《艺文附录三·星回节考》:“至谓是日总称为火节,言简而文,可以定名,可以行远矣。而士大夫修志纪时,由来有三说焉:一曰武侯南征,孟获既服,是日入滇池。薄暮,夷众设庭燎以迎,后遂因时纪胜,相沿成俗。一曰曼阿奴为汉将郭某所杀,其妻阿南被逼,是日自焚松幕下,国人哀之。岁中,如期燃炬会饮以弔之。一曰南诏谋并五诏……后人亦哀而弔之。”(民国)《石屏县志》中将火把节的起源总结为“武侯擒孟获”“纪念阿南夫人”“火烧松明楼”的三种说法。亦有“燃火庆丰收”的说法,如民国五年《大理县志稿》卷三十二《杂志》载:“三说均有,今则农人卜丰年,相率为欢宴而已。”此外,还有关于铲除毒火把花的传说,天启《滇略》卷三《风俗》卷中所载。再如梁王擒杀段功一说,在王士性《广志绎》卷五中记载。

明清以来云南地方志中记载较多的是以下三说:

1.1 阿南夫人殉夫说

此说流行于大理白族地区,围绕着故事的主人公阿南夫人展开。汉元封年间,在云南叶榆(今大理),阿南的丈夫被汉将郭世忠所害,阿南恐被逼迫,于是殉夫而死。后人为纪念阿南夫人,燃火炬以祭之。光绪《续顺宁府志稿》卷五《风俗》:“一说汉有彝妇阿南,其夫为人所杀,欲图阿南,阿南于是日骂贼赴火死。国人作此会慰芳魂,为不死也。”沈德符《万历野获编》卷二十四《火把节》:“星回节俗言火把节,野史作火节。”引明杨鼐《南诏通记》云:“汉时有酋长曼阿奴为汉将郭世忠所杀,其妻阿南,汉将欲妻之,赠以衣饰。阿南恐逼己,绐之曰:'能从我三事则可:一作幕次祭故夫;二焚故夫时衣,易新君衣;三令国人遍知礼嫁。'明日如其言聚国人,张松幕置火其下,阿南袖刃出,令火炽盛,乃焚夫衣,告曰:'妾忍以身事仇?'引刀自断,身扑火中。国人哀之,以是日燃炬聚会以吊节妇,亦名星回节,盖腊月二十四日也。"

1.2　慈善夫人殉节说

彝族先民蒙氏建立的南诏国,传至皮罗阁时,在六诏中最为强盛。开元十八年,南诏要求合并五诏,并得到唐朝中央政府的同意。统治者为了管控洱海地区,便帮助南诏吞并其余六诏,后建立南诏国。于是就有了脍炙人口的柏洁夫人(慈善夫人)与火烧松明楼的故事。天启《滇志》卷十五《人物志·列女》:"唐慈善,邓赕诏妻也。开元间,南诏请合六诏为一,遂因星回节会,是以火灭之……南诏主以币聘之,善以夫未葬为辞,乃治葬事竣,坚闭其城。南诏王兵围闭之三月,食尽,盛服端坐而卒。"此说又称为"火烧松明楼",沈德符《万历野获编》卷二十四《火把节》:"钱尔载按袁懋功滇记云:'南诏皮罗虽灭五诏,得其土地,而遗裔尚存。乃于国中设一楼极其华丽,楼上陈设锦绣,户牖板槅,悉用松明(松木心有脂者,易发而难息)。每宴臣下,登楼饮酒尽欢。至是年六月(滇载记作仲夏)。二十五日,值祭先之期。令人招五诏助奠,至期祭毕举宴。延众登楼欢饮,须臾,皮罗阁佯醉下楼。击鼓发火焚楼,各诏酋领尽死。国人始悟用松明之意。今滇中于是夕衢巷皆举火,名曰星回节。'""星回节"俗呼为"保苗会",燃火炬以悼念传说中的二位夫人。民国五年《大理县志稿》卷六《社会教育》:"六月二十五日为星回节。又曰'保苗会'。用柴竹剖束为火炬,大小不等,然之以弔汉阿南夫人与唐慈善夫人。"这是大理白族火把节的由来。至今,大理白族地区仍以农历六月二十五为火把节。大理白族妇女有在指甲上染上凤仙花图案,以纪念慈善夫人,柏洁圣妃庙今位于大理洱源县邓川镇境内。

1.3　起自迎武侯南征说

群众举火把迎武侯南征,孟获为彝族首领,于是便成为彝族火把节的习俗的由来。清光绪十三年《腾越厅志稿》卷二十《杂记志》:"火把节即星回节,六月廿五夕,农民持炬照耀田间以祈年。其说有三:一谓武侯南征,是日擒孟获,侵夜入城,父老设庭燎以迎之。”

以上三说多载于明清云南地方志,并流传于民间,历久而不废,相沿成习。记载于地方志中,无从考证其真伪。民国二十三年《宣威县志稿》卷八之四《岁时琐记》:“火把节原起的三种主要说法虽不相同……然皆是日故实,传信既久,无容訾议。是火把节之兴,原于服忠武之盛,表贞烈之德,历久而不废,而驱蝗逐疫诸事,遂乘乎其间耳。”清咸丰四年《邓川州志》卷四《风土志·风俗》:“二十有五日,名火把节……是节或以为吊慈善;或以为吊阿南;或以为武侯是日擒孟获,侵夜入城,父老设燎相迎,遂沿为俗;或以为照岁。持说纷纷,存而不论可也。”我们依方志的说法,对以上三种传说采取存而不论的态度。

明清以来云南方志中亦有对此表示疑问的记载。谢肇淛《滇略》卷四《俗略》:“至唐,南诏亦假是日宴会,召五诏醉而焚之,人谓此节起于南诏,非也。一云孔明以是日擒孟获,侵夜入城,城中父老欢呼,设庭燎以迎之,未知是否?”清乾隆元年刻本《云南通志》卷八《风俗》“星回节俗谓之火把会。”原注云:“相传汉时有夷妇阿南……父老设燎以迎,后遂相沿成俗,未知孰是。”有学者考证三说并非火把节的起源,游国恩《大理文史论集·火把节考》一文指出:“关于火把节之传说皆不足据。”游先生考察了南诏灭五诏的本末及五诏族谱,并未找出火烧松明楼的证据。火把节的传说源自民间,并附上当时的一些重大事件。用以表达老百姓对美好品德及圣人的追崇,以及对黑暗奴隶社会统治者的反抗。

1.4 火把节源自彝族的自然崇拜——火崇拜

有学者主张“来源于彝族先民对火的原始崇拜”。(朱文旭 1999: 4)笔者亦持此观点。彝族是火一样的民族,一生与火为伴。彝族人生于火塘边,归祖亦在火塘边。各种重要的活动均离不开火。“彝族一年一度的六月二十四日火把节,实际是古老的祭火节”。(张纯德,龙倮贵,朱琚元2008)笔者亦持此观点。彝族于每年农历六月二十四,举行火把节。火把节最重要的活动是祭火仪式,借火种占卜年成,祈祷丰收,祛除灾害与瘟疫。从根源上说,火把节源于彝族对火的自然崇拜,火崇拜贯穿于彝族生活及信仰的各个层面。在彝族人眼中,火是彝族生命的起源,也是生命的终点,伴随彝族人生长的整个历程。敬火、祭火、崇火、恋火,是彝族的古老传统。“特别是高寒山区的彝族,家家户户建有火塘,终年永不熄灭,娱乐、议事、吃饭、取暖、睡觉都在火塘边。青年男女谈情说爱对歌在篝火旁,弥勒阿细彝人一年一度的祭火节更是火的赞歌。可以说彝人生于火塘边,死于火堆上,有敬火护火的习俗。”“传说终归是传说,虽没有一定历史依据,但云南彝族的火把节,当追溯到彝族先民对火的崇拜。”(李玉军 2007)因此,彝族火把节的由来并非明清云南方志中记载的传说,而是彝族的自然崇拜——火崇拜。

2 “星回节”俗称“火把节”考

明清云南地方志记载星回节俗称为火把节,即星回节为正式的名称,火把节为俗称。沈德符《万历野获编》卷二十四《火把节》:“星回节俗言火把节。”李世忠、孟之仁(1985)认为星回节即彝族火把节。黄宜凤(2013)认为此问题还有待解决。

“星回节”最早见于五代蜀人撰《玉溪编事》一卷《震旦》:“南诏以十二月十六日谓之星回节,日游于避风台,命清平官赋诗。”骠信与赵叔达均有诗作,《全唐诗》卷七百三十二载南诏骠信《星回节游避风台与清平官赋》:“避风善阐台,极目见藤越。悲哉古与今,依然烟与月。自我居震旦,翊卫类夔契。伊昔颈皇运,艰难仰忠烈。不觉岁云暮,感极星回节。元昶同一心,子孙堪贻厥。”题注:“南诏以十二月十六日为星回节。”《全唐诗》亦收录南诏清平官赵叔达《星回节避风台骠信命赋》:“法驾避星回,波罗毗勇猜。河润冰难合,地暖梅先开。”宋《太平广记》卷四百八十三《南诏》条:“南诏以十二月十六日谓之星回节。日日游于避风台……”星回节最早的记载出自唐五代南诏时期,时间在冬季,而元明清云南方志文献中所载的星回节则等同于火把节,与文献记载不一致。清光绪二十七年《昆明县志》卷二《风土志》:“星回节俗曰火把节。”民国三十一年《巧家县志》卷八之三《礼俗》:“六月二十四日星回节,又称火把节。”

2.1 星回节的时间及命名理据

根据许印芳的考证,“星回节”的命名由来取自《礼记·月令》,南诏以十二月十六日为星回节。民国二十七年《石屏县志》卷二十二《艺文》:“许印芳考:惟谓是日为星回节,则谬甚。夫节名星回,实取《礼记·月令》篇‘季冬之月,星回于天’之义,岂季夏之月所能假借?盖南诏以十二月十六日为星回节。”星回岁终,为农家享腊之时,时间应在年末。清光绪十一年《沾益州志》卷二《风俗》:“考《汉书·天文志》:‘星回岁终,阴阳已交,劳农夫享腊以送故’等语,则引节当系享腊,故取星回以为名也。”“夷俗附星回岁终之意,查《云南分野》在井鬼间,井于十二辰属未。星家云:‘每岁未申间,诸星聚于井’。”

由“岁云暮”“河阔冰难合,地暖梅先开”“季冬之月,星回于天”“星回岁终,阴阳已交,劳农夫享腊以送故”“每岁未申间”,可推知星回节应在冬季,岁终之时,农夫享腊之时,夷俗附星回岁终之意。

2.2 星回节讹为火把节的原因

元代李京《云南志略·诸夷风俗》中较早对火把节进行描述。云南的很多地区亦将火把节等同于星回节,原因是彝族的重大节日均有撒火把的习俗,火光点点,类似天上的繁星,故又将火把节称为星回节。实则二者不能等同,清光绪十一年《沾益州志》卷二《风俗》:“考滇云历年传,六月二十四日火把节……始于遻而遍于滇云者也,或称为星回节,非也。”雍正六年《云龙州志》卷五:“……故取星回以为名也……又奚必改火把节为星回节,而反失其实哉?今据传内引《唐诗》注,意似伏腊等语……说者以是节火光闪烁如星,而误以星回名之。”根据程羽文《月令》考“星回于天,数将终而岁更始也”、《全唐诗》题注“南诏以十二月十六日为星回节”、《万历野获编》、《汉书·天文志》可推之“星回节盖腊月二十四日也”,时间在岁末。

又根据许印芳的考证,星回节讹误的问题始于元代,并归纳了讹误的原因。民国二十七年《石屏县志》卷二十二《艺文》:“许印芳考其误为六月廿四日,未知始于何时。予尝浏览载籍,滇事讹谬,多在元代。”并将谬误的原因归纳为三个方面:(1)滇僻处西南,而南交之宅见尧典,濮人之会见周书,是二帝三王时已通中国。元人李京《云南志略》乃称庄蹻王滇,始通中国,其谬一也。(2)滇在西汉时,盛览张叔、许叔、尹珍辈游学中国,受《五经》,归教乡人。东汉章帝时,滇池出神马,甘露降,白鸟见,乃兴学立师。既传经兴学,其崇奉孔子不待言矣。至唐时,南诏晟罗皮始立孔子庙于国中,元史《张立道传》乃称滇以王义之为师,立道为立孔子庙,始知孔子,其谬二也。(3)汉武帝将伐昆明国,作昆明池,象滇池,习水战,其在长安西南,详见《汉书本纪》注。两池异地且异名,元史《张立道传》竟指滇池为昆明池,后人借口妄用典故,其谬三也。由此三者而推之,星回之误六月,当亦始自元人。然元人之陋不足责,由前明至本朝,滇省儒风不振,文学之士后先相望。乃鸿博如月槎侍御,其《留砚堂集星回节诗》指六月而言。淹通如荔扉大令,所著滇系杂载类,直云火把节即星回节,其他讹谬者,指不胜屈。《宣威县志稿》中记载将冬季的星回节讹误为火把节的事实,民国二十三年《宣威县志稿》卷八之四《民族》:"印芳大不谓然,云星回之义,系取《礼记·月令》季冬之月,星回于天之义。南诏以十二月十六日为斯节,命清平官赋诗,有'不觉岁云暮,感激星回节'之句,事见《太平广记》及《玉溪编事》。其误为六月二十四日,大概自元人始。元人所纪滇事,讹谬甚多,以季冬之典而混入季夏。"

五代宗懔《荆楚岁时记》:"正月一日爆竹于庭,以惊山臊。魏议郎董勋云:'门外设烟火等事以逐疫,礼也。星回之列炬,殆其遗意乎。'盖惟蛮俗之先以是日为元旦,故相率而举火,占岁而醵饮、祭祖,不约而同。迨通中国奉正朔,岁首改而节名未改,其沿为二十五日而仍其称者,无亦阿南事适当是日,景随事迁,事相因而名相蒙。"

游国恩(1942)《火把节考》云:"滇俗称火把节为星回节,此大误也。'星回节'者,乃南诏岁终之节日,与旧历六月二十四或二十五日之火把节绝不相蒙,而滇中方志及文人著述几无有不误者也,然火把节之误称为星回节,昔人已有辩之者,特相沿既久,多习而不察尔。"(游国恩 1942)

2.3 星回节与彝族十月年有关

根据唐宋史料的记载,星回节相当于彝族年。彝族十月年是彝历新年,是以彝族“十月太阳历”为依据。早在远古时代,彝族先民为了更好地进行农业生产,便以观测太阳的运动定冬夏,北斗斗柄指向定寒暑,创建了远近闻名的彝族十月太阳历,可追溯到夏代历法《夏小正》。把地球绕太阳一周定为一年,“彝族十月太阳历法为一年 10 个月,一个月 36 天;以两个月 76 天为一季,一年分 5 季;另加 5 至 6 天的‘过年日’至于岁末。此过年日通常是五天,每隔三年到第四年置一闰日即为 6 天的过年日”;观测太阳的运动定冬夏,“即太阳运动到最南点(日南至)时为冬至,当太阳运动到最北点(日北至)时为夏至。彝族原来是在冬至日前后过年(彝族年)”;观测北斗斗柄指向定寒暑,“斗柄正下指(南)时大寒,这天彝语称为‘巧莫’(‘巧’意为寒冷,‘莫’为大、最),意为最寒冷的时候;当斗柄正上指(北)时大暑,这天彝语称之为‘丛莫’(‘从’意为热),意为最热的时候。原来彝族习俗在大暑附近过‘火把节’,后来大部分彝族固定在大暑前农历六月二十四或二十五过火把节”。(张纯德等 2020: 140,141,14)以彝族十月历为准,冬至前后,北斗斗柄指南时为彝族年。斗柄指北,夏季大暑时节为火把节。亦可印证腊月星回、星回岁终、阴阳已交的星回节为彝族新年。光绪《越嶲厅志》卷十二《夷俗志》:“十月朔日为大过年,必打牛跳锅庄,极贫者亦多买豆腐庆贺。”民国《西昌县志》卷十二:“彝族以阴历建子月(十月)为岁首,庆贺新年,谓之过年。”

明嘉靖刻本《普安州志》卷一《与地志·风俗》:“火炬二节。夷人每岁以冬夏二季月之二十四日为火把节。屠豕宰羊以祭其先,小儿各持火,喧戏于市,如上元岁除然。”“冬夏二季月”分别是六月和十二月,彝族有两个重要节庆,火把节和十月年。今昆明禄劝彝族、楚雄彝族年均在年末,普洱镇沅哈尼族彝族十月年,时间在十一月份。红河州蒙自彝族十月年“在‘十月太阳历’的阴历(后五天)终了后的五至六天。这时农作物都已收割完毕,打落扬净,晒干入库。这时家家有吃有穿,心情格外高兴,以喜庆祈福为主题,载歌载舞庆祝过十月年”(比勒·禄阿兹 2006: 85)。

朱文旭等(1999)《关于彝族火把节若干问题的探讨》指出:“刘尧汉等《彝族天文学史》认为星回节即火把节,但未能解释为何一个在十二月一个在六月的问题”。笔者用彝族十月历,辅之方志记载,考察云南当地彝族的节庆,就能很好地解释为何一个在六月,一个在十二月。

2.4 星回节与火把节的关系

云南彝族火把节在农历六月二十四。清顾炎武《肇域志》卷四十五："云南一省以六月二十四日为正火把节。"彝族崇拜火，大到火把节、彝族年，小到婚庆、乔迁等好日子，都有燃火把围篝火打跳的习俗。陈久金（1984：141）："因为过节时的一项显著活动是洒火把，它给人们造成很深的印象，久而久之，'火把节'就成为星回节的一个通俗称呼流行开来，以至掩盖了这个节日的真实意义。"根据彝族十月太阳历，火把节、彝族年都是北斗星运转的时间节点，因而星回节又可俗称为火把节。若严格按唐五代文献对南诏星回节的记载，那么星回节只能是十二月十六，和火把节相隔半年。许印芳已考证元时文献出现讹误，故元以后的文献均载星回节为火把节。星回节一词多出现在明清方志中，今云南彝族火把节民间俗称农历六月二十四，星回节一词则很少使用。

3 彝族火把节习俗考

3.1 占卜祈福

彝族火把节的祭祀活动之一，为占卜祈岁，祛除邪疫。清光绪十一年《沾益州志》卷二《风俗》："六月二十五日，共燃长炬为乐，照田园，视火色以卜丰歉，名曰'星回节'。土彝以先一日为岁祭先祖。"光绪《续顺宁府志稿》卷五《风俗》："六月二十五日为星回节，俗呼为火把节。是日也，杂鱼、豚、鸡、豆、葱、韭辛酸之味，聶而切之，合宅聚饮。彝人以二十四日为节节，其岁与庆岁同。夕则合家燃松炬，列于门庭，或持松明遍照田禾以杜蠡，视火色可占岁事。盖色紫为有年，淡黯为歉望。"祈祷收成。

3.2 剁生宴饮

"剁生"俗称"腊生""骨头生"是彝族特色美食，彝家杀年猪时多用砍剩的猪骨头、猪肉剁小后，拌上辣椒面、盐巴、草果、胡椒粉料、晒好的姜丝、彝家白酒、韭菜根，装入鲊罐腌制而成。罐口用水、香油密封好，腌制半年后，可放上茄子、土鸡蛋、臭豆腐蒸熟后食用。味香色红,十分可口。清道光七年《新平县志》卷二《风俗》:"六月二十四火把节,家家皆剁生为食,以鸡头当门叫魂,儿童各执火把相照。"清宣统五十三年《续蒙自县志》卷三《社会志》:"六月二十四日,土人以为节祀祖,有剁生之俗。作法:以牛、豕、鸡、鱼之腥,及菜瓜、椒、蒜杂和而噉之,亦古人鲜食之遗意也。"民国十四年《禄劝县志》卷三《风土志》:"六月二十四、五日为大地节,亦谓星回节。夷人以此为度岁之日,犹汉人之星回于天而除夕也。会饮至于旬余不息,犹汉人之春宴相聚也。儿童执火把,屑松脂杂煤,衽而撷之,见尊者叩首起,举燎逼裾,洒松煤燎之,火焰满身,谓之送福。男女齐会,四面绕坐,脍豕肉饮酒,歌舞杂沓,以趁盛节。"

3.3 祭祀祖先

祭火大典、祭祀祖先为火把节的重要活动,火把节的开始,以毕摩念经、祭火为先。道光二十五年《大姚县志》卷二《地理志・风俗》:"手持小炬,捣松脂末,烧洒为戏,火光腾起如电,向人施放,谓之烧晦气。苴却各里,又于墓前然松炬,焚纸钱,男妇纷纷祭扫。"清咸丰元年《普洱府志》卷九《风俗》:"二十四日,星回节,燃炬于街衢。二十五日,祭田祖,以火炬照田占岁,俗名叫谷魂。"

3.4 跳脚、跌脚

彝族传统节庆舞蹈为跳脚,围火打跳。普洱彝族称为三跺脚,楚雄彝族叫左脚舞。清宣统二年《楚雄县志》卷二《风俗》:"星回节,然炬,吹葫笙,交头跌脚,跳舞节歌,饮酒为乐,婚丧亦然。其祝以铃,巫曰躲依。其占以蛇钱草籖,或鸡羊骨。"

3.5 羊汤锅

普洱镇沅彝族自治县每逢火把节,彝家都有杀羊煮羊汤锅的习俗。禄劝凤家古镇,一条街都是卖羊肉的。羊汤锅是将羊内脏、羊脚、羊肉先放入锅中,加上姜巴、草果等调料先焯一遍,后倒入锅中,用柴火慢炖而成。配上彝族自制蘸水,胡辣子、花生末、芝麻、大香菜等作料,十分鲜美。

4 结　语

彝族是火一样的民族,火把节源自彝族的自然崇拜——火崇拜。关于方志中记载火把节的三种起源说,我们依方志主张存而不论。以彝族十月太阳历为据,彝族一年中有两个重要节庆:夏季火把节和冬季十月年。按唐五代文献记载,南诏星回节于十二月十六,以星回岁终、农夫享腊而命名,星回节相当于彝族年。经前人考证,由于元代方志文献中出现讹误,明清文献中的星回节则指火把节。今星回节一词多不用,民间多用火把节、六月二十四等称谓。火把节的传统习俗主要有祭祀、占卜年成、祈祷收成、点火把打跳。火把节不仅能拉动云南的旅游业,例如楚雄、石林等地以火把节庆为主题,开展歌舞表演、羊汤锅等系列活动,以吸引游客。还能促进彝族文化的传承,及汉族与少数民族的文化融合。清乾隆元年《云南通志》卷八《风俗》:"星回节,俗谓之火把会……互相烧酒为戏,比户剁生饮酒,汉夷同之。"

参考文献

比勒·禄阿兹:《蒙自彝族历史文化》,云南人民出版社 2006 年版。

陈久金:《彝族天文学史》,云南人民出版社 1984 年版。

黄宜凤:《火把节来历考》,《中华文化论坛》2013 年第 3 期。

李世忠、孟之仁:《彝族星回节源流考》,《思想战线》1985 年第 6 期。

李玉军:《云南彝族火文化研究》,云南师范大学硕士学位论文,2007 年。

游国恩:《火把节考》,《旅行杂志》1942 年第 11 期。

张纯德:《彝族文献对中华文明的贡献》,云南人民出版社 2020 年版。

张纯德、龙倮贵、朱琚元:《彝族原始宗教研究》,云南民族出版社 2008 年版。

朱文旭:《彝族火把节》,四川民族出版社 1999 年版。

朱文旭、李智雄:《关于彝族火把节若干问题的探讨》,《中南民族学院学报》1999 年第 1 期。

(陶雯静　成都　四川大学文学院　15288245749@163.com)

现代汉语史研究

论全球华语融合与普通话词汇的发展及相关问题

刁晏斌

提　要：全球华语正在经历一个由差异到融合的发展过程，其对普通话词汇产生了极大影响，带来了很多值得而且应该研究的问题。文章从词形、词义和词用三个方面，讨论了华语融合影响在普通话词汇中的具体表现，在此基础上梳理了《现代汉语词典》中存在的相关问题和不足，具体包括失立词条、漏列义项、释义不当，以及标"〈方〉"和配例方面的问题。文章指出，应当加强全球华语融合与普通话词汇发展问题的研究，而作为最具影响力的规范辞书，《现代汉语词典》不仅应当真实、及时、准确反映当代词汇面貌，还应在"大融合"的背景和视野下，致力于记录、推动、促进和引导全球华语由异趋同的融合性发展。

关键词：全球华语；华语融合；普通话；《现代汉语词典》

1　引　　言

程祥徽（1997）立足于方言的离合与汉语在澳门的走向，指出："一个语言的分久必合的时代已经来临！"这里的"语言"，或许应该理解为今天常用的"大华语"或"全球华语"，即指全世界华人的共同语；而这里的"合"，也就是"融合"，指的是各华语言语社区由异趋同的发展过程及表现。

一段时间以来，华语融合成为学界的关注点，经常见于相关研究和表述中。比如，汤志祥（2009）认为，"我们迎来了一个可以称之为全球华语大发展、大融合、大变化的时代”;周清海(2016)指出:“中国改革开放之后和各华语区之间的交流频繁,在你来我往之间,现代汉语(引者按,这里指普通话)和华语的相互融合,就是不可避免的。融合的速度随着交往的频繁而加快,其中以词汇的吸收最为显著。”另外,周清海(2015)甚至以融合与否为标准和依据,来对现代汉语进行阶段划分,认为 1949 年到中国改革开放之前是一个阶段,可以叫作现代汉语的分裂阶段;中国改革开放之后到现在是现代汉语的融合阶段。

我们认为,如果再做进一步的区分,上述“融合阶段”大致可以再一分为二:即以普通话“输入”为主的阶段和以普通话“输出”为主的阶段。以上两个阶段都应当在华语融合这一大背景下开展全面、深入的研究,但就目前的情况来看,这两个方面的研究均有很大的不足,还应不断加强。就前一阶段而言,普通话对非普通话区语言形式的输入,既是全球华语融合的主要途径,同时也是其重要表现,因此研究普通话的输入,实际上也就是在研究全球华语的融合;(刁晏斌 2022a)另外,如果立足于当代普通话,这一研究还有一个重要目的,就是通过华语融合现象看其对普通话产生了哪些、什么样的影响,而这对于我们了解和认识当代普通话,无疑将有极大的助益。

本文即立足于此,在全球华语融合视角下讨论当代普通话词汇的引进、吸收和发展,以及在“发展观”下考察、分析《现代汉语词典》中可能存在的某些问题。

2　当代普通话词汇的引进、吸收和发展

笔者曾经讨论过流行在大陆词语中的“港台来客”,指出其对普通话词汇所产生的八个方面的影响,即增加新词语、增加新义项、非常用义变为常用义、扩大使用范围、提高使用频率、古旧词语复活、产生仿造词语、出现新的搭配形式。(刁晏斌 2002)时隔二十余年,当代普通话词汇的引进、吸收和发展步伐从未停止,“外来影响”持续不断,而由此带来的变化也可想而知,所以非常值得回顾和总结。

以下,我们对上述八个方面做进一步的归纳,分别从词形、词义和词用三个方面,来对当代普通话词汇的引进、吸收和发展情况进行分析与说明。

2.1 增加新词形

当代普通话中,大量引进华语词语,①从而增加了很多新词形。据汤志祥(2000)统计,内地社会书面语已经使用过或者使用着的港台词语的数量已达到687个;姚颖(2005)统计了《现代汉语词典》2002年第4版以附录形式增收的1200条新词新义,其中来自港台地区的占四分之一以上。在这方面,一项最新研究是刁晏斌(2022b),以王晓梅、庄晓龄、汤志祥编著的《马来西亚华语特有词语词典》(马来西亚联营出版公司2022年版)D字头下所收的161个词语为调查对象,结果显示目前已有96个在普通话报纸中有用例,占比达59.62%。这样的调查结果能在一定程度上说明当代普通话引进新词形之多、范围之广。

比如,《现代汉语词典》(以下简称《现汉》)从第6版开始把"草根"列为词条,释义为"名 ① 草的根部。② 指平民百姓;普通群众:~文化|~阶层"。按,"草根"早已有之,但《现汉》此前一直未收,应该是认为它不是一个词(同类的再如"树根、菜根"),而把它列为词条,则是反映它所承载的引进新义。汪惠迪编《时代新加坡特有词语词典》(新加坡联邦出版社1999年版,以下简称《时代》)收录"草根",标为名词,释义为"比喻平民百姓",指出其常跟"阶层"或"性"组成"~阶层""~性",并且说明香港也用,台湾常用。

大概从20世纪90年代开始,普通话中出现上述意义的"草根"用例,如:

(1) 香港一些基层社团人士认为基本法维护"草根阶层"权益普通群众意见大多得到采纳(《人民日报》1990-04-15)

如果说,此例含有香港背景,因而基本属于"借用"的话,②那么以下的用例就不是如此了:

① 按现在的一般习惯,人们以"华语"来与普通话对称,具体包括中国的台港澳以及海外华人的共同语,本文的"华语"内涵也是如此。

② 我们把A言语社区对B言语社区的词语借贷按由低级到高级划分为三个阶段,即借用(在B言语社区语境及背景下的使用)、自用(脱离原语境的使用)和化用(完全自主的变化性的使用),见刁晏斌(2016)。

(2) 参加浙江省第二届作家节的国内作家、批评家、学者以及编辑等数十人,兴致勃勃地相聚在浙江绍兴鲁迅故里的百草园内,就"走近鲁迅:中国当代文学的草根性"议题,进行了一场别开生面的学术性讨论。(《文艺报》2004－09－07)

除了像以上两例这样直接引进华语中的"草根阶层""草根性"外,还有引进后的发展,即以"草根—"为模仿对象,类推出更多同族词语,而由此进一步扩大了新词语的数量。例如:

(3) 她种田、养猪、到处打工,连续11年省下钱请来戏班子让村民免费看演出——乡村保洁员的"草根春晚"又开锣。(《南湖晚报》2011－02－10)

(4) 记者将参展厂家划分为五大阵营:国有车企集团、"草根"国企和四大民营车企……(《拉萨晚报》2013－04－23)

因为"春晚""国企"均为普通话区特有概念,所以上例中的"草根春晚""草根国企"绝非"引进",而是"自产",即属于以上所说引进后的发展。

在进一步的使用中,还出现了脱离中心语而独立使用的情况,例如:

(5) 小草根大发明——看业余人士打造的十大酷品(《新快报》2009－05－31)

(6) 他们是一群民间"草根",散落在城市角落:用憨厚的笑容,迎接着雇主的挑选;用粗壮的双手,承接着各类体力活。(《江西日报》2011－10－28)

到这里,一个独立表示新义的词"草根"就最终产生了,①而与此相类的新词形也相当多见,再如"(作)秀""绿色""飙升""按揭""关爱"等。

与"草根"最终成词不同,有的引进词语成为"词语模",大量类推构成新词,而其"模标"则实现了类词缀化,最终成为极具能产性的构词成分。比如,笔者较早接触台湾华语,发现其中"度"族词语较多,而其影响所及,也使得普通话中类似词语日渐增多,比如"知名度"就是其中相当常用的一

① 我们认为,如果只能在"草根—"中使用,则"草根"还不是一个真正的词,而是一个"语素词",详见下文。

个。《现汉》从 1996 年第 3 版起收录此词，以下是《人民日报》中的最早用例：

(7) 报道说，每年一到春游时节，台湾许多营利机关便纷纷邀请一些育幼院的孤儿参加“园游会”，美其名曰“社会服务”，实际上是打着慈善旗号，借助孤儿为主办单位的商品提高知名度。(1981－06－01)

含此例的文本前有“据台湾报纸报道”，则直接把“知名度”的最早来源指向台湾地区。我们对台湾地区的联合新闻网数据库所做调查显示，“知名度”的首例见于 1968 年，而香港地区和新加坡的首例则均见于 1978 年，也早于普通话。

以下是三地的最早用例①：

(8) 加强消费者对该公司或出品商品的印象及知名度。(台湾《经济日报》1968－06－03)

(9) 自从加盟佳视，拍了“哈啰夜归人”之后，陈维英的知名度便更高了。(香港《工商日报》1978－10－08)

(10) 虽然身价片酬不高，他主演的影片不一定部部卖座，但他的知名度，盖过了不少老牌明星。(新加坡《星洲周刊》1978－09－03)

再举一个“曝光度”的例子。以下是其在《人民日报》中的最早用例：

(11) 安徽省纪委还将会同新闻单位，对政府部门的腐败行为加大“曝光度”。(《人民日报》1998－01－13)

此词在台湾上述数据库中的首见时间是 1980 年，而在新加坡则是 1996 年。

当代普通话中，“度”类词用量大增，甚至成为一种“时髦”，以下两例或许能够说明这一点：

(12) 此次调查分别从自然度、健康度、景观度、亲水度、节水度五个“指标”进行综合考量。(《文汇报》2004－11－17)

---

① 台湾地区用例由长沙师范学院的刘吉力老师提供，香港地区及新加坡的用例则由博士生徐涵韬同学提供，谨表谢意。

(13) 坚持高效力改革,着力提升职工的“忠诚度、贡献度、满意度、认可度”。(《兴化日报》2023-03-07)

张新友(2010)穷尽式检索到《人民日报》1990年1月1日至1991年12月31日期间出现的“度”缀词共105个(不计重复),我们也在若干年前进行过一次媒体调查,搜集到许多以前未见或极少见的此类词,列举如下:

好感度、好评度、时尚度、新鲜度、概率度、话题度、美誉度、信用度、资信度、风险度、平面度、违和度、节操度、饥饿度、山寨度、差异度、爬坡度、权重度、欲望度、记忆度、厚薄度、真空度、社交度、绿色度、贡献度、权威度、精品度、变异度、挑剔度、怪癖度、爬坡度、味觉度、嗅觉度、平整度、均匀度、负荷度、光泽度、平滑度、椭圆度、圆柱度、平行度、密实度、纵深度、需求度、粗细度、深浅度、色彩度、净洁度、印象度、轮廓度、粗糙度、美感度、灵感度、刚柔度、面筋度、配比度、偏好度、坚牢度、水分度、忠贞度、照明度、感觉度、效用度、明暗度、滋润度、曝光度、学习度、参与度、还原度、纯洁度、关注度、覆盖度、瞩目度、紧贴度、释放度、传唱度、完成度、容忍度、集中度、养生度、识别度、辨识度、离散度、利用度、欢迎度、普及度、扩张度、重叠度、进化度、配合度、吻合度、成熟度、幼稚度、老化度、依存度、歪斜度、美化度、不符度、可惜度、推荐度、切合度、复苏度、活跃度、保鲜度、挑战度、装饰度、烘干度、伛偻度、期待度、利用度、置信度、说服度、治愈度、配合度、水润度、仇恨度、畅游度、重视度、专注度、确定度、关联度、发射度、接受度、转移度、贴近度、体验度、冲击度、顺从度、反抗度、忍耐度、依赖度、认同度、创新度、活跃度、纯洁度、厌烦度、享受度、开放度、认可度、刺激度、流行度、竞争度、适应度、约束度、污染度、不透明度

当代普通话中,由引进与类推叠加在一起而形成的词族同样比较常见,此外再如“—族”“—吧”“—性”“—面”“—端”等。

2.2 增加新词义

由于普通话对华语词汇的引进、吸收和发展,造成其原有词增加新词义,这种情况也相当常见。例如,《现汉》第7版“智慧”的释义为“名辨析判断、

发明创造的能力”;《全球华语大词典》(以下简称《华语》)的释义是:“辨析判断和发明创造的能力;聪明才智。”然而,《现汉》的“智慧”条下,另立“智慧产权”条,释义为“台湾地区指知识产权”,则这里的“智慧”显然与上述释义并不相同;《华语》也是如此,其在“智慧”条下另收“智慧财产、智慧财产权、智慧产权”,以及“智慧大厦”(智能大厦,用于新加坡等地)、①“智慧讲堂”(安装有计算机系统的公用阶梯教室,用于新加坡等地)、“智慧经济”(知识经济,用于台湾等地区)、“智慧卡”(智能卡,用于台湾地区、新加坡、马来西亚、泰国等地)、“智慧型手机”(智能型手机,用于台湾地区、马来西亚等地)。

以上词条及释义显示,在2016年及以前②:

第一,华语的“智慧”已有“知识”“智能”等义,其中以后者比较常用,且使用范围和覆盖区域更广;

第二,“智能”等义尚未在普通话中使用。

以上第一点完全符合实际,而第二点则有一定的偏差。雷震洲(2012)就此指出:

> 自2009年美国IBM(国际商业机器公司)在中国引入“智慧地球”概念以来,“智慧”一词开始在祖国大地漫天飞行:智慧交通、智慧油田、智慧食品系统、智慧医疗、智慧零售、智慧水资源管理、智慧供应链、智慧气象、智慧金融、智慧工业、智慧城市等等,不一而足。

就实际的使用情况看,普通话中开始以“智慧”替代“智能”的时间可能还要略早一点,例如:

(14) 中国科大学子智慧成果作价六百余万元——大学生科技创新转为巨额股权(《人民日报》1999-11-15)

(15) 未来智慧卡会取代现金,它的大小跟信用卡一样,可以在销售机上买东西、付账单、进行国际转账等。将来甚至可以取代车子和房子的钥匙、身份证、汽车驾照、金融卡、提款卡、信用卡等。(《经济信息时报》2000-06-29)

① 括号内是该词典的简单释义和使用地区标注。
② 以上两部词典均出版于2016年。

时至今日,新义的“智慧”使用得更加普遍了,比如我们仅在“读秀”学术搜索网站包含国内近1 000种报纸的子库(以下简称“读秀报纸”)中进行检索,其结果的前10页(共150条,时间范围是2023年5月4日至5月7日),就有以下一些不重复的组合形式:

智慧岛、智慧化、智慧型、智慧云、智慧经济、智慧物流、智慧校园、智慧矿山、智慧联盟、智慧农业、智慧林业、智慧产业、智慧医疗、智慧城市、智慧名城、智慧农博、智慧会展、智慧公益、智慧银行、智慧医疗、智慧教室、智慧交通、智慧港口、智慧场景、智慧大脑、智慧小区、智慧园区、智慧高地、智慧城管、智慧快餐、智慧药房、智慧餐厅、智慧农机、智慧水务、智慧政务、智慧水利、智慧天网、智慧大棚、智慧果园、智慧巡护、智慧治理、智慧管理、智慧停车、智慧养老、智慧住建、智慧革命、智慧春运、智慧旅游、智慧审批、智慧农贸市场、智慧图书馆、智慧科技产品、智慧农渠设备、智慧管控平台、智慧操作系统、智慧林业监管中心、智慧城管指挥中心、智慧稻米生产基地

如果进行“智能”与“智慧”之间使用情况的对比,读秀报纸中含“智能”的文本共497 144篇,而含“智慧”的共449 924篇,二者相差不大。再就几个具体组合形式来看,含“智能城市”的12 339篇,“智慧城市”的48 018篇,后者是前者的近4倍;含“智能停车”的2 765篇,“智慧停车”的3 760篇,也是后者多于前者;含“人工智能”的60 955篇,“人工智慧”的1 521篇,则后者大大少于前者。以上调查结果以及实际的使用情况显示,目前“智慧”的“智能”义已经成为常用义,并且在这一义项上,其与“智能”甚至在一定程度上达到了“浑用不别”。

与以上的“草根”一样,在高频使用中,“智慧”也可以脱离组合形式,由此也成为一个真正的新词新义。例如:

(16) 在中建八局虹口区提篮桥项目现场,5G技术让建筑行业更智慧。(《新民晚报》2020-06-20)

(17) 让海岛智慧起来——海南多点布局打造智慧型自贸港(《海南日报》2022-02-01)

(18) 他们通过多学科交叉研究为推进山水林田湖草沙冰一体化保护

和系统治理贡献力量，用智慧守护祁连山的绿水青山。（《中国教育报》2022－06－20）

再如“秀”，《时代》列为词条，释义为动词及名词义的“演出”，并且指出，这一用法产生已有20余年，最早先在台湾地区使用，然后传到香港、澳门地区及新加坡、马来西亚，它的构词能力极强（释义中列举了30余个组合形式）。查看普通话的情况，《现汉》2005年第5版新增“秀^3”词条，释义为“表演；演出：作～｜时装～｜泳装～。［英show］”，第6版把“秀^3”改为“秀^2”，释义及举例与第5版完全相同，第7版同于第6版。

普通话中“秀”的大量使用大约从21世纪初开始，杨玉玲（2004）谈及，打开《北京青年报》搜索引擎，轻轻一点，即找出478条“作（做）秀”，125条“时装秀”、163条“模仿秀”和141条“脱口秀”等，并且由它衍生出大批的“秀”族词；而吕桂宁（2007）在百度搜索引擎检索到431个含“秀”新用法的句例。

以下一例或许能够反映当时的语用实际：

（19）目前盛行一时的“××秀”更是让人感到迷惑不解：究竟“秀”在哪里？超级模仿秀、欢乐家庭秀、超级宝宝秀……这“秀”那“秀”给观众一种如坠云雾的感觉。（《中国商报》2000－07－09）

在大量的使用中，“秀”也产生了新义。例如：

（20）秀秀我的寒假作业（《沈阳日报》2023－03－03）

按，这里的“秀”大致义同“展示”，而此标题下的正文第一句正是“3月1日，浑南三校的孩子们在展示自己的寒假作业”。

以下一例对应性地使用了“秀”和“展示”：

（21）西安市副市长韩松对志愿者说：“希望你们秀一个精彩的西安给世界，展示你们所代表的城市和国家的形象。”（《华商报》2009－11－14）

当代普通话中，“展示”义常用“晒”来表示，而以下一例就是“秀”“晒”并用，这自然也能够证明“秀”具有“展示”义：

(22) 每逢节日,网络上必定是各种秀恩爱、晒幸福、表爱心、送祝福。(《西南铁道报》2017-06-22)

即使不是对应性使用,以下用例中"秀"的"展示"义也是很清楚的:

(23) 中国男子三人篮球队主教练刘震表示,要在奥运赛场上"秀一秀我们的肌肉"。(《新闻晨报》2021-05-15)

类似的用例再如"秀秀我老妈""我来秀一秀""秀秀我的才艺""秀厨艺　秀形象　秀声音　秀温情"等。

以上例子显示,当代普通话"引进新义"的产生大致有三种,一是通过引进一个组合形式引进新义,而在进一步的吸收和发展中,"新义词"可以脱离组合而独立使用,从而成为一个真正的新词义,如"智慧"即如此;二是直接引进,如"秀"的"表演"义;三是引进后发展出新的意义,如"秀"的"展示"义。① 以上三种情形,我们都可以找到大量对应性的实际例证。

2.3　增加新词用

所谓词用,即词的用法,主要包括词语的选用习惯,有的是同一词语的应用范围或色彩处理,(周清海,萧国政 1999)以下仅就词的应用范围的发展变化来进行举例说明。

刁晏斌(2000:9)谈到,台湾地区"国语"中的"太"在表示程度极高时,不限于赞叹(普通话的原用法只限于此),而受此影响,普通话"太"这样的用法也已时能见到,从而扩大了它的使用范围。

20多年后,这样的用法更加常见,例如:

(24) 2020年,注定不寻常,不论是统筹疫情防控和经济社会发展,还是决战脱贫攻坚、决胜全面小康,有太多的故事让人感动难忘。(《中国信息报》2021-02-19)

(25) 江苏中小学校长"开学第一课"太精彩(《扬子晚报》2022-02-16)

① 这个问题非常具有语言共时、历时研究以及理论研究内涵,应该结合更多的语言事实进行充分的调查研究。

(26) 这家医院的医护太有才　自创健康宣教小视频(《柯桥日报》2023-03-29)

邱质朴主编《大陆和台湾词语差别词典》(南京大学出版社1990年版)收录台湾地区的“提升”一词,释义为“提高”。其实,此义的“提升”在华语中使用得非常普遍,《时代》也有收录,也以“提高”为释,并且做出以下的解释:“《现代汉语词典》也收‘提升’,释义是‘提高(职位、等级等)’,《国语日报辞典》对‘提升’的解释是‘提拔升级’,多用于职级擢升方面。新加坡也用‘提高’,不过‘提升’的使用频率较高,能跟它搭配的词语可以是比较抽象的事物,范围比中国大陆要宽泛得多。香港、台湾、马来西亚也用。”后来,普通话受此影响,“提升”的使用频率也大幅提高,而与此相伴的,则是使用范围大大拓展,并且由此而与华语实现了“一体化”,堪称普、华融合的一个极好例证。

以前极少能够见到,而现在却非常常见的用例,如:

(27) 近年来,国内品牌通过自主创新研发,提升产品品质,打造和改善了品牌形象,国产品牌在国内消费品市场的占有率逐步提升。(《每日经济新闻》2023-03-03)

(28) 从提升政治站位、提升为民情怀、提升监督意识、提升管理质效、提升综合素质、提升创新能力、提升院内文化建设等方面进行探讨交流,共谋2023年房县检察工作发展大计。(《十堰日报》2023-02-25)

(29) 松原市全力改善城区学位不足,有效解决大班额问题,提升教育规模和档次,提升基础教育质量,提高教育现代化水平。(《吉林日报》2023-04-10)

按,最后一例“提升”与“提高”并用,二者表达的意思完全相同。

由于“提升”的大量使用,“提高”与之发生了明显的此消彼长变化,①以下通过北京大学BCC语料库中二者使用情况的对比历时检索,可以比较清楚、直观地证明这一点,详见图1:

① 这种情况比较普遍地存在,再比如“质量—品质”“观念—理念”“渠道—管道”等。

图 1　检索式“提高”与“提升”的频次对比图

由于普、华融合,使得普通话原有词语扩大使用范围的情况比较普遍。再如“介意”,《现汉》第 7 版的释义是“把不愉快的事记在心里;在意(多用于否定式)”,而华语中此词通常没有使用范围的限制,即也可以用于肯定,所以《华语》的释义是“把不愉快的事存在心里;在意:你这么不客气,难怪人家会~”。受华语影响,普通话中此词现在也不乏肯定用法,例如:

(30) 61.4%受访者介意他人在地铁或公交上吃东西(《中国青年报》2013－04－23)

(31) 蔡康永微博成中学语文试题——他很介意没署自己名(《华商报》2011－06－29)

(32) 在这个人人介意“脂肪”的时代,“低脂”巧克力也就应运而生了。(《吉林农村报》2023－02－18)

词用的变化往往伴有词义内涵的扩展或部分改变,以上所举各例基本都是如此,此外再如以下各例:

(33) 这一段时间,全民厨师,有一部分人又将眼光盯在了自种菜上。这不,火锅中最常用到的菌菇就被盯上了,有商家创意地搞起了菌菇<u>领养</u>,不少食客纷纷领养了。(《舟山晚报》2020－03－14)

(34) 近日,公司制定的一套新措施新鲜<u>出炉</u>。(《中国食品报》2000－09－15)

(35) 湖南省以长株潭地区“两型”社会(资源节约型、环境友好型)试验区为突破口,引领全省在实施新型工业化、新型城市化和农业现代化战略中,走资源节约、环境友好的科学发展之路。(《经济日报》2008-10-28)

(36) 目前人口老龄化的趋势明显,对老年群体的关怀需要全方位升级,对此,全国人大代表、科大讯飞董事长刘庆峰建议系统性关注老年群体的身心健康。(《燕赵都市报》2023-03-07)

以上四例中,“领养”的对象由人到物,“出炉”用的是比喻义,“友好”由“亲近和睦”义转指“方便舒适”义,而最后一例的“关怀”则义同下文所用的“关注”。

总之,词用是观察分析当代普通话词汇的引进、吸收华语词语及其发展的一个重要窗口,而这方面还有很大的研究空间。

3 从全球华语融合与普通话词汇发展看《现汉》存在的问题

以上我们较多介绍《现汉》的收词及释义情况,基本的立足点是:作为一部与时俱进的规范工具书,它无疑应该及时、准确、并尽可能全面地反映普、华融合后的词汇面貌及其发展变化情况。然而,从这个角度看《现汉》,我们发现它还存在一些值得注意的问题与不足,以下对此做一讨论和分析,希望能够引起有关方面的重视,并在《现汉》今后修订时有所改变。

3.1 词条方面的问题

在这方面,一个比较突出的问题是,普通话中某一融合现象已有比较充分的表现,但是《现汉》中对此却未能加以反映。

比如“太过”,《华语》收录,释义为“副词。太;过于:~天真|~油腻”,但是《现汉》第7版却未收录。

查读秀报纸,“太过”的第一个例子见于《人民日报》1983年8月9日第8版的一则标题《不必太过“世故”》,通过文中介绍可知,这是无产阶级革命家、杰出的社会活动家、党和国家的优秀领导人廖承志(1908—1983)写给其儿子女朋友信中的原话,并非当时的现实用例。

至于廖先生为什么会用到这一形式,以下用例或许可以提供一种解释:

(37) 这真是多事,我也犯不着太过认真,过了就算了,这并没有什么大不了。(《京报副刊》1925-04-19)

我们对"太过"一词及其使用的发展变化情况进行梳理,得出的基本认识是:此词在初期现代汉语中既已存在[例(37)可以为证],后在台港澳地区及海外华语中一直沿用,而在普通话地区却一度趋于退隐;改革开放后,随着"引进"的浪潮又开始在普通话中复显,成为华语融合的一个很好例证。① 作为革命老人,廖先生显系沿用早期现代汉语的形式,

我们在读秀报纸中所见的第一个现实用例,是以下一句:

(38) 在一阵狂轰滥炸之后,似乎不再有那种人人争说的荣光了。其中固然有许多原因,但最根本的恐怕是我们的文化讨论太过书斋气太过隔靴搔痒了。(《社会科学报》1991-06-20)

进入21世纪后,此词的用例日渐增多,例如:

(39) 由于某些镜头血腥味太浓和太过暴露,在中央电视台审片时,原长40集的《大明宫词》被删至37集。(《大河报》2000-04-04)

(40) 可能你会感觉做这件事情太过麻烦,但是现在,做这件事就像发E-MAIL一样简单了。(《中国经济时报》2002-04-19)

(41) 冷先生做梦都没想到,仅因为自己的履历太过出色,竟然会再遭用人单位如此婉拒。(《信息日报》2002-12-06)

考虑到历时以及现实的使用情况,我们认为《现汉》应该收列"太过"一词。②

---

① 笔者从事"现代汉语史"研究,看到有不少词语都有大致相同的发展经历和路径,比如时间副词"甫"就是如此。(刁晏斌 2000:102)

② 对"太过"一词在当代普通话中的使用情况,我们还做过另一项调查:在郑怀德、孟庆海编《汉语形容词用法词典》(商务印书馆2003年版)中顺次选取前十个双音节形容词,即"矮小、暧昧、安定、安静、安分、安宁、安全、安生、安稳、安闲",分别在其前加上"太过",以之为关键词在百度搜索中进行检索,结果显示全部都有用例。

类似的情况并非个别。再如,《华语》收"不景气"一词,释义为"经济不繁荣,泛指不兴旺",《现汉》第7版未收;另外,华语中"不景气"经常取简缩性的双音节形式"不景",例如:

(42) 经济不景会使一些涉及"赚快钱"的罪行,如劫案、爆窃及骗案将会增加,市民须提高警觉。(《香港文汇报》2001-09-09)

(43) 售卖年饼多年的蔡润兰也表示,经济不景,顾客的购买力疲弱。(马来西亚《星洲日报》2007-09-12)

普通话中,"不景气"早已常见,就是"不景"也并不鲜见,虽然多用于标题,但正文中的用例也时能见到。① 例如:

(44) 尽管经济不景,消费者购买力疲软,德国最大的专业连锁书店萨里亚(Thalia),还是通过购并和结构增长来实现扩张。(《中国图书商报》2004-11-05)

(45) 记者通过佛山市公众、协力、企达等多家驾校了解到,经济不景对年底学车市场略有影响。(《南方都市报》2008-12-10)

因此,如果比照《华语》,《现汉》似也应把"不景气"列为词条,并且还应进一步密切关注"不景"的使用和发展情况,一俟条件成熟,也可以在新的修订本中列为词条。

《华语》收"霸凌"一词,释义为"指恃强凌弱的行为",并说明系英语bully一词的译音,用于台湾地区和马来西亚等地。读秀报纸显示,此词2010年开始在普通话地区出现,以下是第一个用例:

(46) 台湾媒体接连报道多起中小学校发生恶意欺辱同学、威胁老师的所谓"霸凌"事件,引起台湾社会的高度关注和集体性反思。"霸凌"一词源自英文音译,通常指学生之间的欺凌与压迫。(《浙江日报》2010-12-25)

此例显属"借用",而以下则是我们所见第一个"自用"的例子:

---

① 一般而言,一个新词语最早往往多在标题中使用,当其"站稳脚跟"之后,就开始向正文扩展。

(47) 霸凌原本是一种长期存在于校园中的现象,指的是孩子们之间的一种恶意欺负行为,一旦你被锁定为被霸凌的对象,你将持续性地受到这种蓄意的伤害,包括言语或被排挤、甚至暴力方式对待。长大后的成人世界也充满各式各样的霸凌。(《都市女报》2013-05-16)

此后,这样的用例就较为常见,再如:

(48) 最近一段时间里,青少年之间的恶意虐待、霸凌的视频一个接着一个在网上传播,挑战着社会的良知。(《东方早报》2015-06-24)

(49) 在南极洲的彼德曼岛,一只小企鹅遭到海鸟的"霸凌",鼓起勇气反击,竟然成功赶走了挑事的海鸟。(《沈阳晚报》2017-01-15)

(50) 我国暂无相关法律明确界定职场霸凌行为。律师建议,应在立法层面对职场霸凌行为予以界定,并规定处罚措施。(《山西工人报》2020-09-26)

如果说,由于"霸凌"一词引进的时间较晚,出版于2016年的《现汉》第7版还来不及收录的话,那么我们希望在新的修订版中能够看到此词列为词条。

关于词条,涉及一个非常重要的问题,这就是同一词形"旧义"与"新义"的关系。吕桂宁(2007)在描写了"秀"的新用法之后指出:"这些新出现的用法,主要是首先由港台地区借用了英语的show,进而通过互联网及其他现代传媒,迅速地扩展到大陆等地,并且还将产生更为丰富、更为多样的用法。这么一来,《现代汉语词典》是否可以考虑把它们作为'秀'的另一个新词'秀^3'收录?"虽然这话多少有点"马后炮",因为如前所述,《现汉》2005年第5版已经新增"秀^3"词条;但是,这种提醒规范词典应当及时反映普、华融合后新变化的观念和意识还是非常值得肯定的,而由增列"秀^3"也可以看出,《现汉》的修订者显然也确有这样的观念和意识。

然而,由此也能看到《现汉》存在的某些问题,比如对某些"融合词"到底该如何处理?上文谈到"草根"和"智慧",已经涉及这一问题,这里再略做讨论。比如"广场",英语与之对应的词是plaza,但与汉语"广场"不同的是,plaza是个多义词,它还有一个shopping center(购物中心)义,后来华语引进，仍用“广场”对译，再传至普通话并大量使用，所以《现汉》第6版在“广场”条下增加第二个义项“指大型商场，商务中心：购物~”，第7版未做任何改动。

现在的问题是，新义是应该放在旧义之下，还是另立一个新的词条？按《现汉》的现在做法，可能面临以下两个问题：

其一，如上所说，新义与旧义之间并无直接、明显的引申关系，所以放在一词之下，多少有些“违和”。史素芬（2002）就此指出，“如‘广场’指面积广阔的场地，特指城市中的广阔场地。但是随着外来词语的吸收，‘广场’作为一个具有另外含义的词语出现了。把别墅、公寓、住宅、商场乃至把办公、住宿、购物、娱乐为一体的综合建筑物都叫‘广场’，造成意义上的混乱”。

其二，新义只在组合中使用，离开组合则仍表旧义，不能完全满足“成词”的条件。以下两例很好地说明了这一点：

（51）昨日下午3时许，华商报记者赶到现场，广场南侧美食广场的范围内还拉着警戒线。（《华商报》2018－11－04）

（52）10月1日至7日，在万达广场1号门外广场，200只熊猫邀你来“打卡”。（《运城晚报》2022－09－30）

两例中的“××广场”均指商业设施，而未加修饰语的“广场”却只能是旧义，即指“面积广阔的场地”。

这种只在组合中表示新义的“旧词”，严格说来并不真正具有“词”的资格，①所以我们称之为“语素词”，即认为它是介于语素与词之间的中介物。与之类似的再如表示无公害、无污染等的“绿色—”和指称住宅小区的“—花园”等。（刁晏斌 2011，2018）

考虑到以上两个因素，把新义的“广场”单列为词条，或许不失为一个比较合理的选择，同样，上文讨论的“智慧”大致也应如此。

① 《现汉》“广场”明确标注为名词，但是“词”的一般定义是最小的能够独立运用的单位，既然只能在组合中使用，显然就不具备完全的“独立性”。

3.2 释义方面的问题

这方面大致涉及以下两点：一是义项的增列与否，二是具体释义妥当与否，以下分别讨论。

关于义项，上文谈及，《现汉》第7版“智慧”的释义中未列与“知识、智能”相关的义项，这样就不能有效覆盖下边的“智慧产权”条，以及现实使用中的更多的诸如“智慧城市”之类的词语。我们认为，这是有问题的，应另立一个“智慧^2”词条；如果暂时做不到这一点，那么也应比照《现汉》在“广场”下增列义项二的做法，补列“智慧”的“智能”义。

与“智慧”相类似的问题还有一些，再比如“暴露”，《现汉》仅列“(隐蔽的事物、缺陷、矛盾、问题等)显露出来”一个义项，但是在实际的使用中，来自华语的“指着装故意将身体过多地裸露出来(多用于女性)”义(见《华语》)时有所见，例如：

(53) 面对“视频聊天室”那些衣着暴露、忸怩作态的年轻少女，警方却遇到了法律难题。(《新华每日电讯》2005-03-20)

(54) 两名女大学生在西安一家媒体实习，上班第一天被实习老师“赶”回家换衣服，原因是她们穿的太暴露。(《淮海晚报》2007-08-06)

(55) 不宜穿过于暴露的衣服，露背装、露脐装、“破洞”装皆不合时宜。(《青年时报》2020-09-09)

在较多的使用中，此词甚至还产生了引申义，例如：

(56) 放眼国外，他们的性教育模式早已经很暴露很直白。(《齐鲁晚报》2011-09-03)

所以，我们认为《现汉》漏收“暴露”此义，属于比较明显的疏失，建议在未来的修订中至少比照《华语》释义补出义项二。

类似的例子还可以再举出一些，比如“成长”。此词《华语》列“增长”一义，并指明其用于台湾等地区；《现汉》第3版新增“〈方〉发展；增长：经济~率|经济~减缓”，但是不知为何第5版以后取消此义项。其实，此义早已进

入普通话并一直都有用例,如:

(57) 岗头镇个体私营经济成长迅速(《滕州日报》1999-11-29)

按,此标题下的正文中,有"使个体私营经济在增长方式上呈现出由单体分散型向群体集约型",足可证明二者同义。

(58) 国家信息中心预测,中国受SARS疫情影响,2003年GDP成长率可能为7.5%。(《上海金融报》2003-05-24)

(59) 如果我们问投资者:"投资应该买成长,还是买价值?"在今天的股票市场上,大概许多人都会说:"当然要买成长,买价值我直接买房子、存银行就好了呀!"(《证券时报》2023-04-01)

所以,我们希望《现汉》在以后的修订版中能够恢复"成长"的上述义项,并且去除"〈方〉"的标记(详见下文)。

关于具体的释义,比如上文讨论的"提升",虽然其"提高"义早已被比较普遍地使用,但《现汉》第7版的义项①仍为"提高(职位、等级等)",由于各版一直保留以上括注,从而使得这一释义与"提高"在实际使用中的表现缺少应有的对应性,因此不应该再保留。其实,这种情况在《现汉》中并不鲜见,再如上述"领养、出炉、友好"等的新义,也均无反映。

上文讨论过"秀"在较高频率的使用中引申出"展示"义,但是此义在《现汉》第7版中也未有反映。其实,学者们对此义早有注意,比如周有斌(2005)指出,"表演"是"秀"的基本意义,随着使用频率的提高也出现了引申义,常见的有宣传义、展览义等;郑燕、白婷婷(2020)认为,"秀"具有表演、展示之意,而在"秀+X"结构中"秀"的"表演"义逐渐弱化,"展示"义逐渐加强。所以,我们认为,此词的释义可比照《华语》改为"表演;展示"。

另外,上文谈及,由普、华融合造成大量新词形,其中很多以词族的形式呈现,随着某些词族的发展,其作为"模标"的构成语素的意义也可能发生改变,《现汉》对此也应有所反映。比如,邹嘉彦、游汝杰编《21世纪华语新词语词典》(复旦大学出版社2007年版),收了一些"吧"族词,包括"迪吧、串吧、歌吧、泡吧、网吧、氧吧",以及"吧女、吧台、吧托、吧文化、吧消费",这些词语基本都早已进入普通话,并且还由此大量类推造词,从而形成一个数量庞大的"吧"族词(刁晏斌 2012：5)。《现汉》从第5版起增加"吧[2]"词条,释义为"出售酒水、食品或供人从事某些休闲活动的场所",第6版改列两个义项,义项一是"酒吧",义项二是"供人从事某些休闲活动的场所,有的兼售酒水、食品",第7版相同。

然而,时至今日,我们看到的一些"吧"族词所指称的场所超出"休闲"范畴。比如以下用例：

(60) 中心市区霞淮城中村封控区里,社区志愿者将"爱心菜吧"带来的180份爱心物资,陆续送到困难居民家中。(《泉州晚报》2022－04－02)

(61) 温州人把剃头店摇身一变的美容美发店开到了全国去,又把修鞋的老行当由地摊演变成时尚的鞋吧到处去生根。(《泰州日报》2022－06－13)

(62) 龙城红色服务吧位于钟楼经开区青野人才公寓,可提供暖心茶水、共享雨具、手机充电、应急用药等9项便民服务,配备了饮水机、应急药箱、爱心雨伞等设施。(《常州日报》2022－11－16)

以上"—吧"指称的是与休闲无关或关系不大的小型服务机构,大致与原有的"—店/站"等同义。所以,根据实际、具体的使用情况,《现汉》"供人从事某些休闲活动的场所"义或可调整、补充为"供人从事某些休闲活动或提供某些服务的场所"。

《现汉》第5版起给"非礼"一词增列第二个义项"〈方〉动指调戏;猥亵(妇女)",此后两版均未做任何改动,而这一释义也是有问题的：

第一,"非礼"的上述意思显然是由其第一个义项"不合礼节;不礼貌"引申而来,原本并无明显的性别指向,即其对象既可以是男性,也可以是女性,所以其引申义也应该如此。

第二,华语中,此义的"非礼"虽然主要针对女性,但是也并非完全如此,所以《华语》的释义为"原指不礼貌,现指调戏、猥亵他人：~年轻女子";而普通话中,也有不支持《现汉》上述释义的用例,如：

(63) 从今年1月份以来,美国16个州的法庭至少已经接到了300例起诉罗马天主教教士非礼儿童的案件。(《法制日报》2002－06－12)

(64) 前天晚上,宁海一青年拨打"110"报警,称有一妇女在他的暂住房内要非礼他。事后,经民警调查,原来是一场虚惊。(《宁波日报》2003－09－11)

第三,在具体的使用中,"非礼"的对象多有性别明示,如果认为此词一定包含[+对妇女]的语义特征,则这样的用例就包括了冗余成分。例如:

(65) 一个年轻打工仔,在商店看电视时非礼一妇女,被其夫发觉后发生争执,竟然拔刀捅死其夫。(《信息日报》2003－01－24)

(66) 酒醉后的闵志涛对陪同的 4 名女子非礼,遭到对方强烈反抗。(《汕头日报》2010－04－14)

第四,查《现汉》,"妇女"义为"成年女子的通称",而实际的用例中,无论华语还是普通话中,"非礼"的对象多有指称非成年人的,而这显然也不能与"妇女"一致。比如上引例(63)中的"儿童"就是如此,再如:

(67) 在四川达州一洗脚房内,7 岁女孩小雨(化名)疑被一名男子非礼。(《汕头特区晚报》2013－05－27)

(68) 贵港男子杨仕康在公园看见一名女孩被人非礼,他挺身而出制止。(《南国早报》2013－06－09)

所以,鉴于以上各点,我们认为《现汉》"非礼"义项二的释义应取消"妇女"的括注。

相对于以上的"无反映"或"反映不足",《现汉》有时可能还有"反映过度"的问题。比如"管道"一词,第 7 版列义项二"途径;渠道②:协商～中断"。我们在读秀报纸调查,前 20 页无一此义的用例,而我们以《现汉》所列的"协商管道"为关键词,整个读秀报纸中仅有 3 个有效用例,而含"协商渠道"的文本则有 777 篇。上述含"协商管道"的 3 个用例均有台湾地区背景,如:

(69)《中国时报》报道:世台商会愿做两岸协商管道(《参考消息》1995－09－14)

此外,读秀报纸中,含"多渠道"的文本有 27 810 篇,而含"多管道"的仅

1 706篇,且多为不合格用例(如"食堂油污多管道易堵塞"),首页的几个合格用例均出自港澳地区报纸,如"劳工局多管道推就业支持措施";含"沟通渠道"的文本2 918篇,含"沟通管道"的220篇,也多出自港澳地区报纸或有台湾地区背景,如"将重建两岸交流平台和沟通管道"等。由此看来,《现汉》这一义项的增加可能有点"超前",或许并未真正反映当代普通话的实际语用情况。

3.3 其他方面的问题

除上述词条和释义方面的问题外,《现汉》中还存在一些与我们讨论话题相关的其他方面的问题,以下主要讨论标〈方〉和配例问题。

《现汉》凡例中说明,标〈方〉的表示某词或某义出自方言,这大概反映了"早期"的认识,即把台港澳等地区也归入方言区,而现在的一般认识是,台港澳等地区的特有词语属于"社区词",它与方言词具有诸多差异(苏新春 2023)。如果这一认识在《现汉》中得到反映的话,那么有些标〈方〉词条或释义就要重新考虑。不过,这里我们暂且不讨论这个问题,而是看有些"〈方〉"是否应当标注的问题。

《现汉》中,有时对"〈方〉"的是否标注处理得很好,反映了历时发展观。比如"搞定"一词,第5版开始收录,释义为"〈方〉动把事情办妥;把问题解决好"。从第6版起,释义未变,但是去掉了"〈方〉",我们认为这真实地反映了此词的使用情况,比如在读秀报纸中进行调查,结果显示含"搞定"的文本共42 185篇。

但是,这方面也有不尽如人意之处。比如,上文讨论《现汉》"非礼"一词的第二个义项一直是"〈方〉动指调戏;猥亵(妇女)",其实根据此词的实际使用情况,不仅加注"妇女"没有必要,就是"〈方〉"的标注也已不合时宜。此与相似的再如"透过",《现汉》第6版开始收列它的第二个义项,即"〈方〉介通过:~朋友介绍到这里工作"。第7版依然保留"〈方〉"。然而,当代普通话中,此义的用例常能见到,如:

(70) 透过女性的眼睛看世界　非政府组织妇女论坛专题讨论全面展开(《人民日报》1995-09-01)

(71) 引导官兵透过西藏旅游热看边疆新变化,增强戍边卫国的责任感。(《解放军报》2007－05－10)

(72) 透过志书记载,我们看到了一个又一个乡村的历史嬗变。(《杭州日报》2023－05－05)

我们认为,根据此词的实际使用情况,这里也应去除"〈方〉"。

配例作为词典释义的要素之一,我们对其作用的理解是:其一,证明释义的正确性与客观性;其二,补充释义的某些不足,比如使之具体化,(刁晏斌 2022c)它应尽可能地展示被释词的使用条件和环境,覆盖其主要用法或分布。在这方面,《现汉》有些配例可能比较滞后,未能及时反映词语用法新的发展和变化。比如"理念"一词,从第5版开始收录,释义为"① 信念:人生～。② 思想;观念:经营～|文化～。"由以上三个配例显示的使用情况是:此词只在偏正型四字格中做中心语使用。就语用实际来看,在很长时间内确实如此,以下是读秀报纸中的第一个用例:

(73) 我国音乐理念为何徘徊不前——音乐社会学问题刍议(《社会科学报》1986－03－09)

此后,"理念"基本也都是在四字格中使用,而《现汉》反映的正是这一实际情况。然而,大概10年以后,出现了脱离四字格独立使用的例子:

(74) "抓准理念与实践的结合部——邓小平理论与西北发展研讨会"在兰召开(《社会科学报》1996－01－18)

此后,这样的用例不断增加,再如:

(75) 合作哲学:理念　信仰　境界(《社会科学报》1996－10－31)

(76) 理念是企业发展的灵魂和精神支柱。理念的有无,突出与否,实用与否,决定着一个企业的兴衰、成败和命运。(《齐鲁石化报》2000－03－17)

时至今日,独立使用的"理念"越来越多,以下再举一例:

(77) 概括而言,这些经验包括"一个理念"和"三项做法"。一个理念,就是为了个案的公正。(《人民法院报》2023－05－05)

由此看来,起码在修订版中,“理念”应增加独立使用的配例,这样才能对此词的实际用法具有更大的覆盖面,或者是更加真实、准确地反映它的使用情况。

上文谈到,《现汉》第5版新增“秀³”,释义为“表演;演出”,所列配例为“作秀”“时装秀”和“泳装秀”三个。除“作秀”外,另两个分别与“时装”和“泳装”组合,给人的感觉似乎是“秀”只能与服装类词语组合,实际情况当然不是如此(最初组合范围确实有限,但后来则越来越广),所以第6、第7版均沿用最初的配例,确有失于考虑之处。如果能够在语料调查的基础上,替换及增补词典修订时较常见的不同搭配形式(如“真人秀”“灯光秀”“秀场”“一场秀”等),无疑更能反映被释词当时的实际使用情况。

4 结　　语

以上我们首先讨论当代普通话对华语词汇的引进、吸收以及在此基础上的发展,分别从增加新词形、增加新词义和增加新词用等三个方面对此进行了梳理和举例说明;其次是从全球华语融合与普通话词汇的发展看《现汉》各版中存在的某些不足,具体主要表现在失立词条、漏列义项、释义不当,以及标“〈方〉”和配例方面的问题。

笔者认为,“全球华语融合与普通话词汇的发展”是一个内涵极其丰富的大问题、大课题,可以而且应该围绕它进行更多全面、深入、细致的研究,最终形成一个相对完整的认识。具体而言,我们至少应当在以下几个方面付出更多、更大的努力:

第一,摸清普通话引进词语的“来龙”,建构包含来源、引进渠道以及时间点等重要信息的一个个具体词语的引进“档案”,并且争取要有一个较大的覆盖面,把所有常用词语都纳入研究范围;

第二,梳理普通话引进词语的“去脉”,即引进后的基本使用情况及其发展变化,很多引进词语在较长时间和较高频率的使用下,产生了词形、词义和词用等方面的变化,具有非常丰富的“史”的内涵,值得深入发掘;

第三,在以上了解和掌握“来龙去脉”的基础上,考察、分析和认识引进词语对普通话词汇系统的影响,比如造成了更多的同义词语(如“提高—提升”）、拓展了形、音、义关系及其类型（比如字母词语的大量使用、音译简缩性语素的类词缀化），甚至带来了词汇知识体系的某些变化（如语素词现象就非常值得归纳和总结）。

此外，在以上研究的基础上，还应加强与之相关的应用研究，比如词典编纂。客观地说，“全球华语融合与普通话词汇的发展”问题对规范语文工具书编纂者而言是一个相当严峻的挑战，除很多具体问题外，首先是在观念层面提出更高标准和要求：应当更好地认识和处理“规范”与“发展”之间的关系，与时俱进，力争及时、准确、全面反映词汇（包括引进词语）及其使用的最新情况；应当重新定位和确立规范辞书的使命担当：不仅要真实反映当代词汇状貌，还应在“大融合”的背景和视野下，致力于记录、推动、促进和引导全球华语由异趋同的融合性发展。

参考文献

程祥徽：《方言的离合与汉语在澳门的走向》，《许昌师专学报》1997 年第 2 期。

刁晏斌：《差异与融合——海峡两岸语言应用对比》，江西教育出版社 2000 年版。

刁晏斌：《流行在大陆词语中的“港台来客”》，《北方论丛》2002 年第 2 期。

刁晏斌：《试论当代汉语“语素词”》，《杭州师范大学学报》2011 年第 6 期。

刁晏斌：《当代汉语词汇研究》，中国社会科学出版社 2012 年版。

刁晏斌：《大陆词语在台湾：从“进入”到“融入”——如何看台湾“国语”与大陆普通话的趋同现象》，《光明日报》2016 年 5 月 29 日第 7 版。

刁晏斌：《再论当代汉语“语素词”》，《杭州师范大学学报》2018 年第 3 期。

刁晏斌：《循序渐进：华语本体研究的三种模式》，《现代语文》2022a 年第 9 期。

刁晏斌：《普通话的“输入”与全球华语的融合——基于〈马来西亚华语特有词语词典〉的调查》，*Global Chinese*（《全球华语》）2022b 年第 2 期。

刁晏斌：《由“舍小取大”现象看〈全球华语大词典〉中存在的问题》，《宁夏大学学报》2022c 年第 4 期。

雷震洲：《解读科技术语“智慧”》，《中国科技术语》2012 年第 2 期。

吕桂宁：《“秀”新产生的用法调查》，《广西民族大学学报》2007 年第 5 期。

史素芬：《简论新词语对汉语言的丰富与发展》，《山西师大学报》2002 年第 1 期。

苏新春：《社区词、方言词、通用词及对华语词汇研究的启示》，*Global Chinese*（《全球华语》）2023 年第 1 期。

汤志祥:《论 20 世纪末粤语对汉语和汉文化的影响》,《深圳大学学报》2000 年第 2 期。

汤志祥:《中国大陆主体华语吸收海外华语词语的层级、类别及其比例的考察》,载李雄溪、田小琳、许子滨主编《海峡两岸现代汉语研究》,文化教育出版社 2009 年版。

杨玉玲:《说"秀"》,《修辞学习》2004 年第 2 期。

姚颖:《浅析港台用语对现代汉语词汇的渗透》,《北京邮电大学学报》2005 年第 4 期。

张新友:《新兴类词缀"度"的使用分析》,《湖北第二师范学院学报》2010 年第 7 期。

郑燕、白婷婷:《模因论视角下"秀"的多角度分析》,《喀什大学学报》2020 年第 2 期。

周清海:《汉语融合时代的语言研究与语料库》,*Journal of Chinese Linguistics Monograph Series*,2015 年总第 25 期。

周清海:《"大华语"的研究和发展趋势》,《汉语学报》2016 年第 1 期。

周清海、萧国政:《新加坡华语词的词形、词义和词用选择》,《中国语文》1999 年第 4 期。

周有斌:《"秀"的组合及其语素化》,《语言文字应用》2005 年第 4 期。

(刁晏斌　北京　北京师范大学　diaoyanbin@ sina. com)

调查实录

苦·严·韧：语保三字诀

林伦伦

提　要：文章是笔者7年来参加广东省语言资源保护工程工作的实践和经验总结，用“苦、严、韧”三个字做小结：苦是辛苦和艰苦，为语保人诉苦；严，是严格和严谨。田野调查和中检、验收过程的要求都非常严格，需要有严谨的学术态度才能高质量完成语保项目；韧，就是韧性和坚韧不拔的精神。广东省72个调查点凡500多万字的资料，从田野调查、资料搜集、分析研究到汇总编辑、一二三校，一做就是6年多的时间，没有坚韧不拔的精神，难以坚持到底。

关键词：语言资源保护工程；广东省；粤闽客方言；三字诀

《中国语言资源集·广东》4卷9册（语音卷2册+词汇卷4册+语法卷1册+口头文艺卷2册），72个方言点（粤方言38，客家方言18，闽方言13，土话3）凡500多万字，终于在中国社会科学出版社出版了！

这套书凝结着广东省汉语方言学界200多名师生和200多名发音合作人辛勤劳动的汗水和科学的智慧，当然也离不开国家语言资源保护中心领导和核心专家组的专家们、广东省语言文字工作委员会的历届领导们的鼎力支持和细心指导，还有出版社领导的重视和责任编辑心细如丝地编辑和校对。

广东省的国家语言资源保护工程从2016年开始启动，转眼7个年头过去了，“逝者如斯乎”！那时候笔者还没有退休，现如今已经是一位退休白发老者。看着这套装帧雅致、版式大气的著作，心里头翻腾着“看似寻常最奇崛，成如容易却艰辛”①的感慨。

① 宋王安石《题张司业》诗句。

本文是在笔者前几年给国家语言资源保护中心写的语言资源保护(以下简称“语保”)工作心得《苦·严·韧:语保三字诀》的基础上再加上这几年的工作实践后完成的,希望能让大家了解广东语保工作的艰辛和快乐。

国家语言资源保护工程的启动是百年难逢的好事!从1981年下半年在李新魁教授指导下写作大学本科学士学位论文《澄海方言的特殊形容词》算起①,笔者从事调查和研究汉语方言40年来第一次遇到有国家政策明确指导和财政大力支持的、有计划有步骤地进行的大规模的语保工作,这真是天大的喜事!

虽然2015—2017年上半年笔者还在大学校长的岗位上、难以亲自上阵负责调查点的田野调研工作,但笔者积极参加了广东闽方言十几个项目的中检、预验收和验收的工作,做出了一个方言学者应做的贡献。

在语保工作的过程中,我的体会最深刻的是三个字:苦、严、韧。

苦,是辛苦、艰苦。调查点的负责人都非常辛苦,工作也十分艰苦。项目上半年立项之后,基本上都是在暑假最酷热的日子里启动并完成第一次调查的,发音合作人和录音录像的师生都很辛苦。我负责指导的汕头市南澳岛调查点的来自广东技术师范大学的林春雨博士是个二宝妈妈,二宝只有一岁多。她放下了嗷嗷待哺的孩子,离开广州,到南澳岛调查,一走就是十天半个月的,只能靠视频来跟孩子保持联络。澄海区调查点的调查人是来自广东外语外贸大学的林晴博士。她是有7个月身孕的准妈妈,但她克服了生活和身体上的各种困难,在其丈夫的强有力的支持下,在八月酷暑里,坚持连续录音录像三周。澄海点的老年男性发音合作人每天骑自行车几里路来接受调查,天气实在太热了,一周下来,他身体吃不消,中暑了,只好临时改为其他发音人的调查。潮州市饶平县点的负责人是来自西安外国语大学(原籍潮州市)的徐馥琼博士,她在调查中途突然病倒了,但她坚持不撤退,病情稍微好转,就一边吃着药一边继续调查。国家语言工程核心专家组专家、广东省首席专家庄初升教授在资料汇集时从中山大学调到浙江大学,疫情防控期间来往也不方便,但他还是千方百计拨冗回到广东参加项

① 本科论文的一部分后来以《汕头话的一种特殊形容词》为题发表在《中国语文》1990年第1期。

目验收和最后的汇编工作，经常是风尘仆仆、来去匆匆。没有热爱语保、以苦为乐的精神，确实难以保持这样的工作热情和严谨的态度。

严，是严格、严谨。调查点的负责人在做田野调查时都是严格按照国家语保中心的要求来做的。验收时更是坚持严谨的学术态度，不论是中检还是预验收和最终验收。国家语保中心组成的专家组无论从所调查方言的用字、记音的内容到音频、视频的技术要求，都比我们平常做的方言调研项目要高。由于技术参数要求高，设备的要求也高。第一批做项目的林春雨博士在南澳岛上调查，得到县里面大力支持，但即便全县电视台和电台的设备都使用上了，也达不到语保中心的技术要求。甚至有些要求被发音合作人视为严苛，例如背景布要平整，一点褶皱都不能有；发音人眼睛要平视，不能经常眨眼等。但调查点负责人都克服各种困难，坚持做到了。该修改的修改，该重录的重录，最终按国家语保中心的严格要求完成了任务。也因为大家的同心协力和严谨认真，我们广东的语保项目 72 个点最终全部顺利完成。负责组织落实、指导广东省语保项目开展的广东省语委也被评上教育部的语保工作先进单位。

韧，就是韧性，坚韧。做语保项目者，必须有韧性。一是调查时要有耐心。发音合作人往往不是一来就能很好地配合，得一边录音录像，一边培训他们。但也因此会经常发生爆笑、咳嗽、连连眨眼睛等情况，破坏了录音录像的连续性，只好作废重来。有时候发音合作人对某个词语很感兴趣，突然噼里啪啦就讲出了一大段，都是跟该词语关系不大的，我们只好耐心地跟他讲清楚后重来。最怕的是发音合作人生病了，或者因为什么原因突然撂挑子不干了，项目负责人不但得照顾好发音合作人的生活，还得像孩子说服家里的老人家一样好说歹说让他留下来继续干。最特殊的是，有的发音人还要求要跟项目负责人签合同，保证他说的话、他用的字不能被修改。严修鸿教授调查海丰县闽语点时，就碰到过这样的事情。

二是要有虚心接受专家组意见的态度，认真修改调查成果，不只是一次，还可能是两三次的修改，乃至返回调查点重新录音录像，"回头率"（返工率）几近三分之一，所以要有耐心和韧性。有时候，广东的专家和国家语保中心拍下来的专家的意见可能不太一致，例如在记音（使用音标）、用字（本字和同音字）和音系归纳（音位分合）方面；有时候，中期检查和最后验收的专家可能不同,提出的意见也不一定完全一致,需要进行讨论、协商后确定,就更需要虚心和韧性了。在做各个语保调查点的资料汇编工作时,前后对照起来,我们又发现,由于各点负责人的不同、立项调研时间的不同、指导的专家和验收的专家的不同,用字、记音等方面需要做的统一修改的工作量实在是太大了。先是粤方言、客方言、闽方言各自内部的统一,后是三种方言之间相同词源(本字)的统一。例如同一个表示站立的"徛",闽方言多写作"徛""踦",粤语多写作"企";闽方言表示多、众多的[tsoi],有写作"夥",也有写作"济"的;一个众人皆知的粤方言表示没有的[mou],有写作"无"的,也有写作"冇",闽方言写作"无",还写作"毋"等,都得通过比较,择其一而统一之。最难的是同一词源(本字)在不同方言点的读音变异之后,是否还使用同一本字来记录,也会争个面红耳赤。例如闽方言的"儿",本音[dzi],变读为[ni],平时多把[ni]写作"呢"了。客家方言的一个表示小的后缀"子",有读[mɛ]的,有读[ʔei],还有读[li]的,汉字便写成"欸""哩"。是写这些同音字呢,还是写"子",专家都争论了半天。争论之后,"吾辈数人,定则定矣",①一笑了之。学术争论是正常的,同行友谊是永存的。汇编的工作一做就是一年多,会议开了四场,校对校了三遍(花了大半年时间),这很需要严谨的学术态度和坚忍不拔的韧性。我们广东的几位首席专家有个共识:这套书出来,就代表了广东方言学界的研究力量,代表了我们几位首席专家的学术水平,虽然难以做到尽善尽美,但起码不能留下太多的遗憾。

总之,做语保项目就像是进入了一个高级研修班,各语保项目负责人都在工作中得到了锻炼,取得了明显的进步。做过语保项目的师生们,经过这苦、严、韧三字诀的训练,个个都掌握了一套高超的录音录像技术,在语音分析、归纳,词汇和语法分析、整理,口头文化的田野调查和整理等方方面面的研究水平也有明显的提升。还有的师生继续负责其他方言调查项目,做起来就如鱼得水了。也有教师在各自的工作单位和地方做起语保工作来,成为当地语保工作的带头人或者骨干。例如广东省第一批语保项目(2016年)潮州点的负责人林朝虹教授在潮州的语保工作就做得有声有色,她参

① 唐陆法言《切韵·序》语。

编了《潮汕文化读本》(陈平原，林伦伦，黄挺 2017)并主编了其中的三本分册，还组织指导了20多所学校的试验教学，使读本在2017年得以顺利通过广东省中小学教材审定委员会的审定而进入中小学教材采购名录。她还主审了《潮汕童谣绘本》(林朝虹，颜桂主编，林伦伦主审 2019)一套6册(春秋季各3册)并使该书进入了幼儿园。由于语保工作取得的优秀成绩，她本人不但晋升为教授，而且成为广东省级非物质文化遗产项目——潮州歌谣的代表性传承人，并入选了广东省的"国培计划"专家库推荐名单。

参考文献

陈平原、林伦伦、黄挺主编：《潮汕方言读本》，广东教育出版社2017年版。

林朝虹、颜桂主编，林伦伦主审：《潮汕童谣绘本》，广东高等教育出版社2019年版。

(林伦伦　广州　广东技术师范大学　lllin0408@126.com)

第一次全国方言普查书本成果经眼录

王谢杨

提　要：游汝杰在《汉语方言学教程》中提到，第一次方言普查后编写了1 195种调查报告、300多种某地人学习普通话手册之类的小册子（已出版72种），编出共18种方言概况类著作。上述成果历经部分三年困难时期、十年“文革”，又过去近50年的时间，如今多已不存。文章在宋学《1957～1958年全国汉语方言普查的成果调查》一文的基础上进一步整理了单独印制成册的第一次全国方言普查成果资料及与本次普查成果有直接传承关系的书本资料，按现行省级政区分别叙述。每个省先列出宋文中的信息，再以1966年为界分别列出两个阶段印制的总结性资料、调查材料、学话手册及其他相关书籍，简介形制及存佚、收藏情况。

关键词：汉语方言；方言调查；普通话；文献；书目

1　前　　言

游汝杰（2016：240）在《汉语方言学教程》中说：

1957年全国各省市先后开展了对本省市方言的普查工作。经过将近两年时间，完成了原来计划要调查的2 298个方言点中的1 849个点（占80%以上）的普查工作。普查以语音为重点，各地只记录少量词汇和语法例句。在普查的基础上编写了1 195种调查报告和某地人学习普通话手册之类小册子300多种（已出版72种）。普查工作后期编出的方言概况一类著作有河北、河南、陕西、福建、山东、甘肃、江苏、浙江、湖北、湖南、四川、广西、贵州、广东等18种。大多仅油印或铅印成册,公开出版的只有《江苏省和上海市方言概况》《河北方言概况》《安徽方音辨正》《四川方言音系》等几种。

上述1 195种调查报告和300多种学习普通话手册历经部分三年困难时期、1966年—1976年的十年“文革”,又过去近50年的时间,如今多已不存。因为方言是历时变化的,所以这些调查资料是不可多得的、宝贵的方言研究素材。宋学(1980)曾撰写《1957~1958年全国汉语方言普查的成果调查》一文(以下简称“宋文”),初步对当时第一次全国方言普查成果的存佚情况进行了总结,惜有不少错漏。从彼时至今,这些资料又进一步散佚,让人感到十分惋惜。近几年笔者一直在努力搜集相关的资料和信息,现将笔者所知见的情况整理成本文,希望能增加一点各界对相关书籍、资料的关注度,使这些研究成果能尽快得到保护。

本文仅收录笔者知见的单独印制成册的第一次全国方言普查的成果性资料及与本次普查成果有直接传承关系的书本资料,以现行政区分别叙述,政区排列顺序基本依照宋文。每个省先列出宋文中的信息,或稍考据正误,再以1966年为界分别列出两个阶段印制的总结性资料、调查材料、学话手册及其他相关资料。仅见于其他文献但笔者无法确定源流的资料列入“仅见于其他文献的资料”部分待考。已经确定基本失传的资料以注解的形式说明情况,不列入“仅见于其他文献的资料”部分。另外,可以确定是仅宽泛地介绍普通话的书籍不列入“其他资料”部分。

为求简洁美观,在列举资料时,本文均先列书名,不加书名号。同时,为不致产生误解,在其他情况下提到书名时,均加书名号。

2　黑龙江省

2.1　宋文中的信息

共71县(市),已调查64个点。

学话手册编写情况:《黑龙江人学习普通话手册》,1958年正式出版;《黑龙江人学习普通话》,1974年修订再版。

方言概况类资料编写情况:《黑龙江方言语音概况》,1964年石印100册,内部交流。

原始材料情况及继续调查计划:原始材料已散失,黑龙江省语言学会已纳入规划,1982年进一步完成计划,重点放在词汇调查上,语法也稍做调查。

调查材料提供人:哈尔滨师院郭正彦。

2.2 1966年及以前印制的资料

2.2.1 总结性资料

黑龙江省方言音系概况,哈尔滨师范学院,1966年6月,16开,平装本,极可能未失传。

2.2.2 学话手册

(一)黑龙江人学习普通话课本(试用本),黑龙江省推广普通话工作委员会编,李楠、胡新化执笔,黑龙江人民出版社,1957年6月,32开,平装本。

(二)黑龙江人学习普通话课本(修订试用本),黑龙江省推广普通话工作委员会编,黑龙江人民出版社,1958年6月,32开,平装本。

2.2.3 其他资料

普通话常用平饶舌字音表,哈尔滨师范学院,1964年9月,16开,平装本,存否不详。

2.3 1967年及以后印制的资料

2.3.1 总结性资料

黑龙江方言音系概况,哈尔滨师范大学/郭正彦、白曦,1983年6月,16开,骑马订平装。

2.3.2 学话手册

黑龙江人学习普通话,李楠、胡新化,黑龙江人民出版社,1974年4月,32开,平装本。

2.2.3 其他资料

暂未发现。

2.4 仅见于其他文献的资料

（一）黑龙江方言概况，郭正彦，见于黑龙江省人事厅《黑龙江省高级专业技术人名辞典》（黑龙江人民出版社，1994），第208页。

（二）黑龙江方言语音概况，1964年，石印100册，见于宋文。

3 吉林省

3.1 宋文中的信息

共48县（市），已调查40个点。

学话手册编写情况：《长春、四平、吉林人学习普通话手册》，1959年吉林人民出版社出版；《通化地区人学习普通话手册》，1959年吉林人民出版社出版；《延边地区人学习普通话手册》，未正式出版。

方言概况类资料编写情况：《吉林省方言词汇概述》手稿，未出版。

原始材料情况及继续调查计划：原始材料已散失，无继续调查计划。

调查材料提供人：吉林师大陈毓藩、吉林省教育学院郝阿庆。

3.2 1966年及以前印制的资料

3.2.1 总结性资料

暂未发现①。

3.2.2 学话手册

（一）吉林人学习普通话手册（通化地区），吉林省推广普通话工作委员会，吉林人民出版社，1959年，32开，平装本，为《吉林人学习普通话手册》系列第一册。

（二）吉林人学习普通话手册（长春、吉林、四平白城地区），吉林省推广普通话工作委员会，吉林人民出版社，1959年11月，32开，平装本，为《吉林人学习普通话手册》系列第二册。

① 刘禾《常用东北方言词浅释》（吉林人民出版社，1959）是个人收集资料编写的，与第一次方言普查似无直接关系。

3.2.3 其他资料

暂未发现。

3.3 1967年及以后印制的资料

暂未发现。

3.4 仅见于其他文献的资料

(一) 吉林省方言词汇概述,见于宋文。

(二) 延边地区人学习普通话手册,见于宋文。

4 辽宁省

4.1 宋文中的信息

共52县(市),已调查46个点。

学话手册编写情况:《旅大、安东等地人学习普通话手册》,1959年辽宁人民出版社出版;《沈阳地区人学习普通话手册》,1959年辽宁人民出版社出版;《锦州地区人学习普通话手册》,1959年辽宁人民出版社出版;《辽宁人学习普通话语音基础知识》,1978年重编。

方言概况类资料编写情况:《辽宁方音说略》,①发表在1963年《中国语文》第二期上。《辽宁汉语方言概况》,1963年编成,手稿,未出版。《辽宁方言词汇》,1 500余条,手稿。

原始材料情况及继续调查计划:原始材料已散失,无继续调查计划。

调查材料提供人:辽宁大学刘玉昆、锦州四中王采、丹东师专刘明纲。

4.2 1966年及以前印制的资料

4.2.1 总结性资料

辽宁方音和北京语音对照,阎滨、刘扶民,辽宁人民出版社,1957年

---

① 即宋学《辽宁语音说略》一文,载于《中国语文》1963年第2期,第104—114页。

7 月,32 开,平装本。

4.2.2 学话手册

(一) 旅大、安东等地人学习普通话手册,辽宁省推广普通话工作委员会,辽宁人民出版社,1959 年 2 月,32 开,平装本。

(二) 沈阳地区人学习普通话手册,辽宁省推广普通话工作委员会,辽宁人民出版社,1959 年 2 月,32 开,平装本。

(三) 锦州地区人学习普通话手册,辽宁省推广普通话工作委员会,辽宁人民出版社,1959 年 1 月,32 开,平装本,书后有一附表,说明了调查时间、地点、调查人、发音人。

(四) 辽宁人学习普通话辨字正音手册,赵治武、孙成宗,辽宁人民出版社,1957 年 5 月,32 开,平装本。

4.2.3 其他资料

辽宁方音正音字表,重生,辽宁人民出版社,1960 年 4 月,32 开,平装本。

4.3 1967 年及以后印制的资料

暂未发现。

4.4 仅见于其他文献的资料

(一) 辽宁方言概况,见于宋文。

(二) 辽宁方言词汇,见于宋文。

(三) 辽宁人学习普通话语音基础知识,①1978 年重编,见于宋文。

5 内蒙古自治区

5.1 宋文中的信息

共 84 旗、县(市),已调查 24 个点。

---

① 可能与辽宁教育学院编(1980)《辽宁人学习普通话》有关。

学话手册编写情况:《包头人学习普通话手册》,油印稿,未出版;《内蒙古自治区汉语方音与普通话语音对应规律》,[①]1959年,《内蒙古大学学报》第1期刊载;《内蒙西部方言语音初探》,[②]《方言与普通话集刊》第三本刊载;《呼和浩特人怎样学习普通话》,手稿,未出版。

方言概况类资料编写情况:未整理出方言概况类材料。

原始材料情况及继续调查计划:原始材料已散失,无继续调查计划。

调查材料提供人:内蒙古师范学院马国凡、呼和浩特市东风区教研室张贵、呼和浩特市四中韩志刚。

5.2 1966年及以前印制的资料

暂未发现。

5.3 1967年及以后印制的资料

暂未发现。

5.4 仅见于其他文献的资料

(一) 包头人学习普通话手册,见于宋文。

(二) 呼和浩特人怎样学习普通话,见于宋文。

6 河北省、北京市、天津市[③]

6.1 宋文中的信息

共165县(市),已调查155个点。

学话手册编写情况:共编成学习普通话手册62种,油印稿,未出版。

① 即张清常《内蒙古自治区汉语方音与普通话语音对应规律》一文,载于《内蒙古大学学报》1959年第1期,第75—103页,此文也收入《张清常文集》第5卷、张清常《语言学论文集》。

② 即张培中《内蒙西部区方言语音初探》一文,载于《方言与普通话集刊》第三本,第70—72页。

③ 根据1956年高等教育部、教育部联合发布的《关于汉语方言普查工作的指示》,北京市、天津市的方言普查工作并入河北省一同进行。

《怎样学习普通话》(承德、滦平、平泉适用),1958 年河北人民出版社出版。

方言概况类资料编写情况:《河北方言概况》,1961 年 6 月河北人民出版社出版。

学话手册编写情况:原始材料一部分存于北京大学中文系,无继续调查计划。

调查材料提供人:河北大学武占坤、河北师范学院陆述生。

6.2 1966 年及以前印制的资料

6.2.1 总结性资料

(一) 河北方言概况,河北北京师范学院、中国科学院河北省分院语文研究所,河北人民出版社,1961 年 10 月,32 开,平装本。

(二) 河北省方言词汇编,中国科学院河北省分院语言文学研究所,1960 年 8 月,16 开,平装本,共 13 册,其中第 13 册为补遗。笔者仅收集到其中一部分,现缺第 9、11—13 册。朱星在李行健(1995)《河北方言词汇编》的序言中提到了这套书的相关情况:

> 一九五九年……在每个县聘请两名当地的中学语文教师作兼职调查员,由行健同志分别深入各专区给兼职调查员以短期训练,并发给统一的调查表格,进行一些实际调查,然后按统一制订的工作步骤和方法分别开展调查工作……当各地调查材料陆续上来时,语文研究所先后调来几位同志帮助核对整理调查材料,分门别类过录卡片,并由行健同志主持,于一九六〇年八月,编出了《河北方言词汇编》(初稿)十三册(打印本)……于一九六二年编出了六十万字的《河北方言词汇编》。河北人民出版社原拟出版,但不久便开始了"文化大革命"。"文化大革命"中,据说原稿已不知去向,这是一个很大的损失。

由此可知,1962 年编出的《河北方言词汇编》大概率已佚。

(三) 昌黎方言志,河北省昌黎县县志编纂委员会、中国科学院语言研究所,科学出版社,1960 年 7 月,16 开,平装本,印刷纸质有报纸和道林纸两种。

6.2.2 学话手册

(一) 怎样学习普通话,朱星,河北人民出版社,1956 年 7 月,32 开,平装本。

(二) 获鹿、赞皇、灵寿、元氏人怎样学习普通话,北京师范大学方言调查组,1958 年 8 月,16 开,左侧双钉平装,笔者自藏。

(三) 崇礼、沽源、商都人怎样学习普通话,北京大学/余光清,1958 年 8 月,国家图书馆藏。①

(四) 张家口、张北、宣化人怎样学习普通话,北京大学/李行健,1958 年 8 月,国家图书馆、北京大学图书馆、北京语言大学图书馆藏。

(五) 围场、隆化、兴隆、丰宁、延庆人怎样学普通话,北京大学/季恒铨,1958 年 8 月,国家图书馆藏。

(六) 原通县专区人怎样学习普通话,北京大学/唐琮世、温端政,1958 年 8 月,国家图书馆藏。

(七) 怀来人怎样学习普通话,北京大学/石安石,1958 年 8 月,国家图书馆藏。

(八) 万全、康保人怎样学习普通话,北京大学/郑华雄、郑宝倩,1958 年 8 月,国家图书馆藏。

(九) 怀安人怎样学习普通话,卢甲文,1957 年 10 月,16 开,平装,国家图书馆藏,笔者自藏本为卢甲文先生旧藏,内附有手稿《怀安县教育科关于组织教师座谈〈怀安人怎样学习普通话〉一书的意见》3 页。

(十) 赤城人怎样学习普通话,北京大学/唐作藩,1958 年 8 月,国家图书馆藏。

(十一) 蔚县人怎样学习普通话,北京大学/王福堂,1958 年 8 月,国家图书馆藏。

(十二) 青龙人怎样学习普通话,北京大学/王福堂,1958 年 8 月,国家图书馆藏。

(十三) 龙关人怎样学习普通话,吴天惠,1958 年,国家图书馆藏。

(十四) 尚义、阳原人怎样学习普通话,熊正辉、陈松岑,20 世纪 50 年代出版,实年不详,国家图书馆藏。

(十五) 怎样学习普通话(成安、临漳、肥乡、魏县适用),宁汝芳,河北

① 根据读秀数据库提供的馆藏信息,上海城建职业学院图书馆藏有一些河北省的学话手册,但根据吴继章先生提供的信息,上海城建职业学院图书馆现已无藏。

人民出版社,1958 年,国家图书馆藏。

(十六) 怎样学习普通话(承德、滦平、平泉适用),王福堂,河北人民出版社,1958 年,国家图书馆藏。

6.2.3 其他资料

河北省方言词汇调查表,中国科学院河北省分院语言文学研究所,1959 年,16 开,平装本,共几册暂不详,笔者现仅收集到第五册。

6.3 1967 年及以后印制的资料

6.3.1 总结性资料

(一) 河北省、天津市方言词汇编,李行健,1980 年 6 月,16 开,平装,总 10 册。

(二) 河北省方言词汇编,李行健,商务印书馆,1995 年 10 月,32 开,硬精装,绿色封面,外有黄色带图案的书衣。

(三) 河北省方言词汇编,李行健,燕山大学出版社,2021 年 5 月,16 开,硬精装。

(四) 昌黎方言志,河北省昌黎县县志编纂委员会、中国科学院语言研究所,上海教育出版社,1984 年 7 月,16 开,有平装和硬精装本两种。

6.3.2 学话手册

暂未发现。

6.2.3 其他资料

暂未发现。

6.4 仅见于其他文献的资料

6.2 节未列出的其他 48 种学话手册,见于宋文。

7 山东省

7.1 宋文中的信息

共 136 县(市),已调查 103 个点。

学话手册编写情况:《泗水、滕县人怎样学习普通话》,1959 年山东人民出版社出版;《昌潍人怎样学习普通话》,1959年山东人民出版社出版;《胶东人怎样学习普通话》,1959年山东人民出版社出版。

方言概况类资料编写情况:《山东方音概况》,1960年编成,未出版;《山东方言词汇调查报告》,曲阜师院编,未出版。

原始材料情况及继续调查计划:原始材料已散失,省里无继续调查计划,山东大学准备对部分地区进行详查。

调查材料提供人:山东大学钱曾怡。

7.2 1966年及以前印制的资料

7.2.1 总结性资料

(一)山东方言语音概况,山东省方言调查总结工作组,1960年2月,横版8开,平装本。

(二)山东方言词汇初步调查报告,曲阜师范学院中文系、山东方言词汇调查研究组,1960年7月,横版8开,平装本。

7.2.2 学话手册

(一)泗水滕县人怎样学习普通话,山东省方言调查指导组主编/曲阜师范学院方言调查工作组编,山东人民出版社,1960年,32开,平装本。

(二)昌潍人怎样学习普通话,山东省方言调查指导组主编/山东大学方言调查工作组编,山东人民出版社,1960年,32开,平装本。

(三)胶东人怎样学习普通话,山东省方言调查指导组主编/山东大学方言调查工作组编,山东人民出版社,1960年5月,32开,平装本。

(四)鲁西南人怎样学习普通话,鲍明炜,山东人民出版社,1957年,32开,平装本。

(五)济南话和普通话有哪些不同的地方,吴朗,山东人民出版社,1957年3月,32开,平装本。

7.2.3 其他资料

(一)普通话语音基础,李香亭,山东人民出版社,1959年11月,32开,平装本。

(二)山东方音辨正举例,山东省教育厅,1957年7月,32开,平装本。

7.3 1967 年及以后印制的资料

7.3.1 总结性资料

(一) 山东方言语音概况,山东大学,1979 年 12 月,8 开横版,平装本。

(二) 烟台方言报告,钱曾怡等,齐鲁书社,1982 年 11 月,32 开,平装本。

7.3.2 学话手册

山东人学习普通话指南,钱曾怡主编/曹志耘等著,山东大学出版社,1988 年 9 月,32 开,平装本。

7.3.3 其他资料

暂未发现。

7.4 仅见于其他文献的资料

无棣人怎样学习普通话,见于钱曾怡文《从事汉语方言调查的片段回忆》。①

8 山西省

8.1 宋文中的信息

共 100 县(市),已调查 97 个点。

学话手册编写情况:《太原人学习普通话手册》《临汾人学习普通话手册》《侯马人学习普通话手册》《运城人学习普通话手册》《大同人学习普通话手册》,均未正式出版。

方言概况类资料编写情况:《山西省方言概况》,油印稿,未出版。《普通话·沁州方言语音、词汇、语法比较》,手稿,未出版。

原始材料情况及继续调查计划:原始材料现存山西大学中文系,计划 1979—1985 年进一步调查。

调查材料提供人:山西大学田希诚、金梦茵。

---

① 载于李宇明、王莉宁《輶轩使者》,商务印书馆 2020 年 5 月版,第 87 页。

8.2　1966年及以前印制的资料

8.2.1　总结性资料

山西方言概况(语音部分初稿),山西省方言调查指导组,8开,上方装订,1961年,平装本,中山大学图书馆藏。

8.2.2　学话手册

暂未发现。

8.2.3　其他资料

山西方言词汇调查手册,山西省教育厅,16开,平装本,笔者自藏。

8.3　1967年及以后印制的资料

8.3.1　总结性资料

山西方言概况(语音部分初稿),山西省方言调查指导组、中国音乐家协会山西分会、山西省文化厅音乐工作室翻印,1984年2月,16开,平装本。

词汇部分初稿并未完成,相关信息见温端政(2003:97-103)《山西方言调查研究和方言志的编写》:

> 回顾40年来的山西方言研究,首先想到的是50年代的方言"普查"。这次普查是从1957年开始的。由山西省教育厅和山西师范学院(今山西大学前身)组成的"山西省方言调查指导组",于1957年暑期举办了山西方言调查训练班。参加训练班的70名师生,采用边学边记音的办法,调查了62个点。在训练班举办之前,山西师范学院中文系语言研究组的同志已经调查了10个点,训练班结束之后,他们又调查了25个点。这样,当时确定的全省97个点的调查任务,到1958年底就基本上完成了。1959年转入编写学话手册,完成了太原、平遥、长治、大同、阳高、浑源、原平、五寨、临汾、侯马、稷山、运城等地人学习普通话手册12种(均未刊)。1960年开始编写《山西方言概况》(以下简称《概况》),计划包括语音和词汇两个部分。语音部分于1961年10月完成初稿,并油印出来进行交流。词汇部分惜未完成。

8.3.2　学话手册

暂未发现。

8.3.3 其他资料

语音常识,田希诚,山西人民出版社,1974 年 10 月,32 开,平装本,收入山西人民出版社语文知识丛书。

8.4 仅见于其他文献的资料

(一) 太原人学习普通话手册,见于宋文、温端政《山西方言调查研究和方言志的编写》。

(二) 临汾人学习普通话手册,见于宋文、温端政《山西方言调查研究和方言志的编写》。

(三) 侯马人学习普通话手册,见于宋文、温端政《山西方言调查研究和方言志的编写》。

(四) 运城人学习普通话手册,见于宋文、温端政《山西方言调查研究和方言志的编写》。

(五) 大同人学习普通话手册,见于宋文、温端政《山西方言调查研究和方言志的编写》。

(六) 平遥人学习普通话手册,见于温端政《山西方言调查研究和方言志的编写》。

(七) 长治人学习普通话手册,见于温端政《山西方言调查研究和方言志的编写》。

(八) 阳高人学习普通话手册,见于温端政《山西方言调查研究和方言志的编写》。

(九) 浑源人学习普通话手册,见于温端政《山西方言调查研究和方言志的编写》。

(十) 原平人学习普通话手册,见于温端政《山西方言调查研究和方言志的编写》。

(十一) 五寨人学习普通话手册,见于温端政《山西方言调查研究和方言志的编写》。

(十二) 稷山人学习普通话手册,见于温端政《山西方言调查研究和方言志的编写》。

(十三) 普通话·沁州方言语音、词汇、语法比较,见于宋文。

9　河南省

9.1　宋文中的信息

共121县(市),已调查112个点。

学话手册编写情况:郑州人、开封人、新乡人、洛阳人、许昌人、南阳人、信阳人、商丘人、漯河人、濮阳人学习普通话手册共10种,1959年均由河南人民出版社出版;《安阳人怎样学习普通话》,手稿,未出版。

方言概况类资料编写情况:《商邱方言研究》,①1960年《开封师院学报》发表;《河南方言概况》,1978年开封师院油印稿;《河南话与普通话词汇语法比较》,已正式出版;《河南话与普通话语音比较》,1963年手稿。

原始材料情况及继续调查计划:原始材料情况不详,河南师大初步设想对未调查点进行补查,并选出若干代表点进行深入调查。

调查材料提供人:河南师大陈大福。

9.2　1966年及以前印制的资料

9.2.1　总结性资料

(一) 河南方言概况(初稿),开封师范学院方言调查研究室,1960年10月,16开,平装本,广西师范大学图书馆藏。

(二) 河南二十二个县、市的方音与北京语音的对应关系,河南省教育厅推广普通话办公室印,1957年7月,32开,平装本。

(三) 河南话与普通话词汇语法比较,陈天福、张启焕、程仪,河南人民出版社,1959年1月,32开,平装本。

9.2.2　学话手册

(一) 河南省许昌方言区学习普通话手册,河南省推广普通话工作委员会办公室、开封师范学院,河南人民出版社,1959年4月,32开,平装本。

(二) 河南省开封方言区学习普通话手册,河南省推广普通话工作委员

① 即陈天福、张启焕、程仪《商邱市方言研究》一文,载于《开封师范学院学报》1960年第3期,第1—41页。

会办公室、开封师范学院,河南人民出版社,1959年5月,32开,平装本。

注: 版权页上为1958年5月第1版,1959年5月第1次印刷,出版时间似乎有误。

(三) 河南省漯河方言区学习普通话手册,河南省推广普通话工作委员会办公室、开封师范学院,河南人民出版社,1959年5月,32开,平装本。

(四) 河南省南阳方言区学习普通话手册,河南省推广普通话工作委员会办公室、开封师范学院,河南人民出版社,1959年5月,32开,平装本。

(五) 河南省濮阳方言区学习普通话手册,河南省推广普通话工作委员会办公室、开封师范学院,河南人民出版社,1959年5月,32开,平装本。

(六) 河南省商丘方言区学习普通话手册,河南省推广普通话工作委员会办公室、开封师范学院,河南人民出版社,1959年5月,32开,平装本。

(七) 河南省信阳方言区学习普通话手册,河南省推广普通话工作委员会办公室、开封师范学院,河南人民出版社,1959年5月,32开,平装本。

(八) 河南省郑州方言区学习普通话手册,河南省推广普通话工作委员会办公室、开封师范学院,河南人民出版社,1959年5月,32开,平装本。

(九) 河南省洛阳方言区学习普通话手册,河南省推广普通话工作委员会办公室、开封师范学院,河南人民出版社,1959年7月,32开,平装本。

(十) 河南省新乡方言区学习普通话手册,河南省推广普通话工作委员会办公室、开封师范学院,河南人民出版社,1959年7月,32开,平装本。

9.2.3 其他资料

河南音与标准音拼音差异举例,孔繁浩,河南人民出版社,1956年12月,32开,平装本。

9.3 1967年及以后印制的资料

9.3.1 总结性资料

(一) 河南方音概况,河南师范大学科研处/陈天福、张启焕、程仪,1982年,32开,平装本。

(二) 河南方音特点地图,[1]陈天福、张启焕、程仪,横版8开,平装本。

---

[1] 即《河南方音概况》书后附图,但图幅较大。

9.3.2 学话手册

暂未发现①。

9.3.3 其他资料

暂未发现。

9.4 仅见于其他文献的资料

河南话与普通话语音比较,1963 年手稿,见于宋文。

10 陕西省

10.1 宋文中的信息

共 99 县(市),已调查 99 个点。

学话手册编写情况:编出《丹凤人学习普通话手册》等共 12 种,都是油印稿,未出版;《关中人怎样学习普通话》《陕北人怎样学习普通话》均在 1958 年由陕西人民出版社出版。

方言概况类资料编写情况:《陕西方音概况》(初稿),铅印,未正式出版;《关中话、陕北话、陕南话的分区和各区的主要特点》,油印稿,未出版。

原始材料情况及继续调查计划:原始材料部分散失,无继续调查计划。

调查材料提供人:西北大学杨春霖、陕西师大马学瑞。

10.2 1966 年及以前印制的资料

10.2.1 总结性资料

陕西方音概况(初稿),陕西省方言调查指导组、陕西省教育厅,1960 年,16 开,平装本,有 14 页勘误表,广西师范大学图书馆、陕西省图书馆、陕西省档案馆藏,陕西省图书馆藏本缺勘误表,广西师范大学图书馆误登记书

① 郭青萍《安阳地区人怎样学习普通话》并非第一次全国方言调查的成果;林县文教局、郑大中文系编《林县人怎样学习普通话》(1975 年 8 月)虽然受到了“推广普通话运动”的影响,但从内容看,似乎并不与第一次全国方言普查直接相关。

名为“陕西方言概况”。

10.2.2　调查材料

陕西方言词汇调查手册,陕西省方言调查指导组、陕西省教育厅,1961年4月,16开,平装本。

10.2.3　学话手册

(一) 丹凤人学习普通话手册,杨春霖,1958年12月,平装本,极可能未失传,但藏处不详。

(二) 关中人怎样学习普通话,杨春霖、孙福全,陕西人民出版社,1958年6月,32开,平装本。

(三) 陕北人怎样学习普通话,薛生民,陕西人民出版社,1958年3月,32开,平装本。

10.2.4　其他资料

(一) 普通话问题解说,杜松寿,陕西人民出版社,1956年6月第1版,1956年9月第1次印刷,32开,平装本。

(二) 普通话入门(西北通用),杜松寿,陕西人民出版社,1957年4月,32开,平装本。

(三) 普通话语音和西北音的对应练习,杜松寿,陕西人民出版社,1958年4月,32开,平装本。

据张成材文(2016: 201-224)《六十年来的陕西方言研究》,上述三本书均为《西北人怎样学普通话》的一部分:

> 中国文字改革委员会研究员杜松寿率先写出了《西北人怎样学普通话》分三本出版。第一本《普通话问题解说》(全书的绪论部分),1956.6.由陕西人民出版社出版;第二本《普通话入门》(1957.4.);第三本《普通话语音和西北音对应练习》(1958.4.)。

10.3　1967年及以后印制的资料

暂未发现。

10.4　仅见于其他文献的资料

(一) 关中话、陕北话、陕南话的分区和各区的主要特点,见于宋文。

(二) 除《丹凤人学习普通话手册》外的11册油印学话手册,见于宋文。

11　宁夏回族自治区

11.1　宋文中的信息

共16县(市),已调查16个点。

学话手册编写情况:《宁夏人怎样学习普通话》,1959年宁夏大学油印,未出版;《宁夏人学习普通话手册》,1979年编,未出版。

方言概况类资料编写情况:《宁夏话和普通话语音对应规律》,1977年编,未出版。

原始材料情况及继续调查计划:原始材料保存在宁夏大学中文系,宁夏大学语言教研室准备整理宁夏方言调查报告。

调查材料提供人:宁夏银川师范温复儒。

11.2　1966年及以前印制的资料

11.2.1　总结性资料

暂未发现。

11.2.2　学话手册

宁夏人怎样学习普通话,宁夏师院中文系语言组教师集体编著,宁夏师范学院印,16开,平装本,极可能未失传,但藏处不详。

11.2.3　其他资料

暂未发现。

11.3　1967年及以后印制的资料

11.3.1　总结性资料

(一) 普通话和宁夏话语音对应规律,宁夏大学中文系方言调查研究小组,1977年冬,平装本。

(二) 普通话和宁夏话的语音对应规律,宁夏大学中文系方言调查研究小组,1977年冬,平装本。

11.3.2　学话手册

宁夏人学习普通话手册，宁夏大学中文系宁夏方言调查小组，1979 年 10 月，平装本。

11.3.3　其他资料

暂未发现。

12　甘肃省

12.1　宋文中的信息

共 101 县（市），已调查 76 个点。

学话手册编写情况：《甘肃人怎样学习普通话》，1958 年甘肃人民出版社出版。

方言概况类资料编写情况：《甘肃方言概况》一册（内部铅印）。

原始材料情况及继续调查计划：原始材料保存在甘肃师大中文系资料室，甘肃语言学会想开展继续调查，但未落实。

调查材料提供人：甘肃师大张纯鉴。

12.2　1966 年及以前印制的资料

12.2.1　总结性资料

甘肃方言概况，甘肃师大中文系方言调查室，1960 年 8 月，16 开，平装本，甘肃省图书馆、中国社会科学院图书馆、北京大学图书馆、首都师范大学图书馆藏，笔者自藏。

12.2.2　学话手册

甘肃人怎样学习普通话，王晓、春戍，甘肃人民出版社，1958 年 6 月，32 开，平装本。

12.2.3　其他资料

暂未发现。

12.3　1967 年及以后印制的资料

12.3.1　总结性资料

（一）兰州方言，不录著者，16 开，油印本，是兰大中文系语言研究小组

《兰州方言》系列文章①部分章节的修改本,还附带一些与甘肃方言概况相关的资料,笔者自藏。

(二) 兰州方言调查研究之一:兰州方言音系,宁夏大学中文系/高葆太(高葆泰),1978 年春,16 开,2 册。

(三) 兰州方言音系,高葆泰,甘肃人民出版社,1985 年 10 月,16 开,平装本,同兰大中文系语言研究小组《兰州方言》系列文章有明显传承关系。

12.3.2 学话手册

暂未发现。

12.3.3 其他资料

暂未发现。

13 青海省

13.1 宋文中的信息

共 34 县(市),已调查 6 个点。

学话手册编写情况:《西宁人学习普通话手册》,1960 年出版;《青海人怎样学习普通话》,②《青海师范学院学报》1975 年第 3—4 期刊载。

方言概况类资料编写情况:《乐都音系》,③1959 年刊载在《青海高校论文集》中;《青海方言词汇》,现已付印。

原始材料情况及继续调查计划:原始材料已散失,无继续调查计划。

调查材料提供人:青海师专李咏梅。

13.2 1966 年及以前印制的资料

13.2.1 总结性资料

暂未发现。

---

① 兰大中文系语言研究小组《兰州方言》,载于《兰州大学学报》1963 年第 2 期,第 81—141 页;《兰州方言(续)》,载于《兰州大学学报》1964 年第 1 期,第 75—145 页。

② 即张成材《青海人怎样学习普通话》一文,载于《青海师院》1975 年第 3—4 期合刊,第 34—41 页,文尾转第 44 页。

③ 即青海师范学院中文系方言调查组调查,张成材整理的《乐都音系》一文,载于青海省教育厅高等教育处编《青海高等学校论文集(第二集)》,1960 年 11 月,第 1—53 页,最后有作者附记一则。

13.2.2 学话手册

西宁人学习普通话手册,青海省教育厅,青海人民出版社,1961 年 6 月,32 开,平装本。

13.2.3 其他资料

暂未发现。

13.3 1967 年及以后印制的资料

13.3.1 总结性资料

(一) 青海汉语方音字汇(初稿),张成材,1979 年,2 册,北京大学图书馆、青海省图书馆藏。

(二) 青海汉语方音字汇(初稿),青海师范学院中文系/张成材,16 开,1979 年,平装本,实为 1979 年版《青海汉语方音字汇(初稿)》在 1981 年的抽印本。

(三) 中古音与青海方音字汇,张成材,西宁:青海人民出版社,2006 年 5 月,16 开,平装本。

13.3.2 学话手册

暂未发现。

13.3.3 其他资料

暂未发现。

13.4 仅见于其他文献的资料

青海方言词汇,见于宋文。

14 新疆维吾尔自治区

14.1 宋文中的信息

共 83 县(市),已调查 1 个点(乌鲁木齐)。

方言概况类资料编写情况:只编过一个油印小册子,现已散失。

原始材料情况及继续调查计划:原始材料情况不详,新疆师大打算进行调查,但缺乏调查字表、卡片等。

调查材料提供人：新疆师专徐忠元、新疆大学欧立昌。

14.2 1966年及以前印制的资料

14.2.1 总结性资料

《乌鲁木齐汉语方言说略》，新疆师范学院汉语言文学系/杨筱敏(杨晓敏)编，1960年9月，16开，平装本，笔者自藏。

此应即宋文中提到的已经散失的油印小册子。书中文字多有漫漶不清处，根据残存墨迹和上下文，笔者整理了本书的前言，现附于此处：

> 乌鲁木齐的汉语方言属于北方方言的范围，长期以来，由于乌鲁木齐是新疆政治、经济、文化等方面的中心，汉族和使用汉语的回族人民在这里也比在新疆其他各地更为集中和众多，所以乌鲁木齐的汉语方言在新疆各地的汉语方言中，具有相当大的代表性。
>
> 同新疆其他各地一样，乌鲁木齐的回、汉族人民(不包括新从内地迁来的)祖籍相当复杂，除了比较多的来自甘肃和陕西两省以外，还有一部分来自河北(天津较多)、山西、四川、湖北、湖南、东北以及内地其他各省。这就形成了乌鲁木齐汉语方言的一种特殊现象，就是在它的内部同时具有内地不同地区(绝大多数是北方方言地区)方言的特征，在它的内部常常可以发现受内地各省市(大多数是陕西、甘肃、天津、四川)方言影响的痕迹。正式由于这种情况，在乌鲁木齐汉语方言内部，我们有时候还会发现一些读音不一致的现象。但是，这绝不是说，乌鲁木齐的汉语方言还没有具体形成。事实上，乌鲁木齐的汉语方言在其语音①内部各方面都具有不同于其他各地方言的相当固定的系统。在语法的②词汇方面也有不少不同于其他各地方言的现象。我们应该把乌鲁木齐的汉语方言看作现代汉语里面的一种独立的方言，把它看作北方方言里面的一支。
>
> 正是由于乌鲁木齐汉、回族人民的祖籍包括内地很多地区，在长期

---

① 原文漫漶不清，无法辨别是“语言”或“语音”，根据上下文及第一次方言普查的情况判断，“语音”更合适。

② 原文为“的”，但疑应为“和”。

的历史生活和社会交际中，来自不同地区的人们逐渐丢掉了各自方言中不易为别人了解和接受的成分，都有意识的使用自己方言和别的方言中彼此能够了解和接受的成分。这样，不同地区的方言在乌鲁木齐经过了长期的接触和发展变化，就逐渐形成了一种既有不同地区方言的特点而又容易为大家所了解的独立方言。从总的情况来说，乌鲁木齐的汉语方言比较接近于甘肃方言和陕西方言，但它比甘肃方言和陕西方言更为接近普通话，同时它也比内地许多地区的方言更为接近普通话。这就给乌鲁木齐运用汉语的人们在学习普通话时提供了有利条件。

解放前夕，乌鲁木齐有人口十二万人左右，其中汉、回族人民约有八万人。解放以后，随着社会主义建设事业在新疆的蓬勃开展，乌鲁木齐的面貌也日新月异，各项建设事业都突飞猛进，一日千里。这个城市的人口到 1960 年上半年已经增加到六十万人以上。除了维、哈等少数民族人口日有增长以外，每年都有大批汉族人民从内地各省来到乌鲁木齐支援边疆建设，现在乌鲁木齐市内的汉、回族人民不下五十万人。在社会交际中就出现了显著的方言杂陈的现象。但原籍乌鲁木齐的人在各个工作部门中分布得相当普遍，所以日常到处都可以听到乌鲁木齐的汉语方言。不过，一方面由于各地方言的接触溶合，一方面由于普通话的推广，乌鲁木齐的汉语方言目前正处在相当迅速的发展变化中。

本文打算主要从乌鲁木齐汉语方言同普通话对比的角度，对乌鲁木齐汉语方言的语音、语法和词汇各方面加以概括叙述。其中在语音方面，还①同中古音加以简单的比较。

作者杨晓敏先生之后曾发表过几篇相关文章，分别是：

《乌鲁木齐汉语方言中的特殊语法现象》，载于《新疆大学论文集（人文科学）》，1963 年第 1 期，第 9—12 页；《乌鲁木齐汉语方言语音概说》，载于《语言学论文集》，新疆大学编印，1980 年版，第 158—167 页；《乌鲁木齐汉语方言词汇》，载于《新疆大学学报（哲学社会科学版）》，1982 年第 1 期，第 98—118 页。另有杨晓敏先生调查的《乌鲁木齐音系》《乌鲁木齐同音字

① 原字漫漶不清，根据文意及残存墨迹补充。

表》,收录于《普通话基础方言基本词汇集》(1996)语音部分下册,第1266—1286页。上述除《乌鲁木齐汉语方言中的特殊语法现象》一文外,都应为后期重新调查的成果。

14.2.2 学话手册

暂未发现。

14.2.3 其他资料

暂未发现。

14.3 1967年及以后印制的资料

暂未发现。

15 湖北省

15.1 宋文中的信息

共76县(市),已调查76个点。

学话手册编写情况:《湖北人怎样学普通话》,1957年出版;《武汉人怎样学普通话》,1956年出版;另有崇阳、广济、蒲圻、阳新四种学习普通话手册,都是油印本,未出版。

方言概况类资料编写情况:《湖北方言概况》,1960年编,石印本,未出版。

原始材料情况及继续调查计划:调查字表、卡片等及四种手册稿已散失。计划1980年前把《湖北方言概况》加以修订,正式出版。目前正组织人力编写学话手册。

调查材料提供人:湖北省教育局李仲英。

15.2 1966年及以前印制的资料

15.2.1 总结性资料

(一)湖北方言概况(初稿),湖北省方言调查指导组,1960年9月,8开,平装本,中国社会科学院图书馆、首都师范大学图书馆藏,笔者自藏。

(二)广济方音初查报告,语言教研组湖北方言调查工作组调查,杨翊强整理,1957 年 4 月,16 开,平装本,笔者自藏。

（三）襄樊方言调查报告(初稿),武汉大学中文系襄樊方言调查队,1964 年 9 月 13 日,2 册,平装本,笔者自藏。

15.2.2 学话手册

（一）湖北人怎样学普通话,湖北省教育厅普通话推广处,湖北人民出版社,1957 年 9 月,32 开,平装本。

（二）武汉人怎样学习普通话,詹伯慧,湖北人民出版社,1956 年 12 月,32 开,平装本。

（三）崇阳人学习普通话手册(初稿),中央民族学院分院中文系,湖北省教育厅印,1959 年 6 月,16 开,平装本,笔者自藏。

15.2.3 其他资料

（一）方言调查参考资料,湖北省教育厅普通话语音研究班印,1957 年 6 月,16 开,平装本,笔者自藏。

（二）汉语方言词汇语法调查表,武汉大学中文系语言教研室,1964 年 5 月,16 开,平装本,笔者自藏。

（三）普通话难字正音表,湖北省教育厅普通话推广处,湖北人民出版社,1956 年 12 月,32 开,平装本。

（四）汉字辨音表,湖北省教育厅普通话推广处,湖北人民出版社,1959 年 8 月,32 开,平装本。

（五）汉语拼音讲话,湖北省教育厅普通话推广处,湖北人民出版社,1958 年 8 月,32 开,平装本。

（六）普通话语音基础知识,高庆赐,湖北人民出版社,1956 年 9 月,32 开,平装本。

（七）武汉人学习普通话正音字表,徐杏村,1958 年 5 月,16 开,平装本。

15.3 1967 年及以后印制的资料

15.3.1 总结性资料

暂未发现。

15.3.2 学话手册

荆门人怎样学习普通话,荆门县教育局、武大中文系汉语教研室,1975

年 5 月,16 开,线装本,笔者自藏。

15.3.3 其他资料

暂未发现。

15.4 仅见于其他文献的资料

(一) 广济人学习普通话手册,见于宋文。

(二) 蒲圻人学习普通话手册,①见于宋文。

(三) 阳新人学习普通话手册,见于宋文。

16 四川省

16.1 宋文中的信息

共 212 县(市),已调查 150 个点。

学话手册编写情况:编成成都人、重庆人、内江人学习普通话手册,共三种。《四川人怎样学习普通话》,编写中,准备出版。

方言概况类资料编写情况:《四川方言音系》,1960 年《四川大学学报》第三期(专号)刊载;《成都语音初步研究》,②1958 年《四川大学学报》第一期刊载。

原始材料情况及继续调查计划:原始材料保存在四川大学中文系语言教研室,川大、西南师院、四川师院准备对四川方言词汇进行调查研究。

调查材料提供人:四川大学梁德曼、西南师院翟时雨、四川省教育局许双全。

16.2 1966 年及以前印制的资料

16.2.1 总结性资料

(一) 四川方言音系,四川方言调查工作指导组,1960 年 10 月,16 开,平装本。

---

① 现存刘兴策、闭克朝、朱道明、丁玉玲等编写的《蒲圻人怎样学习普通话》一文,载于《华中师范学院学报》1960 年第 2 期,第 166—204 页。

② 即甄尚灵《成都语音的初步研究》一文,载于《四川大学学报》1958 年第 1 期,第 1—31 页。

（二）四川方言音系，四川大学学报 1960 年第 3 期专号，16 开，平装本。

16.2.2　学话手册

（一）重庆人怎样学标准音，李运益，重庆人民出版社，1956 年 4 月，32 开，平装本。

（二）四川人怎样学习普通话，李运益、苏运中，重庆人民出版社，32 开，平装本。

16.2.3　其他资料

暂未发现。

16.3　1967 年及以后印制的资料

16.3.1　总结性资料

四川方言与普通话，梁德曼，四川人民出版社，1982 年 12 月，32 开，平装本。

16.3.2　学话手册

暂未发现。

16.3.3　其他资料

暂未发现。

16.4　仅见于其他文献的资料

（一）成都人学习普通话手册，见于宋文。

（二）内江人学习普通话手册，见于宋文。

李运益（1956：1）《重庆人怎样学标准音》的前言说：

> 由于这个小册子在叙述方音和标准音的对应关系时，所依据的材料全部是重庆音，所以定名为“重庆人怎样学标准音”。不过，除了重庆人，它同样可供成都人和其他地区的四川人学习标准音时的参考。因为，四川方音虽然十分复杂，但成都和重庆的语音系统基本相同，四川其他很多地方的语音也跟它们差别不大。

据此来看，除宋文中提到的三种学话手册的书名可能有问题外，成都和内江的学习普通话手册是否编出或印出也有待考证。

17 贵州省

17.1 宋文中的信息

共81县(市),已调查52个点。

学话手册编写情况:共出三种,都叫作《贵州人学习普通话手册》,1959年出版。

方言概况类资料编写情况:《贵州汉语方言概要》,1960年贵州省教育厅油印。

原始材料情况及继续调查计划:原始材料已散失,省里无继续调查计划。贵阳师院1978年调查了40个点,其余1980年调查。

调查材料提供人:贵阳师院刘光亚。

17.2 1966年及以前印制的资料

17.2.1 总结性资料

贵州汉语方言概要(初稿),贵州省教育厅,1960年8月,16开,平装本,有8开勘误表1页,笔者自藏。

17.2.2 学话手册

(一)贵州人怎样学习普通话,赵伯愚,贵州人民出版社,1956年8月,32开,平装本。

(二)贵州人学习普通话手册,贵州省教育厅,贵州人民出版社,1960年3月,32开,平装本,适用地区为铜仁、石阡、江口、玉屏、毕节、水城、黔西、大方、织金、金沙、纳雍、赫章、道真、仁怀、湄潭、绥阳、正安、凤冈、余庆、贵定、开阳、息烽、修文、瓮安、福泉、镇远、黄平、三穗、岑巩、施秉。封面上部为棕红色。

(三)贵州人学习普通话手册,贵州省教育厅,贵州人民出版社,1959年1月,32开,平装本,适用地区为遵义市,赤水、遵义、习水、桐梓、婺川、德江、思南、印江、沿河等县。封面上部为淡蓝色。

(四)贵州人学习普通话手册,贵州省教育厅,贵州人民出版社,1959年4月,32开,平装本,适用地区为贵阳市、安顺市、兴仁、兴义、关岭、郎岱、普定、盘县、清镇、平坝、龙里。封面上部为正红色。

三种《贵州人学习普通话手册》的封面形制均一致,仅封面上部颜色及下部编者、出版社字体颜色不同,很容易将三种书误认为同一种。

17.2.3 其他资料

(一) 语音基础知识,贵州省教育厅,贵州人民出版社,1956 年 6 月,32 开,平装本。

(二) 汉语拼音字母学习手册(附普通话难字正音表),贵州省教育厅,贵州人民出版社,32 开,平装本。

17.3 1967 年及以后印制的资料

暂未发现。①

18 云南省

18.1 宋文中的信息

共 123 县(市),已调查 108 个点。

学话手册编写情况:《昆明人怎样学习普通话》《云南人怎样学习普通话》《曲靖方言区人学习普通话手册》《云南人学习普通话课本》,1961—1963 年云南人民出版社出版;《云南方言与普通话语音》,1978 年修订再版。

方言概况类资料编写情况:《滇南二十四县方言概况》,未出版。

原始材料情况及继续调查计划:原始材料已散失,调查报告保存在昆明师院中文系。拟调查少数民族地区的汉语方言,尚未订出计划。

调查材料提供人:云南省教育局戴梅芳、昆明师院吴积才、昆明市教育局邹文太。

18.2 1966 年及以前印制的资料

笔者有幸收集到一封 1960 年末云南省教育厅同中国科学院语言研究所的通信,现将其中昆明师范学院语文历史系致中国社会科学院语言研究所信件全文和《云南省方言普查情况简表》整理如下:

---

① 贵阳教育年鉴编辑委员会编《贵阳方言》(1994 年 7 月)的作者之一杨适虽参加过贵州省第一次方言普查,但《贵阳方言》一书的资料大多是从 20 世纪 80 年代开始收集的,所以不宜认为其与第一次方言普查直接相关。

昆明师范学院语文历史系致中国社会科学院语言研究所信件

语言研究所:

前接你所(60)社语方字第132号通知,嘱填寄关于方言普查情况表格2种,适我系经管此项工作的同志均因公出差,不在学校,至未能如期填寄。现与云南省教育厅协商,由教育厅统一填寄你所,想不久可寄到。兹补叙关于方言书的情况如下。

我系于方言普查后,曾计划编写"云南方言概况"。后因各方意见不一,决定先编写学话手册,经数次讨论,以县为单位,或以专区(自治州)为单位,曾先后试编了两三种样式,但也因各方意见不一,一改再改,未能付印。主要原因在于:如果地区大了,则内容势必庞杂(各地方音很不一致,特别在韵母方面),实用价值不大;地区小,则印刷出版有问题,出版社要考虑到成本。作为推广普通话课本用,书价不能太高。因此,迄今未有一种付印。去年与教育厅两度商讨后,又试编了以下几种:

1. 红河自治州人学习拼音字母和普通话课本
2. 曲靖人怎样学习普通话
3. 滇南二十四县市适用"学话手册"

均未印出,只有底稿。另外又编了小册子一种:

4. 云南人怎样学习北京音的声韵调

这本小册子概括了云南方言声韵调的特点,已交出版社,同意出版,但目前因集中力量印课本,暂时还未能出版。另编有

5. 云南方言辞典

收集了方言词汇二千余条、因为是在短期内动员群众收集起来的,使用国际音标注音有困难,所以用拼音方案注音,曾经油印成册,以便修订,但印刷质量很坏,现仍在重新修订中。

关于编写各省区方言概况,我们认为很必要,无论从科研方面或教学方面来看都有价值。但是我们还没有看到其他省区编的方言概要,应该怎样编写才好?目的要求应该看重哪方面?很希望你所给以指教。我们即将准备组织人力进行编写。

此致

敬礼

昆明师范学院语文历史系

1960. 11. 22

云南省方言普查情况简表①

<table>
<tr><th>专州市名</th><th>调查点县市名</th><th>今属何县市</th><th>备注</th></tr>
<tr><td rowspan="4">玉溪专区</td><td>玉溪、澄江、峨山、元江、易门、华宁、通海、新平县</td><td></td><td rowspan="23">1. 我省方言普查一律以中国科学院语言研究所编写的“汉语方言调查简表”“方言调查字音整理卡片”“方言调查手册”为调查依据。记音采用国际音标。各调查点都已整理成同音字表，写成方言调查报告。
2. 调查方言词汇是采用语言研究所编写的“方言词汇调查手册”，用国际音符记音。
3. 玉溪、曲靖专区及楚雄、大理州的方言调查任务，是昆明师范学院完成的，其余均为教育厅方言普查队调查。
4. 根据方言普查结果编写学话手册的情况如下表：</td></tr>
<tr><td>河西县</td><td>通海县</td></tr>
<tr><td>江川县</td><td>玉溪县</td></tr>
<tr><td>呈贡、晋宁、昆阳县</td><td>昆明市属县</td></tr>
<tr><td rowspan="4">昭通专区</td><td>昭通、镇雄、彝良、大关、永善、威信、绥江、巧家</td><td></td></tr>
<tr><td>会泽县</td><td>东川市属县</td></tr>
<tr><td>盐津县</td><td>大关县</td></tr>
<tr><td>鲁甸县</td><td>昭通县</td></tr>
<tr><td rowspan="6">曲靖专区</td><td>曲靖、陆良、富源、寻甸、沾益、宜良、罗平、榕丰县</td><td></td></tr>
<tr><td>泸西县</td><td>红河州弥勒县</td></tr>
<tr><td>嵩明县</td><td>寻甸县</td></tr>
<tr><td>马龙县</td><td>曲靖县</td></tr>
<tr><td>路南县</td><td>宜良县</td></tr>
<tr><td>师宗县</td><td>罗平县</td></tr>
<tr><td rowspan="3">红河彝族哈尼族自治州</td><td>建水、石屏、红河、屏边、元阳、弥勒县，个旧市</td><td></td></tr>
<tr><td>蒙自、开远县</td><td>个旧市属县</td></tr>
<tr><td>曲溪县</td><td>建水县</td></tr>
<tr><td rowspan="3">文山僮族自治州</td><td>文山、西畴、马关、邱北、广南县</td><td></td></tr>
<tr><td>砚山县</td><td></td></tr>
<tr><td>麻栗坡</td><td></td></tr>
<tr><td rowspan="3">思茅专区</td><td>普洱、墨江、景东、澜沧、景谷县</td><td></td></tr>
<tr><td>思茅县</td><td>普洱县</td></tr>
<tr><td>镇沅县</td><td>分别划入景谷、景东、墨江、新平县</td></tr>
</table>

① 原文中的不规范字和不规范地名都改为规范字和标准地名。

(续表)

专州市名	调查点县市名	今属何县市	备注	
楚雄彝族自治州	双柏、元谋、楚雄、武定、禄丰、大姚、禄劝县		编成书刊的名称	出版否
	罗次、盐兴县,一平浪、墩仁镇	禄丰县	昆明人怎样学习北京语音	已出版
	盐丰、姚家、永仁县	大姚县	云南人怎样学习北京语音	已出版
	南华、牟定县	楚雄县	云南人学习北京语音难字正音表	已出版
	富民县	昆明市属县	云南方音与北京音	在校对
大理白族自治州	永平、鹤庆、剑川、祥云、云龙县		滇东人学习普通话手册	在审订
	大理、凤仪、漾濞县,下关市	合并为大理市	滇南人学习普通话手册	在审订
	巍山、永建县	合为巍山回族自治县	滇西人学习普通话手册	在审订
	弥渡、宾川县		滇中人学习普通话手册	在审订
	洱源、邓川县		云南方言辞典	在审订
德宏傣族景颇族自治州	保山、昌宁、腾冲、梁河、龙陵县			
	板桥、蒲缥镇			
丽江专区	丽江、华坪、永胜			
临沧专区	临沧、双江、凤庆、镇原、耿马、云县			
昆明市	昆明市			

18.2.1　总结性资料

暂未发现。

18.2.2　学话手册

(一) 昆明人怎样学习北京语音,蒲定嘉、何如瑄,云南人民出版社,1957年5月,32开,平装本。

（二）云南人怎样学北京音，周文煜，云南人民出版社，1957年9月，32开，平装本。

（三）云南人学习普通话正音字表——附常用词汇对照表，云南省教育厅普通话推广科，云南人民出版社，1957年10月，32开，平装本。

18.2.3　其他资料

（一）云南龙陵象达公社汉话调查字表，中国科学院少数民族语言研究所旧藏。①

（二）云南方音与北京音，云南省教育厅，云南人民出版社，1961年7月，32开，平装本，1979年修订再版更名为《云南方言与普通话语音》。

（三）普通话广播教学讲座，云南省教育厅普通话推广科，云南人民出版社，1957年7月第一次印刷，1957年8月第2次印刷，32开，平装本。

18.3　1967年及以后印制的资料

18.3.1　总结性资料

（一）云南方言概述，云南师范大学科研处、玉溪师专学报编辑部/吴积才、张茀、颜晓云、毛玉玲，1987年，16开，平装本。

（二）云南省志　卷五十八　汉语方言志，云南省地方志编纂委员会总纂，云南省语言学会撰，吴积才主编，云南人民出版社，1989年9月，16开，硬精装本。

（三）云南省志·方言志，云南省语言学会、云南省方志办公室/吴积才，1987年12月，16开，平装本。

（四）云南省志·汉语方言志，云南省语言学会、云南省方志办公室/吴积才，1988年，16开，平装本。

18.3.2　学话手册

暂未发现。

18.3.3　其他资料

（一）云南方言与普通话语音，云南省教育局，云南人民出版社，1979年6月第二版，32开，平装本，《云南方音与北京音》的修订再版。

---

① 不能确定此调查字表同第一次全国方言调查相关，但至少应属同一时代的调查成果。

(二) 云南方音辨正,吴积才、颜晓云,云南教育出版社,1991 年 4 月,32 开,平装本。

18.4 仅见于其他文献的资料

(一) 滇东人学习普通话手册,见于《云南省方言普查情况简表》。

(二) 滇南人学习普通话手册,见于《云南省方言普查情况简表》。

(三) 滇西人学习普通话手册,见于《云南省方言普查情况简表》。

(四) 滇中人学习普通话手册,见于《云南省方言普查情况简表》。

(五) 云南方言辞典,见于《云南省方言普查情况简表》。

(六) 滇南二十四县方言概况,见于宋文。

(七) 曲靖方言区人学习普通话手册,见于宋文。

(八) 曲靖人怎样学普通话,见于《云南省方言普查情况简表》。

(九) 红河自治州人学习拼音字母和普通话课本,见于昆明师范学院语文历史系致中国社会科学院语言研究所信件。

(十) 滇南二十四县市适用"学话手册",见于昆明师范学院语文历史系致中国社会科学院语言研究所信件。

(十一) 各调查点同音字表及方言调查报告,见于《云南省方言普查情况简表》。

19 安徽省

19.1 宋文中的信息

共 74 县(市),已调查 74 个点。

学话手册编写情况:编成芜湖人、安庆人、歙县人、休宁人、合肥人学习普通话手册,共五种,1960 年安徽人民出版社出版。

方言概况类资料编写情况:《安徽方言概况》,1960 年铅印,内部发行,未正式出版;《歙县方言》,油印稿。

原始材料情况及继续调查计划:原始材料保存在安徽师大语言研究所(安徽语言学学会),安徽省语言学会已制订进一步调查方言的计划。

调查材料提供人：安徽师大孟庆惠、伍巍，安徽教育学院杨长礼。

19.2　1966年及以前印制的资料

19.2.1　总结性资料①

（一）安徽方言概况，合肥师范学院方言调查工作组，1962年9月，16开，平装本，内部发行。

（二）安徽省霍山县方言调查报告，安徽省方言调查指导组主编，合肥师范学院方言调查工作组印，16开，平装本。

（三）安徽省巢县方言调查报告，安徽省方言调查指导组主编，合肥师范学院方言调查工作组印，16开，平装本。

（四）安徽省天长县方言调查报告，安徽省方言调查指导组主编，合肥师范学院方言调查工作组印，16开，平装本。

（五）安徽省滁县方言调查报告，安徽省方言调查指导组主编，合肥师范学院方言调查工作组印，16开，平装本。

（六）安徽省定远县方言调查报告，安徽省方言调查指导组主编，合肥师范学院方言调查工作组印，16开，平装本。

（七）安徽省怀远县方言调查报告，安徽省方言调查指导组主编，合肥师范学院方言调查工作组印，16开，平装本。

（八）安徽省含山县方言调查报告，安徽省方言调查指导组主编，合肥师范学院方言调查工作组印，16开，平装本。

（九）安徽省淮南县方言调查报告，安徽省方言调查指导组主编，合肥师范学院方言调查工作组印，16开，平装本。

（十）安徽省和县方言调查报告，安徽省方言调查指导组主编，合肥师范学院方言调查工作组印，16开，平装本。

（十一）安徽省嘉山县方言调查报告，安徽省方言调查指导组主编，合

① 《安徽方言概况》前言："安徽省方言普查工作……调查了172个词（或词组）和37个语法例句。这一工作从1957年上半年开始，到1958年年底结束，基本上完成了全省75个方言调查点的下点调查任务。以后，陆续整理了所有的普查材料，为每一个点编写了'方言调查报告'……"据此来看，方言普查后安徽省编写了75个点的单点方言调查报告，但本文暂只列出笔者知见的47种单点调查报告。

肥师范学院方言调查工作组印,16开,平装本。

(十二) 安徽省无为县方言调查报告,安徽省方言调查指导组主编,合肥师范学院方言调查工作组印,16开,平装本。

(十三) 安徽省青阳县方言调查报告,安徽省方言调查指导组主编,合肥师范学院方言调查工作组印,16开,平装本。

(十四) 安徽省全椒县方言调查报告,安徽省方言调查指导组主编,合肥师范学院方言调查工作组印,16开,平装本。

(十五) 安徽省南陵县方言调查报告,安徽省方言调查指导组主编,合肥师范学院方言调查工作组印,16开,平装本。

(十六) 安徽省来安县方言调查报告,安徽省方言调查指导组主编,合肥师范学院方言调查工作组印,16开,平装本。

(十七) 安徽省铜陵市方言调查报告,安徽省方言调查指导组主编,合肥师范学院方言调查工作组印,16开,平装本。

(十八) 安徽省繁禺县方言调查报告,安徽省方言调查指导组主编,合肥师范学院方言调查工作组印,16开,平装本。

(十九) 安徽省岳西县方言调查报告,安徽省方言调查指导组主编,合肥师范学院方言调查工作组印,16开,平装本。

(二十) 安徽省泾县方言调查报告,安徽省方言调查指导组主编,合肥师范学院方言调查工作组印,16开,平装本。

(廿一) 安徽省潜山县方言调查报告,安徽省方言调查指导组主编,合肥师范学院方言调查工作组印,16开,平装本。

(廿二) 安徽省石埭县方言调查报告,安徽省方言调查指导组主编,合肥师范学院方言调查工作组印,16开,平装本。

(廿三) 安徽省宿松县方言调查报告,安徽省方言调查指导组主编,合肥师范学院方言调查工作组印,16开,平装本。

(廿四) 安徽省太平县方言调查报告,安徽省方言调查指导组主编,合肥师范学院方言调查工作组印,16开,平装本。

(廿五) 安徽省太湖县方言调查报告,安徽省方言调查指导组主编,合肥师范学院方言调查工作组印,16开,平装本。

(廿六) 安徽省望江县方言调查报告,安徽省方言调查指导组主编,合肥师范学院方言调查工作组印,16开,平装本。

（廿七）安徽省怀宁县方言调查报告,安徽省方言调查指导组主编,合肥师范学院方言调查工作组印,16开,平装本。

（廿八）安徽省休宁县方言调查报告,安徽省方言调查指导组主编,合肥师范学院方言调查工作组印,16开,平装本。

（廿九）安徽省东流县方言调查报告,安徽省方言调查指导组主编,合肥师范学院方言调查工作组印,16开,平装本。

（三十）安徽省至德县方言调查报告,安徽省方言调查指导组主编,合肥师范学院方言调查工作组印,16开,平装本。

（卅一）安徽省绩溪县方言调查报告,安徽省方言调查指导组主编,合肥师范学院方言调查工作组印,16开,平装本。

（卅二）安徽省屯溪县方言调查报告,安徽省方言调查指导组主编,合肥师范学院方言调查工作组印,16开,平装本。

（卅三）安徽省祁门县方言调查报告,安徽省方言调查指导组主编,合肥师范学院方言调查工作组印,16开,平装本。

（卅四）安徽省金寨县方言调查报告,安徽省方言调查指导组主编,合肥师范学院方言调查工作组印,16开,平装本。

（卅五）安徽省旌德县方言调查报告,安徽省方言调查指导组主编,合肥师范学院方言调查工作组印,16开,平装本。

（卅六）安徽省蚌埠县方言调查报告,安徽省方言调查指导组主编,合肥师范学院方言调查工作组印,16开,平装本。

（卅七）安徽省宁国县方言调查报告,安徽省方言调查指导组主编,合肥师范学院方言调查工作组印,16开,平装本。

（卅八）安徽省泗县方言调查报告,安徽省方言调查指导组主编,合肥师范学院方言调查工作组印,16开,平装本。

（卅九）安徽省霍丘县方言调查报告,安徽省方言调查指导组主编,合肥师范学院方言调查工作组印,16开,平装本。

（四十）安徽省凤阳县方言调查报告,安徽省方言调查指导组主编,合肥师范学院方言调查工作组印,16开,平装本。

（卌一）安徽省五河县方言调查报告,安徽省方言调查指导组主编,合肥师范学院方言调查工作组印,16开,平装本。

(册二)安徽省萧县方言调查报告,安徽省方言调查指导组主编,合肥师范学院方言调查工作组印,16开,平装本。

(册三)安徽省灵璧县方言调查报告,安徽省方言调查指导组主编,合肥师范学院方言调查工作组印,16开,平装本。

(册四)安徽省砀山县方言调查报告,安徽省方言调查指导组主编,合肥师范学院方言调查工作组印,16开,平装本。

(册五)安徽省宿县方言调查报告,安徽省方言调查指导组主编,合肥师范学院方言调查工作组印,16开,平装本。

(册六)安徽省濉溪县方言调查报告,安徽省方言调查指导组主编,合肥师范学院方言调查工作组印,16开,平装本。

(册七)安徽省芜湖市方言调查报告,安徽省方言调查指导组主编,合肥师范学院方言调查工作组印,16开,平装本。

(册八)歙县方言,合肥师范学院方言调查工作组,16开,平装本,笔者自藏。

19.2.2 学话手册

(一)合肥人学习普通话手册,安徽省方言调查指导组主编,合肥市文教局、合肥师范学院方言调查工作组合编,安徽人民出版社,1960年6月,32开,平装本。

(二)芜湖人学习普通话手册(当涂、宣城、含山、和县等县适用),安徽省方言调查指导组主编,芜湖市文教局、安徽师范学院方言调查工作组合编,安徽人民出版社,1960年6月,32开,平装本。

(三)安庆人学习普通话手册,安徽省方言调查指导组主编,安庆市文教局、安徽师范学院方言调查工作组合编,安徽人民出版社,1960年6月,32开,平装本。

(四)歙县人学习普通话手册,安徽省方言调查指导组主编,歙县文教局、合肥师范学院方言调查工作组合编,安徽人民出版社,1960年10月,32开,平装本。

(五)休宁人学习普通话手册,安徽省方言调查指导组主编,休宁县文教局、合肥师范学院方言调查工作组合编,安徽人民出版社,1961年3月,

32 开,平装本。

(六) 安徽方音辨正,孟庆惠,安徽人民出版社,1961 年 3 月,32 开,平装本。

19.2.3 其他资料

安徽省各市县方音与北京语音主要对应关系(参考资料),安徽省教育厅、安徽省方言调查指导组印,1958 年 8 月,平装本。

19.3 1967 年及以后印制的资料

暂未发现。

19.4 仅见于其他文献的资料

除上述 47 个单点调查报告外的单点调查报告,见于《安徽方言概况》。

20 湖南省

20.1 宋文中的信息

共 95 县(市),已调查 87 个点。

学话手册编写情况:《湖南人怎样学习普通话》《长沙人怎样学习普通话》《邵阳人怎样学习普通话》,已由湖南人民出版社出版;《益阳人怎样学习普通话》,铅印,未出版;还有 29 个点编出油印稿或手稿,未出版。

方言概况类资料编写情况:《湖南方言概况》,油印本,未出版。

原始材料情况及继续调查计划:原始材料保存在湖南师院中文系汉语教研室。湘潭大学在拟订继续调查计划,湖南师院已作出计划,将深入调查代表点。

调查材料提供人:湖南师院吴启主。

20.2 1966 年及以前印制的资料

20.2.1 总结性资料

湖南省汉语方言普查总结报告(初稿),湖南师范学院中文系汉语方言普查组,1960 年 9 月,石印本。

20.2.2 学话手册

(一) 湖南人怎样学习普通话,湖南师范学院中文系汉语方言普查组,湖南人民出版社,1961 年 9 月,32 开,平装本。

(二) 长沙人学普通话手册,周铁铮,湖南人民出版社,1957 年 5 月,32 开,平装本。

(三) 邵阳人怎样学普通话,湖南省教育厅主编/李仲平著,湖南人民出版社,1957 年 3 月,32 开,平装本。

(四) 常德桃源人怎样学普通话,湖南省教育厅主编/罗祚韩著,湖南人民出版社,1957 年 3 月,32 开,平装本。

20.2.3 其他资料

暂未发现。

20.3 1967 年及以后印制的资料

暂未发现。①

20.4 仅见于其他文献的资料

(一) 益阳人怎样学习普通话,见于宋文。

(二) 湖南方言概况,见于宋文。

(三) 29 个点油印或手稿版学话手册,见于宋文。

21 江苏省、上海市②

21.1 宋文中江苏省的信息

共 81 县(市),已调查 62 个点。

学话手册编写情况:共编成各地人学习普通话手册 15 种。1959—1960 年由江苏人民出版社、上海教育出版社出版。另外还汇编一本《江苏人怎

① 陈蒲青《益阳地区方言与普通话教学》(1979 年)似未继承第一次方言普查的研究成果。

② 根据 1956 年高等教育部、教育部联合发布的《关于汉语方言普查工作的指示》,上海市的方言普查工作并入江苏省一同进行。

样学习普通话》。

方言概况类资料编写情况:《江苏省和上海市方言概况》,1960 年由江苏人民出版社出版。

原始材料情况及继续调查计划:原始材料保存在南京师院,无继续调查计划。

调查材料提供人:江苏省南京市建邺区教师进修学校郝凝。

21.2 宋文中上海市的信息

共 10 区 10 县(市),已调查 11 个点。

学话手册编写情况:《松江人学习普通话手册》《川沙人学习普通话手册》《嘉定人学习普通话手册》,1959 年上海教育出版社出版;《上海人学习普通话手册》,1978 年重新编写,上海教育出版社出版。

方言概况类资料编写情况:《江苏省和上海市方言概况》,1960 年由江苏人民出版社出版。

原始材料情况及继续调查计划:调查报告已上报中国科学院和江苏省教育厅。上海师大拟结合教学进行专题调查,复旦大学拟在深入调查的基础上,于 1985 年前,编出《上海方言志》和《上海方言词典》。

调查材料提供人:上海师大颜逸明、复旦大学许宝华。

21.3 1966 年及以前印制的资料

21.3.1 总结性资料

(一) 江苏省和上海市方言概况,江苏省和上海市方言调查指导组,江苏人民出版社,1960 年 7 月,16 开,硬精装本,有书脊部分红色、封面主体为黄色的硬纸封面和布面精装两版,前者定价五元九角,后者定价六元四角。另有香港神州图书公司翻印版,书脊部分为白色,16 开硬精装本,印刷质量不如原本清晰;又有日本采华书林重印本,书脊部分为白色,封面主体为蓝色,16 开硬精装本,印刷质量稍优于香港神州图书公司翻印本。

(二) 扬州音系(草稿),南京大学中文系方言调查工作组,1957 年,横版 8 开,平装本,笔者自藏。

(三) 泰兴音系(初稿),南京大学中文系方言调查工作组,1957年,横版8开,平装本,极可能未失传,但藏处不详。

(四) 宁波方言词源初探,南京大学中文系,1964年9月,8开,平装本,中山大学图书馆藏。①

21.3.2 调查材料

暂未发现②。

21.3.3 学话手册

(一) 怎样学习普通话,江苏省教育厅普通话教材编辑组,江苏人民出版社,1958年8月,32开,平装本。

(二) 江苏和上海人怎样学习普通话,江苏和上海市方言调查指导组,江苏人民出版社,1962年1月,16开,平装本。

(三) 上海人学习普通话手册,江苏省上海市方言调查指导组主编,复旦大学上海方言调查小组编,新知识出版社,1958年3月第1次印刷,1958年4月第2次印刷,32开,平装本。

(四) 邳县人怎样学习普通话(睢宁、新沂、通用③),张喆生,江苏省教育厅印,32开,平装本。

(五) 吴江人怎样学习普通话(本书可供吴县、昆山、震泽等地参考),叶祥苓,江苏省教育厅印,32开,平装本。

(六) 徐州人怎样学习普通话(铜山、丰县、沛县通用),王希文,江苏省教育厅印,32开,平装本。

(七) 常州人学习普通话手册(靖江、武进、江阴等县适用),江苏省上海市方言调查指导组主编,江苏师范专科学院方言调查工作组编,江苏人民出版社,1959年7月,32开,平装本。

(八) 常熟人学习普通话手册,江苏省上海市方言调查指导组主编,上

---

① 此文的部分内容载于《方言》1979年第3期,第161—170页,作者署名为“施文涛”;另载于黄家教等著《汉语方言论集》,北京语言文化大学出版社1997年6月版,第95—113页,同《方言》杂志收录的内容相同。

② 《山西方言词汇调查手册》扉页的“说明”言其是翻印江苏省的,有个别增删,但今未见江苏省的词汇调查手册实物,所以暂不列出。

③ 根据《徐州人学习普通话手册》一书的信息来看,此处应为“睢宁、新沂、宿迁通用”,原书封面缺字。

海师范学院中文系方言调查组编，上海教育出版社，1959年2月，32开，平装本。

（九）川沙人学习普通话手册，江苏省上海市方言调查指导组主编，华东师范大学方言调查工作组编，上海教育出版社，1959年2月，32开，平装本。

（十）丹阳人学习普通话手册（金坛、溧水等县适用），江苏省上海市方言调查指导组主编，南京师范学院方言调查工作组编，江苏人民出版社，1959年8月，32开，平装本。

（十一）高邮人学习普通话手册（宝应、兴化等县适用），江苏省上海市方言调查指导组主编，南京大学方言调查工作组编，江苏人民出版社，1959年7月，32开，平装本。

（十二）句容人学习普通话手册（溧水、高淳等县适用），江苏省上海市方言调查指导组主编，南京师范学院方言调查工作组编，江苏人民出版社，1959年9月，32开，平装本。

（十三）海门人学习普通话手册（崇明、启东两县参考用），江苏省上海市方言调查指导组主编，复旦大学方言调查工作组编，上海教育出版社，1959年2月，32开，平装本。

（十四）淮阴人学习普通话手册（沭阳、泗阳、涟水、淮安、洪泽、盱眙、滨海、阜宁等县适用），江苏省上海市方言调查指导组主编，扬州师范学院方言调查工作组编，江苏人民出版社，1960年，32开，平装本。

（十五）嘉定人学习普通话手册，江苏省上海市方言调查指导组主编，华东师范大学方言调查工作组编，上海教育出版社，1959年11月，32开，平装本。

（十六）南京人学习普通话手册（江宁、江浦、六合等县适用），江苏省上海市方言调查指导组主编，南京师范学院方言调查工作组编，江苏人民出版社，1959年8月，32开，平装本。

（十七）南通人学习普通话手册（如东县参考用），江苏省上海市方言调查指导组主编，复旦大学方言调查工作组编，上海教育出版社，1959年12月，32开，平装本。

（十八）如皋人学习普通话手册（海安、泰兴两县适用），江苏省上海市方言调查指导组主编,复旦大学方言调查工作组编,上海教育出版社,1959年,32开,平装本。

(十九) 松江人学习普通话手册(上海、青浦、金山三县参考用),江苏省上海市方言调查指导组主编,华东师范大学方言调查工作组编,上海教育出版社,1959年,32开,平装本。

(二十) 苏州人学习普通话手册(昆山、太仓、吴县等县适用),江苏省上海市方言调查指导组主编,南京师范学院方言调查工作组编,江苏人民出版社,1959年9月,32开,平装本。

(廿一) 泰州人学习普通话手册(东台、大丰等县适用),江苏省上海市方言调查指导组主编,南京大学方言调查工作组编,江苏人民出版社,1959年8月,32开,平装本。

(廿二) 无锡人学习普通话手册(宜兴、吴江及原震泽等县适用),江苏省上海市方言调查指导组主编,南京师范学院方言调查工作组编,江苏人民出版社,1959年9月,32开,平装本。

(廿三) 新海连人学习普通话手册(东海、灌南、灌云、赣榆等县适用),江苏省上海市方言调查指导组主编,南京师范学院方言调查工作组编,江苏人民出版社,1959年7月,32开,平装本。

(廿四) 徐州人学习普通话手册(铜山、邳、沛、丰、新沂、宿迁、睢宁等县适用),江苏省上海市方言调查指导组主编,南京师范学院方言调查工作组编,江苏人民出版社,1959年7月,32开,平装本。

(廿五) 盐城人学习普通话手册(建湖、射阳等县适用),江苏省上海市方言调查指导组主编,南京大学方言调查工作组编,江苏人民出版社,1959年8月,32开,平装本。

(廿六) 扬州人学习普通话手册(镇江、江都、扬中、仪征等县适用),江苏省上海市方言调查指导组主编,南京大学方言调查工作组编,江苏人民出版社,1959年8月,32开,平装本。

21.3.4　其他资料

普通话发音读本,张拱贵,江苏人民出版社,1956年7月,32开,平装本,附录一为《江苏人怎样学习普通话》。

21.4　1967年及以后印制的资料

21.4.1　总结性资料

上海市区方言志,许宝华、汤珍珠主编,游汝杰、钱乃荣、石汝杰、沈亚明编,上海教育出版社,1988年11月,16开,硬精装本。

21.4.2　学话手册

上海人学习普通话手册,复旦大学中文系汉语专业、上海师范大学中文系汉语教研组,上海教育出版社,1978年11月,32开,平装本。

21.4.3　其他资料

暂未发现。

21.5　仅见于其他文献的资料

江苏省的方言词汇调查手册,见于《山西方言词汇调查手册》扉页的"说明"。

22　浙江省

22.1　宋文中的信息

共88县(市),1957年调查71个点,1963—1966年调查50个点。

学话手册编写情况:《浙江人学习普通话正音手册》,1959年浙江人民出版社出版;《杭州人学习普通话手册》《温州人学习普通话手册》《金华人学习普通话手册》《宁波人怎样学习普通话》四种,未正式出版。

方言概况类资料编写情况:《浙江方音集》,二册50县(市),1959年油印稿;《温岭方言》,①1959年在《杭州大学学报》刊登;《浙江常用方言字》,1973年浙江人民出版社出版;②《浙江重点方言词汇》,1 200余条,手稿。

原始材料情况及继续调查计划:1957年调查的原材料已散失,50县

---

① 即杭州大学中文系方言调查组《温岭方言》一文,载于《杭州大学学报》1959年第3期(中国语文专号【一】),第151—205页。

② 实际上,《浙江常用方言字》作为附录载于汉语常用字典编写组《汉语常用字典》,浙江人民出版社1973年4月版,软精装本,第703—706页。

(市)调查材料保存在杭州大学中文系。杭州大学已拟订继续调查计划,但尚未组织人力。

调查材料提供人:杭州大学傅国通、杭州学军中学蔡勇飞。

22.2 1966年及以前印制的资料

22.2.1 总结性资料

浙江方音集,浙江省推广普通话工作委员会、杭州大学中文系方言调查组,16开,2册,平装本,笔者自藏。

22.2.2 学话手册

浙江人学习普通话正音手册,傅国通,浙江人民出版社,1959年9月,32开,平装本。

22.2.3 其他资料

暂未发现。

22.3 1967年及以后印制的资料

22.3.1 总结性资料

浙江方言词69县市200条词的比较,浙江省语言学会/傅国通、方松熹、傅佐之,1992年8月,32开,平装本。

22.3.2 学话手册

暂未发现。

22.3.3 其他资料

暂未发现。

22.4 仅见于其他文献的资料

(一) 杭州人学习普通话手册,见于宋文。

(二) 温州人学习普通话手册,见于宋文。

(三) 金华人学习普通话手册,见于宋文。

(四) 宁波人怎样学习普通话,见于宋文。

(五) 浙江重点方言词汇,见于宋文。

23 江西省

23.1 宋文中的信息

共89县(市),已调查89个点。

学话手册编写情况:已选部分有代表性的县(市)方言,重点整理,找出对应规律,编成学话手册,但由于“文化大革命”开始,未来得及出版。

方言概况类资料编写情况:未整理出《方言概况》。

原始材料情况及继续调查计划:原始材料已散失,无继续调查计划。

调查材料提供人:江西师范学院何姿文。

23.2 现存资料情况

可以基本确定,江西省几乎没有留下与第一次方言普查相关的书本资料,《江西省社会科学志》(黄山书社,1998:88-89)载:

> 1957年和1958年两个暑假,在省教育厅和江西师范学院的领导下,余心乐、何姿文、左瑞在南昌开办两期学习班,训练来自全省各市县中学的一批骨干教师及师院部分学生近百人,对江西各地的方言作了调查,积累了许多材料。这些材料后来在“文化大革命”中散失,大部分未能整理发表。“文化大革命”以前,各地报刊上发表了一些研究江西方言的论文。曾康的《江西方言杂谈》①,王光闾的《谈谈江西人怎样学普通话》②,胡经修的《南昌方言与北京语音对应关系的探索》③,王练的《吉安语音概述》④,金有景的《江西广丰话效摄字的读音》⑤,余心

① 载于《光明日报》1950年8月27日第7版,篇幅较短,属于趣味文章。

② 载于江西教育工作社主编的半月刊《教育工作》1956年第13期,第8—9页。

③ 载于《方言与普通话集刊》第四本,1958年8月,第60—72页。

④ 载于《井冈山大学学报》综合版1960年第1期,第130—171页,是现存最丰富、完整的江西省第一次方言普查的成果性资料。

⑤ 载于《中国语文》1961年第10—11期合刊,第97页。

乐的《赣西北方言词考释》①,余心乐、何姿文的《江西方音辩证》②。“文化大革命”期间,江西方言的研究被迫中止。

在相同时间进行调查的陈昌仪所获得的调查结果也未能留下,陈昌仪(1991:1)《赣方言概要》的前言中提道:

> “文革”前的五年,我利用给学生辅导的机会,也利用部分节假日,对学生进行初步调查。参加“社教”时也冒着挨批挨整的危险背地里记录一些语音、词汇材料……但这段时间调查所得的资料在十年浩劫中大都化为乌有。方言资料虽说是自己调查的,但一盒盒的卡片却是系里提供的,下放时不敢带走,江大复办回校时,理所当然地毫无踪影;其余的大部分资料在多次抄家中也不知去向。

陈昌仪另有一文《第一次全省汉语方言普查的反思》,③主要论述了认真编写《江西省志·方言志》的重要性,对了解江西省第一次方言普查的情况帮助不大。

24 广西壮族自治区

24.1 宋文中的信息

共74县(市),已调查39个点。

学话手册编写情况:《广西人学习普通话手册》,1960年广西人民出版社出版;《桂林人学习普通话手册》,手稿,未出版。

方言概况类资料编写情况:《广西汉语方言概要》,油印本,未出版,1960年广西师院整理;《桂北官话概说》,④载于1963年广西师院《科学论文集》中。

---

① 载于《江西师范学院学报》1964年第1期,第67—70页。

② 余心乐、何姿文合著的文章名应为《江西方音辨正》,载于江西省哲学社会科学联合会主编的《争鸣》杂志1964年第2期,第5—16页。江西省图书馆有藏。

③ 载于江西省省志编辑室主编的《修志文丛》1987年第6期,第28—29页。

④ 即李谱英《桂北官话概说》一文,载于广西师范学院(今广西师范大学)主办的不定期刊物《科学论文集》1963年第4期(校庆十周年纪念),1963年12月,第79—91页。

原始材料情况及继续调查计划：原始材料现存于广西师院、南宁师院中文系，无继续调查计划。广西师院拟在今后三年内调查尚未调查的各点。南宁师院拟在今后数年内调查广西平话。

调查材料提供人：广西师范学院李谱英、南宁师范学院杨焕典。

24.2 1966年及以前印制的资料

24.2.1 总结性资料

（一）广西汉语方言概要（初稿），广西师范学院中文系《广西汉语方言概要》编辑组，1960年8月，16开，2册，平装本。

（二）广西汉语方言概要（初稿）（桂南粤语），广西师院中文系，1960年8月，16开，为《广西汉语方言概要（初稿）》的抽印本。

（三）广西壮族自治区北流话同音字表，广西教师进修学院汉语方言调查组，1959年，横版16开，平装本，国家图书馆藏。

（四）广西壮族自治区博白县城地佬话（岐山岐话）同音字表，广西师范学院中文系广西汉语方言概要编辑组，1960年，横版16开，平装本，国家图书馆藏。

（五）广西壮族自治区苍梧县夏郢方言同音字表，广西教育厅汉语方言调查工作组，1959年，横版16开，平装本，国家图书馆藏。

（六）广西壮族自治区岑溪县话同音字表，广西教育厅汉语方言调查工作组，1959年，横版16开，平装本，国家图书馆藏。

（七）广西壮族自治区富钟县钟山镇方言同音字表，广西师范学院中文系广西汉语方言概要编辑组，1960年，横版16开，平装本，国家图书馆藏。

（八）广西壮族自治区桂平县方言同音字表，广西教育厅汉语方言调查工作组，1958年5月，横版16开，平装本，国家图书馆藏。

（九）广西壮族自治区贵县话同音字表，广西教师进修学院汉语方言调查工作组，1959年，横版16开，平装本，国家图书馆藏。

（十）广西壮族自治区贺县芳林客家方言话同音字表，广西教育厅汉语方言调查工作组，1959年，横版16开，平装本，国家图书馆藏。

（十一）广西壮族自治区柳州市汉语方言同音字表，广西师范学院中文系广西汉语方言概要编辑组，1960年，横版16开，平装本，国家图书馆藏。

(十二) 广西壮族自治区陆川县城厢客家话同音字表,广西教育厅汉语方言调查工作组,1959年,横版16开,平装本,国家图书馆藏。

(十三) 广西壮族自治区鹿寨县方言调查报告,广西师院汉语方言调查工作组,1959年,横版16开,平装本,国家图书馆藏。

(十四) 广西壮族自治区蒙山县方言同音字表,广西教育厅汉语方言调查工作组,1959年,横版16开,平装本,国家图书馆藏。

(十五) 广西壮族自治区南宁市白话同音字表,广西教师进修学院汉语方言调查工作组,1959年,横版16开,平装本,国家图书馆藏。

(十六) 广西壮族自治区南宁亭子平话同音字表,1959年,横版16开,平装本,国家图书馆藏。

(十七) 广西壮族自治区平南县城厢话同音字表,广西师范学院中文系广西汉语方言概要编辑组,1960年,横版16开,平装本,国家图书馆藏。

(十八) 广西壮族自治区容县话同音字表,广西教师进修学院汉语方言调查工作组,1959年,横版16开,平装本,国家图书馆藏。

(十九) 广西壮族自治区藤县话同音字表,广西教育厅汉语方言调查工作组,1959年,横版16开,平装本,国家图书馆藏。

(二十) 广西壮族自治区梧州市方言同音字母表,广西教育厅汉语方言调查工作组,1959年,横版16开,平装本,国家图书馆藏。

(廿一) 广西壮族自治区阳朔县方言调查报告,广西师院汉语方言调查工作组,1958年,横版16开,平装本,国家图书馆藏。

(廿二) 广西壮族自治区玉林话同音字表,横版16开,平装本,国家图书馆藏。

(廿三) 广西壮族自治区博白县城地佬话(柑子园话)方言调查报告,广西教育厅汉语方言调查工作组,1959年,横版16开,平装本,国家图书馆藏。

(廿四) 广西壮族自治区恭城县汉语方言调查报告,广西师范学院中文系汉语方言调查组,1959年,横版16开,平装本,国家图书馆藏。

(廿五) 广西壮族自治区灌阳县城关镇方言调查报告,广西教育厅汉语方言调查工作组,1959年,横版16开,平装本,国家图书馆藏。

(廿六) 广西壮族自治区桂林市汉语方言调查报告,广西师范学院中文系汉语方言调查组,1959年,横版16开,平装本,国家图书馆藏。

（廿七）广西壮族自治区贵县桥圩客家话调查报告，广西师范学院汉语方言调查组，1959年，横版16开，平装本，国家图书馆藏。

（廿八）广西壮族自治区荔浦县汉语方言调查报告，广西师范学院中文系汉语方言调查组，1959年，横版16开，平装本，国家图书馆藏。

（廿九）广西壮族自治区临桂县灵川三街平话调查报告，广西师范学院中文系广西汉语方言概要编辑组，1960年7月，横版16开，平装本，国家图书馆藏。

（三十）广西壮族自治区平乐县汉语方言调查报告，广西师范学院汉语方言调查工作组，1959年，横版16开，平装本，国家图书馆藏。

（卅一）广西壮族自治区全州县城关镇方言调查报告，广西教育厅汉语方言调查工作组，1959年，横版16开，平装本，国家图书馆藏。

（卅二）广西壮族自治区兴安县城关镇方言调查报告，广西教育厅汉语方言调查工作组，1959年，横版16开，平装本，国家图书馆藏。

（卅三）广西壮族自治区永福县汉语方言调查报告，广西师院汉语方言调查工作组，1959年，横版16开，平装本，国家图书馆藏。

（卅四）广西壮族自治区昭平县龙评话同音字表，广西教育厅汉语方言调查工作组，1959年，横版16开，平装本，国家图书馆藏。

（卅五）广西壮族自治区资源县城关镇方言调查报告，广西教育厅汉语方言调查工作组，1959年，横版16开，平装本，国家图书馆藏。

24.2.2　学话手册

暂未发现。

24.2.3　其他资料

桂林话普通话对应规律，易熙吾，广西人民出版社，1956年12月，32开，平装本。

24.3　1967年及以后印制的资料

暂未发现。

24.4　仅见于其他文献的资料

（一）桂林人学习普通话手册，见于宋文。

(二) 广西人学习普通话手册,1960 年广西人民出版社出版,见于宋文。

25 广东省、海南省

25.1 宋文中的信息

共 113 县(市),已调查 104 个点。

学话手册编写情况:《四邑人怎样学习普通话》《客家人怎样学习普通话》《潮州人怎样学习普通话》《海南人怎样学习普通话》,共 4 种,1958 年出版;《广州标准音(录音)字汇》,香港商务印书馆约稿;《广州人学习普通话(录音)手册》,厦大海外函授部约稿;《普通话 · 潮汕方言常用字典》,1979 年出版。

原始材料情况及继续调查计划:《广东话方言概况》,五六十万字,原稿失落;《广州话方言词典》,已交商务印书馆;普通话与广州、客家、海南方言常用字典三种,已付印。《新编潮汕方言十八音》,1979 年广东人民出版社出版。

原始材料情况及继续调查计划:部分原始材料保存在中山大学、暨南大学、华南师院。广东省文改座谈会提到继续调查计划,但未落实。

调查材料提供人:中山大学黄家教、李新魁,暨南大学饶秉才。

25.2 1966 年及以前印制的资料

25.2.1 总结性资料

潮州方言,李永明,中华书局,25 开,1959 年 4 月,平装本。

广东省第一次方言普查后编写的总结性成果《广东方言概况》大概率已失传,详见李新魁(1994)《广东的方言》:

> 1956 年以后,为了推广普通话,广东开展了全省的方言普查工作,各个县都写出了方言调查报告。然后由有关的研究者编写成“广州方言概况”“客家方言概况”“潮州方言概况”“海南方言概况”(当时海南尚属广东省)。这四种“概况”于 1960 年由李新魁汇编成《广东方言概况》一书,全书大约有 40 多万字,交由广东省方言调查指导组保存。但“文革”期间,此书原稿丧失,甚为可惜。

25.2.2 学话手册

(一) 广州人怎样学习普通话,黄伯荣,广东人民出版社,1957年8月,32开,平装本。

(二) 潮州人学习普通话手册,广东省方言调查指导组,广东人民出版社,1959年11月,32开,平装本。

(三) 海南人学习普通话手册,广东省方言调查指导组,广东人民出版社,1959年3月,32开,平装本。

(四) 客家人学习普通话手册,广东省方言调查指导组,广东人民出版社,1958年11月,32开,平装本。

(五) 四邑人学习普通话手册,广东省方言调查指导组,广东人民出版社,1958年9月,32开,平装本。

王力《广东人怎样学习普通话》(文化教育出版社,1955年8月)是1951年华南人民出版社《广东人学习国语法》一书的重印版,应与此次方言普查无关。

25.2.3 其他资料

暂未发现。

25.3 1967年及以后印制的资料

暂未发现。①

25.4 仅见于其他文献的资料②

(一) 四会人学习普通话手册,见于已出版的四种手册的前言。

(二) 雷州人学习普通话手册,见于已出版的四种手册的前言。

(三) 高州人学习普通话手册,见于已出版的四种手册的前言。

(四) 北海人学习普通话手册,见于已出版的四种手册的前言。

---

① 广东省第一次方言普查的成果性资料已经基本无存,后来出版的各种普通话对照字典和方言研究著作等都未说明与本次普查直接相关,笔者认为应是人是而物非了。不过,广东省部分地区有研究方言的传统,也可以认为一些后续研究成果和第一次方言普查有一定的传承关系。另外,邓少君、黄家教的《广州人学习普通话手册》应与本次普查没有直接关系。

② 下列的四种资料很有可能并未编出。

26 福建省

26.1 宋文中的信息

共71县(市),已调查67个点。

学话手册编写情况:《福建人怎样学习普通话》,1979年福建人民出版社出版;编成福州人、闽南人、莆仙人、客家人、大田人、尤溪人学习普通话手册共六种,有油印本或铅印本,都未正式出版。

方言概况类资料编写情况:《福建省汉语方言概况》,上、下两册,100万字,厦门大学铅印,未正式出版;《普通话·闽南方言对照词典》,近30万字,已定稿付印,由福建人民出版社出版;《普通话·同安话对照小词典》,油印本,未正式出版。

原始材料情况及继续调查计划:未说明原始材料情况,拟依靠厦门大学、福建师范大学修订《福建方言概况》,并修订各地区学习普通话手册。

调查材料提供人:福建省教育局张凯民、厦门大学黄典诚。

26.2 1966年及以前印制的资料

26.2.1 总结性资料

(一) 福建省汉语方言概况(讨论稿),福建省汉语方言调查指导组、福建省汉语方言概况编写组,1962年8月,16开,上下册,主要为平装本,有少量黑皮精装本,有21页勘误表,勘误表分上下册,但一般合订在一起。

(二) 闽东、北方言调查资料汇编第一辑,福建师范学院中文系语言教研组、福建师范学院方言调查小组,1959年,16开,平装本。

(三) 福建省汉语方言的分区　福建省汉语方言科学讨论会讨论稿,福建省汉语方言概况编写组,1963年8月,16开,平装本。

(四) 福州方言词汇——关于性质、状态、感觉、颜色部分(初辑),语言教研组福州研究小组讨论,潘茂鼎执笔,1963年5月,16开,平装本。

26.2.2 学话手册①

尤溪人学习普通话手册,尤溪县革命委员会教育局,1964年4月,16

① 高明凯、林焘《福州人怎样学习普通话》,应与第一次全国方言普查没有直接关系。

开,平装本。

26.2.3 其他资料

(一) 福建省汉语方言词汇语法调查表,福建省汉语方言概况编写组,1960年3月,16开,平装本。

(二) 诏安闽南话汉语方言调查简表,厦门大学中文系资料室旧藏,极可能未失传。

26.3 1967年及以后印制的资料

26.3.1 总结性资料

(一) 普通话闽南方言词典,厦门大学中国语言文学研究所汉语方言研究室,福建人民出版社,1982年10月,16开,硬精装。

(二) 普通话闽南方言词典(海外版),厦门大学中国语言文学研究所汉语方言研究室,生活·读书·新知三联书店香港分店、福建人民出版社联合出版,1982年10月,16开,硬精装。

(三) 普通话—闽南方言对照词典(征求意见稿),中国人民解放军福建前线厦门对敌有线广播站、厦门大学中文系普通话—闽南方言对照词典编辑组,1975年,横版8开,共9册,极可能未失传。

(四) 普通话—同安方言对照小字典(草稿),新圩公社干部读书班,1977年1月,存否不详。

(五) 闽南方言同音字表(未定稿),普通话闽南方言词典编写组,1977年11月,16开,平装本。

26.3.2 学话手册

(一) 福州方言区普通话语音教学手册(征求意见稿),厦门大学中文系语言教研组,1974年2月15日,16开,平装本。

(二) 客家方言区普通话语音教学手册(征求意见稿),厦门大学中文系语言教研组,1973年11月,16开,平装本。

(三) 莆仙方言区普通话语音教学手册(征求意见稿),厦门大学中文系语言教研组,1973年11月,16开,平装本。

(四) 大田人学习普通话手册,福建省大田县革委会教育局、厦门大学中文系语言专门组,1975年7月,64开,软精装本。

(五) 闽南人学习普通话手册,林宝卿,福建人民出版社,1988 年 2 月,32 开,平装本。

26.3.3 其他资料

暂未发现。

27 全国性研究成果

(一) 方言与普通话集刊 · 第一本(闽广方言与普通话),文字改革出版社编,文字改革出版社,1958 年 4 月,16 开,平装本。

(二) 方言与普通话集刊 · 第二本(北方方言与普通话),文字改革出版社编,文字改革出版社,1958 年 6 月,16 开,平装本。

(三) 方言与普通话集刊 · 第三本(北方方言与普通话),文字改革出版社编,文字改革出版社,1958 年 5 月,16 开,平装本。

(四) 方言与普通话集刊 · 第四本(闽语、湘语、赣语客语方言与普通话),文字改革出版社编,文字改革出版社,1958 年 8 月,16 开,平装本。

(五) 方言与普通话集刊 · 第五本(吴越、北方方言与普通话),文字改革出版社编,文字改革出版社,1958 年 8 月,16 开,平装本。

(六) 方言与普通话集刊 · 第六本(北方方言与普通话),文字改革出版社编,文字改革出版社,1959 年 10 月,16 开,平装本。

(七) 方言与普通话集刊 · 第七本(北方方言与普通话),文字改革出版社编,文字改革出版社,1959 年 12 月,16 开,平装本。

(八) 方言与普通话集刊 · 第八本(北方方言与普通话),文字改革出版社编,文字改革出版社,1961 年 4 月,16 开,平装本。

(九) 方言和普通话丛刊 · 第一本,中国语文杂志社,中华书局,1958 年 4 月,16 开,平装本。

(十) 方言和普通话丛刊 · 第二本,中国语文杂志社,中华书局,1959 年 5 月,16 开,平装本。

(十一) 汉语方音字汇,北京大学中国语言文学系语言学教研室,文字改革出版社,1962 年 9 月,16 开,平装本。

(十二) 汉语方音字汇(第二版),北京大学中国语言文学系语言学教研室,文字改革出版社,1989年6月,16开,平装本。

(十三)汉语方音字汇(第二版重排本),北京大学中国语言文学系语言学教研室,语文出版社,2003年6月,16开,平装本。

(十四)汉语方言词汇,北京大学中国语言文学系语言学教研室,文字改革出版社,1964年5月,16开,平装本。

(十五)汉语方言词汇(第二版),北京大学中国语言文学系语言学教研室,语文出版社,1995年6月,16开,硬精装本。

(十六)汉语方言概要,袁家骅等,文字改革出版社,1960年2月,16开,平装本。

(十七)汉语方言概要(第二版),袁家骅等,文字改革出版社,1989年6月,16开,平装本。

(十八)汉语方言概要(第二版),袁家骅等,语文出版社,2001年1月,16开,平装本。

28　1966年前编写的少数民族学话手册

(一)凉山彝族怎样学习汉语普通话(初稿),中央民族学院语文系三年级彝语班师生合编,1961年8月,16开,平装本。

(二)川黔滇苗族怎样学习汉语普通话,中央民族学院语文系第四教研组,1960年1月27日,16开,平装本,笔者自藏。

29　结　　语

有的人说,第一次全国方言普查时条件困难,且参与普查的人方言研究素养低,所以取得的成果价值不大,甚至可以说基本没有价值。这其实是不了解全国第一次方言普查的实际情况造成的刻板印象。全国第一次汉语方言普查的调查成果确实存在一些问题,但当时调查范围广,保存了当时的方言面貌,可以说非常宝贵。另外,当时的大部分调查员都尽职尽责,在调查方言之前也经过基本培训,笼统地说他们的调查成果水平低是不合适的。

除了书本资料,很多以全国第一次方言普查为基础发表的研究论文也面临着散佚的危险,如发表在江西省哲学社会科学界联合会主办的《争鸣》杂志 1964 年第 2 期的《江西方音辨正》、发表在《青海高等学校论文集(第二集)》的《乐都音系》,这些文章所在的刊物都已非常稀见,各公立图书馆也鲜有馆藏。笔者正在收集相关的论文,整理相关目录,可能会在日后发表。

虽然近几年笔者一直在努力搜寻相关的资料,但个人的力量总归非常微弱,很多事情有心但无力。如果要进一步了解当时的工作成果,最好查阅一些文件和档案。当时有互相赠阅征求意见的习惯,很多成果都有可能只是深藏在某个单位或者档案馆的故纸堆里了,要仔细考察这些资料,一般都需要公共力量的参与和推动。2021 年,教育部语言文字信息管理司启动了"第一次全国汉语方言普查成果汇编"项目,已经开始整理部分省区第一次汉语方言普查的成果性资料,算是迈出了保护相关资料的第一步,希望以后能有机会更加深入、全面地整理有关文献。

参考文献

陈昌仪:《赣方言概要》,江西教育出版社 1991 年版,前言第 1 页。

合肥师范学院方言调查工作组:《安徽方言概况》,1962 年版,前言第 1 页。

江西省社会科学院情报资料研究所编:《江西地方文献索引》上册,第 58 页。

江西省社会科学志编纂委员会:《江西省社会科学志》,黄山书社 1998 年版。

李新魁:《广东的方言》,广东人民出版社 1994 年版,第 20 页。

李行健:《河北方言词汇编》,商务印书馆 1995 年版,序言第 1—2 页。

李运益编著:《重庆人怎样学标准音》,重庆人民出版社 1956 年版。

宋学:《1957~1958 年全国汉语方言普查的成果调查》,《语文现代化》1980 年第 2 期,第 271—277 页。

温端政:《山西方言调查研究和方言志的编写》,载温端政编《方言与俗语研究　温端政语言学论文选集》,上海辞书出版社 2003 年版。

游汝杰:《汉语方言学教程(第二版)》,上海教育出版社 2016 年版。

张成材:《六十年来的陕西方言研究》,载张成材《陕甘宁青方言论集》,青海人民出版社 2016 年版。

张振兴主编:《中国分省区汉语方言文献目录(稿)》,中国社会科学出版社 2014 年版。

中国社会科学院语言研究所著:《中国语言学论文索引乙编(增订本)》,商务印书馆 1978 年版。

中华人民共和国高等教育部、教育部:《关于汉语方言普查工作的指示》,《中华人民共和国国务院公报》1956 年第 13 期,第 312—314 页。

(王谢杨　重庆　四川外国语大学地名研究中心　wangxieyang@suiyezhai.com)

书　评

精心编缀的异域遗珍*

——林涛主编《东干语词典》评介

何茂活

提　要：林涛先生主编的《东干语词典》，编写体例上多维交织，词、语并重；所收词语及所举例证生动鲜活，密切反映生活现实；其中的大量词语可以起到存俗证古的作用，可以借以探析其与中华文化之间的血脉联系；因本字考求向为难事，词典中个别词语的书写形式仍待商酌。作为国内第一部东干语词典，该书洵为编者精心倾力之作，也是学界继续深入研究东干语言文化的重要津梁。

关键词：《东干语词典》；东干族；西北方言

承蒙莫超教授惠示，笔者有幸抢先拜阅了《东干语词典》(以下简称《词典》)的书稿。② 拜读一过，获益良多。关于该词典的特点及贡献，陕西师范大学邢向东先生已在为该书所作序言中做了全面细致的评价，笔者完全赞同。循着这篇序言的写法和思路，本文试做补议，以就正于词典编者及各位方家。我们认为，《词典》在以下四个方面有其显著的特点。

1　多维交织，词、语并重

过去常见的方言词典，多以音序排列，辅以义类索引，如李荣(2002)主

*　本文是教育部 2020 年度人文社会科学规划基金项目“《汉语大字典》承袭故训疑误考论”(项目编号 20YJA740019)的阶段性成果。

②　《东干语词典》由林涛主编，莫超、杨同军副主编，上海辞书出版社于 2024 年 1 月出版。

编《现代汉语方言大词典》。或以笔画为序,辅以音序及四角号码索引,如许宝华、宫田一郎(1999)主编的《汉语方言大词典》。林涛先生主编的这部《词典》,在编写体例上做了大胆的尝试与创新,全书从多个维度精心编缀、广采兼收,可谓细针密线、力避疏遗。词典正文分 38 个部分,前 36 个部分为"词",最后两个部分为"语"。"词"的部分,计有四个维度。第一个维度是义类,分天文、地理、时令时间、农业、植物、动物等 23 类。第二个维度是词性,分为 5 类: 名物;动作、行为;性质、状态;称代、方位、数量;副词、连词、前置词。第三个维度是音节数量及构词法,分为 5 类: 单音节词语、双音节词语、三音节词语、四音节词语、附加式合成词。第四个维度是词源,分为 3 类: 古汉语语词;近代汉语语词;俄语、突厥语借词。"语"的部分分为 2 类: 谚语;俗语。

从篇幅上看,"语"的部分约占四分之一。其实,三音节、四音节词语大部分也属于"语",如此说来"语"的比重实际更高。在这一点上,过去常见的方言词典都是做得不够的,作为"词典",往往是重词而轻语。作为一种语言或方言,其成语、惯用语、谚语、俗语、歇后语等,有其深厚的文化内涵,或生动幽默,或富含哲理,往往简洁凝练,耐人咀嚼,是语言资源的重要组成部分。《词典》的编者大概正是明确认识到了"语"的价值,所以着力收录整理了东干语中大量的惯用语、谚语和俗语。如"明打明""没相干""双抱手""挣死巴活""死眉瞪眼""呵喽气喘""有理说倒泰山""新茅圈都有个两天的新鲜呢""一柜书本子顶不住一个师傅""淡淡长流水,酽酽不到头""舌头没脊梁,翻里翻面能说上""有三十年的衙门呢,没有三十年的衙役""君子盼的天下太平,小人盼的自己平顺""人没钱哩鬼一般,饭没盐哩水一般""住过三年拿不动,跑过三年一条棍""人胖不是吃下的,泰山不是垒下的""吃的曹操的饭,给刘备干事呢",等等。这些熟语,如同千百年来岁月打磨的珠玉,言简意永,富含智慧,如不掇拾整理,岂非憾事!尤其是有些熟语中所涉及的事物,随着社会生活的变化,已渐渐消失或变异,熟语所表示的意义也渐不为人所知,因此颇有记录和解释的必要。如"白日呢游四方,黑哩借油补裤裆""皮袄套褐衫,出汗不得干""清水打的磨转呢,想起幼年肉颤呢""虱多哩不咬,账多哩不愁",其中的油灯、皮袄、褐衫、水磨、虱子这些名物,想必在东干人的生活中也已不复存在了。将这些俗语谚语收入词典,并加以解释，就好比将古旧物什存入博物馆，存放愈久，将愈见其价值。

2 语料鲜活，乡风浓郁

《词典》除在“谚语”“俗语”两部分收录了大量熟语以外，“词”的部分也在解释词语的同时，列举了不少例句。这些例句多出自东干语文学作品，也有许多是编者调查所得。例句虽都简短，但往往含有浓厚的地域特点，读来令人欣悦。如：

炸雷：一天赶早，炸雷在狠实女人的房顶子上响的咯炸炸的。①

光滩：在不长绿草、看不见活物的光滩上走了两天，才看到一个小乡庄。

柳树：营盘呢，我还没忘，一棵柳树长在河沿上。

盅盅子：主人让我们上哩炕，放上炕桌，茶壶、茶碗，倒哩一盅盅子茶水，摆哩好少果碟，招待我们的呢。

盖碗盅子：盖碗盅子响的呢。百年的声，都在我的耳缝呢，又灵，又亲。

惦记：阿舍儿的老汉领养廉的呢也罢，总一老惦记着集体农庄的事情。（养廉，意为退休金）

鼻子：阿舍儿娘把两个儿子折到仗上哩，一天哭鼻子掉泪的。

鞋脚：这个耶提目孽障的，没有衣裳，没有鞋脚，精脚连片的耍的呢。

仗：末末子老汉的儿子在祖国仗上完掉哩。

上面这些例句无论是反映当地的自然面貌，还是反映人们的社会生活，都有鲜明的地域特色甚至时代风貌。至于“语”的部分收录的语料，更是富有特色。如：

三岁的牛娃子，撵不上一岁的兔娃子。

---

① 《词典》中该条的完整内容为：“ЗАЛУЙ 炸雷[tsa⁴⁴luei²⁴]像爆炸声一样的雷：一天赶早，炸雷在狠实女人的房顶子上响的咯炸炸的。”本文为排版及阅读方便，有些引文略去音标及释义。下同。

> 羯羖伙不到绵羊群呢。
>
> 为了人家的地板子,打哩自己的铧尖子。
>
> 乳牛下乳牛,三年五条牛。
>
> 鸡儿的蛋,拿食换。
>
> 麦子黄哩不收淌掉呢,女儿大哩不出嫁跑掉呢。

这些话语,有的直接源自我国西北方言,有的也许是东干人的创造。但无论如何,我们可以从中管窥东干人在"异国他乡"的生产生活,感受到他们与中华民族息息相通的思想情感与智慧。就好比老家的亲人到一位远嫁他乡而又阔别多年的女儿家里做客,既能听到熟悉的乡音,也能感受到他们语言、生活和情感上大大小小的变化。从这个意义上说,《词典》无疑是我们了解东干语并进而探析东干语与我国西北方言之间同异关系的可贵桥梁。

3 存俗证古,源脉深长

语言是文化的重要载体,东干语同样负载和传承着东干人独特的历史和民俗文化。通过《词典》所记录的各类语词,我们可以从不同的侧面,窥析其中的文化蕴含,由此溯其源流,知其根脉。同时也可为我国西北本土一些已经失传或濒于失传的文化现象找到佐证。

《词典》收录了大量有关饮食、婚育、丧葬、服饰、营建、农事、文化教育以及宗教信仰等方面的词语。因为不同国家和地区的社会发展并不平衡,演进变化或有差异,因此文化传承互有参差。比如《词典》记录的碾坊、磨坊、粉坊、糖房、醋房、染房等词语及事物,在我国西北地区人们的生活中已渐渐退隐了,不知在东干人的生活中存留情况如何。再如:

> 过门:结婚,女方嫁到男方家中:说下的媳妇儿还没有过门呢。
>
> 绞脸:旧时女子结婚时,老年妇女用线绳将新娘脸面上的寒毛(细毛)绞去。
>
> 针扎子:针线包。
>
> 待掌:理发师。由"待诏"音变而来。也叫"剃头匠"。

牙子：旧时替买卖双方撮合调停从中取得佣金的人，即“经纪人”。

以上各词，“过门”在甘肃河西方言中仍在使用，意义相同。“绞脸”的习俗近一二十年已渐失传。旧时绞脸不仅限于女子出嫁，妇女平时也会用此办法去除面部寒毛，以收美容之效。“针扎子”是一种插放缝纫针的荷包，一般分内芯和活动外套两部分，可戴在衣襟上，也可放在针线笸篮里。但是这样的物件，在甘肃河西地区已基本消失了。理发师称“待诏”，在笔者家乡甘肃山丹，20 世纪 70 年代末期尚有所闻，现已完全绝迹了。“牙子”这一职业，在甘肃河西地区，近几十年来随着牲畜交易市场的取消，也已不复存在。

就政治词语而言，下面这些词语显然是中国古代政治文化的遗存：

衙役：衙门里的差役。现在东干人把警察叫“衙役”。

点卯：旧时官府在卯时（早晨五到七点）查点到班人员的出勤情况，现在东干语中仍然在使用。

画押：签字，摁手印。陕西裔东干人多用。

兵勇：旧指士兵。

再以服饰文化而论，《词典》收录的“絀”“纆”“缉”“缲”“缭”“沿”等缝纫方式，均可与西北方言相印证。只是现在的年轻女性，已经很少有人能说清它们的具体含义了。

以东干语与我国西北方言进行对比解证，有时颇有豁然开朗之感。比如东干语将全麦粉称为“连麸面”，甘肃河西方言称“连面”，可见“连面”是“连麸面”的省说。东干语将为新生儿出生一百天过的诞生礼称为“百轮儿”，以甘肃河西方言解证，便知其为“百禄子”的变异。“百禄子”是小儿出生 106 天时过的庆生礼。东干语说“肚子饿哩给一口，强住饱哩给一斗”，甘肃河西方言说“活的给一口，强如死了献一斗”。前者是说要雪中送炭，不要锦上添花；后者是说要厚养薄葬。“强住”是“强如”的音讹，意为胜似。《词典》：“少吃多喝，强住找药。”“城里有一个人，强住使金银。”后者意犹“朝里有人好做官”。

从上面各例可以看出，东干语中的许多词语及其所指事物现象，很大程度上保留了中国西北民俗文化的特点，我们可以把它看作散落在异域的历史遗珍,或者比作飘落他乡的一张张珍贵影像,其中存留的历史信息丰富多彩,值得细致探寻。

4 如璞如玉,可剖可琢

东干语及东干文化如同一块璞玉,它的故土在中国西北,但它又经历了百十年异域水土的滋养浸润,因此又具有了与故土文化不一样的特质。剖璞见玉,探求其中最内核的东西,这应当是我们研究东干语言文化的重要目的。而剖解璞玉的一项基本工作就是考求词语正字,探明真实语源。

《词典》记录的东干词语,有许多是有音无字或本字待考的。这种情况在汉语方言研究中是普遍存在的现象。考求"本字"的目的,并不仅仅是为某个方言词语找到一个恰当的书写方式,其实质是追溯语源,即弄清词语的得名缘由和造词理据。比如《词典》记录的"繶住[iŋ⁵¹ · tʂu]用大针脚缀缝:我把被子繶住哩再做饭",这样的书写形式就是正确的。"繶"与"隐"是同源词,指的是把棉衣或被褥的各层缝合起来,且隐藏针脚。假如仅仅按其读音写作"引",那就未能溯及语源,所用的只是个同音替代字而已。

事实上,并不是所有的"本字"都是易于考求的。比如《词典》中的以下各例,编者使用的就是同音替代字。

> 熟其子花儿[fu²⁴tɕʻi · tsɿxuar²⁴] 锦葵。二年生或多年生草本植物,叶子肾脏形,夏天开花,花紫红、粉红色,供人观赏……也叫"竺葵"或"紫花子"。①
>
> 臧房[tsaŋ²⁴faŋ²⁴] 闹新房。
>
> 灾赤[tsɛ²⁴ · tʂʻʅ] 灾难。
>
> 韶气[ʂɔ²⁴tɕʻi⁴⁴] 傻气。
>
> 者也[tʂə²⁴ · iə] 方便,舒适:你的房子拾掇的者也。

这些词语中的"熟其""臧""赤""韶""者也"都是同音替代字,正字有待考求。需要说明的是,这些词语在今甘肃河西方言中也都能得到印证。

① 《词典》以字下加"。"表示同音替代字。本文为排印方便,引述时略去此号。

比如“臧房”，山丹叫“tsɑŋ（阳平）床”（前一音节这一声韵调配合唯此一例）。“闹房”这一行为为何叫[tsɑŋ（阳平）]，令人费解。“灾赤”一词，山丹音[tsε^{24} · tʂʅ]，后字不送气。“韶”意为傻，有人写作“勺”“苕”，都是同音替代字；或写作“傻”，是训读字。“者也”之“者”，疑当作“辙”。山丹话有“合辙”“辙顺”，意义近似。

本字考求，向为难事。《词典》中个别词语的用字，仍有进一步推敲的必要。以下试辨数例，以与编者商酌，并求正于方家：

> 汗鞮子[xæ^{44} t‘i^{44} · tsɿ] 毡韂。垫在马鞍子上面用毡子做成的韂。
>
> 牙开[ia^{24}k‘ε^{24}] 门窗等稍微开一点。
>
> 普气掉[p‘u^{24}4tɕ‘i^{44}tiɔ^{44}] 发霉的味道，食物坏掉：馍都普气掉，长毛哩。

以上各例中，“汗鞮子”应写作“汗替子”或“汗屉子”。《字汇 · 尸部》：“屉，鞍屉。”《原本老乞大》：“你这鞍子、辔头、大鞦、小鞦、攀胸、鞊、鞍桥子、雁翅板、镫彻皮、肚带、笼头、牵控、编繮、繮绳、兜颏、闸口、汗替、皮替、替子，全买了也。”（汪维辉 2022：37）明戚继光《练兵实纪 · 练伍法 · 辎兵 · 辎什器》：“每车围幔一条，拔轴绳二条……皮肚带一条，皮后秋一条，麻拥子十条，麻搭子共二十条，木鞍一座，屉子一个，草铡一口，柳筐一口，水桶二只，载水大篓一个。”“替（屉）”是可以抽换的衬垫物，鞍韂之所以称“替（屉）”，正是因为它可以抽换。古人将鞋垫也称作“屟（𩌦、屧）”，道理是一样的。“牙开”之“牙”当作“闸”。《说文 · 门部》：“闸，开闭门也。”段玉裁注：“谓枢转轧轧有声也。”《广韵 · 狎韵》乌甲切（今音 yā）：“闸，开闭门。出《说文》。”（余迺永 2008：544）“普气掉”之“普”当作“醭”。《玉篇 · 酉部》：“醭，匹卜切，醋生白。”

本字考求需要姊妹方言甚至相关语言的参证。有时蔽于方音或囿于方言中的词义、用法，往往会“考”错本字。笔者所撰《山丹方言志》一书中有的词语的用字就是错误的。比如：

> 飞鞍子：畜力车挽具，即驾辕的牲畜背上的小鞍子。
>
> 头号系：秤杆上靠大头儿的提绳。

上面两个词,正确写法应当是“水鞍子”“头毫系”。试看《词典》中的相关词条:

水鞍子[fi^{51}næ^{24} · tsɿ] 马车上驾辕牲畜背上的辕鞍。也叫“辕枕”。

毫系[xɔ^{24} · ɕi] 秤毫。秤杆上提手的条状物,多用绳子或皮条制成。

“飞鞍子”之误是笔者早前调查邻近地区方言时发现的。这种小型而简易的鞍子,之所以称为“水鞍子”,盖因其原本用于牲畜驮水之时,垫在横杠下面,增大受力面积,保护牲畜背脊,区别于骑乘时所用的鞍具。而“头号系”之误正是通过阅读《词典》发现的。进而再查《汉语大词典》,“毫”字释义有“秤或戥子上的提绳。宋景德间造秤有三毫,为初毫、中毫、末毫。今秤有头毫、二毫。参阅《文献通考 · 乐六》”。可见“号”误而“毫”是。由此可见,本字考求是一项十分繁难的工作,需要纵横对比,多方求索。《词典》在这方面百密一疏,亦属正常。正因为如此,才需要有更多的学者继续攻研,使之臻于完善。

总括以上讨论,我们认为,《词典》作为一部东干语词汇的集大成之作,收词详备,分类细密,体例上勇于创新,语料上务求鲜活,既可横向了解东干人与中国西北民族的血脉联系,又能纵向管窥我国清代乃至更早时代的民族文化及其在异国土壤上的传承与演化。该书无疑是研究东干语言文化的精心之作,也是学界继续深入研究相关问题的可靠津梁。衷心希望在《词典》开垦出的沃土上生长出更多更美的学术之花。

参考文献

(清)段玉裁:《说文解字注》,上海古籍出版社 1981 年版。

汉语大词典编辑委员会,汉语大词典编纂处:《汉语大词典》第 6 卷,汉语大词典出版社 1990 年版。

何茂活:《山丹方言志》,甘肃人民出版社 2007 年版。

李荣:《现代汉语方言大词典》,江苏教育出版社 2002 年版。

林涛主编:《东干语词典》,上海辞书出版社 2024 年版。

(明)戚继光撰,邱心田校释:《练兵实纪》,中华书局 2001 年版。

《宋本玉篇》,北京市中国书店 1983 年版。
汪维辉:《朝鲜时代汉语教科书十种汇辑》(第一册),上海教育出版社 2022 年版。
许宝华,(日)宫田一郎:《汉语方言大词典》,中华书局 1999 年版。
余迺永:《新校互注宋本广韵》(定稿本),上海人民出版社 2008 年版。
《字汇·字汇补》,上海辞书出版社 1991 年版。

(何茂活　张掖　河西学院文学院　hemh. hxu@ 163. com)

Abstracts of Major Papers in This Issue

XIANG Mengbing The Nature and Use of Linguistic Atlas of Chinese Dialects——Examples: Map 051 and 052 from the Phonetics Volume

Abstract: Linguistic Atlas of Chinese Dialects is a collection of descriptive maps and explanatory maps. However, its descriptions are often insufficient, and its explanations are probably negotiable. That means the use of it is limited. To make good use of it, one must carefully choose the maps and the data, and to reclassify them as needed. Finally, a comprehensive application of Map 051 and 052 selected from the Phonetics Volume is taken by the writer as an example to show how to use this atlas.

Keywords: Linguistic Atlas of Chinese Dialects; descriptive map; explanatory map

ZHANG Jianyu, SHENG Yimin The Typological Studies of Location in Linhai (Baishuiyang) Dialect

Abstract: This paper describes the location category in Linhai Wu dialect, including locatives and the role assignments of locatives. The paper discusses the range of locative words and the types of localized measures. The range of locative words in Linhai dialect is smaller than that in Mandarin. For localized measures, Linhai dialect holds localized clitics in addition to localizers and demonstratives. Then the paper concludes the role assignments of locatives with a typological comparison, including prepositions, directional constructions, existential and locative constructions.

Keywords: Linhai dialect; locatives; localized measures; role assignments

ZONG Shouyun, GUO Sijia　On the modal particles and their order of conjunction in Zhangjiakou dialect

Abstract: Zhangjiakou dialect has rich types of modal particles, including "o"(噢) and "hai"(嗨), "me"(么) and "hai"(还), "lai" (来) and "ye" (也), "ya"(呀) and "yo"(呦), "bushi"(不是) and "Dilei"(的嘞). Its conjunction follows a certain order principle. In theory, there can be up to 6 modal particles used together.

Keywords: Zhangjiakou dialect; modal particles; word conjunction

DONG Shuhui　Relevance of Social Value between Actions and the Discourse Pattern of "VP+Huizi" of Mengcun Dialect

Abstract: There is a "VP + Huizi" construction in Mengcun dialect of Hebei Province. VP bears relevance in terms of the social value to the later-specified action(VP'),which means suggestion or evaluation. The relevance is called relevance of social value between actions. VP has three semantic features: [+unusual behavior] [+volitional verb] [+expected behavior of the speaker]. In real situation the relevance of social value between actions is activated,and is expressed by different language forms.

Keywords: Huizi (回子); relevance of social value between actions; Mengcun dialect

HU Chengling, LIANG Yushan　Negative Stance Expression in Response Clauses of the Junlian Dialect of Sichuan

Abstract: The article describes three constructions in the Junlian dialect of Sichuan, namely, "yao(要)+X", "X sha zi(啥子) X" and "hao(好) +X", and finds that there are both commonalities and differences between these constructions. The commonalities are that they can be used to express a negative stance in a response clause and that they have the function of quotation. The differences are mainly in terms of the degree of conventionalization, the content of the quotation, the demands on the type of clause of the previous sender's discourse, the tone of voice, the demands on the conversational context, and the demands on the time involved in the sender's discourse. Through the depiction of the Junlian dialect, we make the following inferences: adverbs of the high degree of meaning, words of "will", interrogative pronouns and quotations combined have cross-dialectal commonalities of obtaining negative interpretations.

Keywords: Junlian dialect of Sichuan; negative stance; conventionalization; construction; quotation

ZENG Nanyi Phonemic Contrast of Initials *n- and *ń- in coastal Min Dialects and Some Related Issues

Abstract: By comparing the homologous roots of Min Dialects, this paper proposes that phonemic contrast of initials *n- and *ń- should be reconstructed in Proto-Coastal Min. As for whether this opposition can be reconstructed into the Proto-Min, further discussion is still needed. At the same time, the Puxian Dialects is the same as the Eastern Min Dialects, where *n- and *ń- It has merged, but the Puxian dialect has undergone differentiation after merging based on the conditions of different finals. This paper also proposes that the initial ʣ-(z-) has different sources in Southern Min Dialects, the colloquial readings from the Ptoto-Coastal Min, while the literary readings from the ancient common language *ɻ- or *j-.

Keywords: Ptoto-Coastal Min; coronal nasal; the MC Ni 泥 and Niang 娘 Initials; the MC Ri 日 initial

DAI Shaoruo　The markers of cases in Sizhuang Chinese dialect in Xunhua Salar Autonomous County, Qinghai Province

Abstract: Sizhuang Chinese dialect spoken by Hui nationality in Xunhua Salar Autonomous County, Qinghai Province is a S+O+V word order language, and is a case-marking language. there are five cases make up the case-markding system of Sizhuang dialect, namely, accusative-dative case with -ha 哈 as marker, ablative case with -tala 塔拉 as marker, allative case with -daoshi 到时 as marker, instrumental-comitative case with -lai 来 as marker, comparative case with -kanshi 看时 as marker. The case-marking in Sizhuang dialect is particular among the dialects in Gansu Province and Qinghai Province, which results from the different sources and follows different evolution path.

Keywords: Chinese Dialect in Qinghai; Chinese Dialect Spoken by Hui Nationality; case grammar; language contact

HE Xuemei　The Significance and Path of Linguistic Research on place-name——Take Shaanxi as an example

Abstract: Place names are the most stable and culturally informative parts of a language. It is a reliable way to study dialect and culture. It is also an effective way to promote rural revitalization and inherit excellent Chinese culture. It can provide scientific basis for the standardization construction of place names.

Keywords: place names; language studies; specification of place names; cultural heritage

CHEN Rongze　The History and Prospect of Tibetan Dialect Investigation and Research

Abstract: The investigation and research of Tibetan dialects in China has a long history. The traditional investigation of Tibetan dialects began in the 18th century, the modern linguistic investigation and research of Tibetan dialects began in the 1930s and 1940s, and the large-scale investigation and research of Tibetan dialects began after the peaceful liberation of Tibet in 1951. Since then, the investigation and research of Tibetan dialects in China may be divided into three stages. The first stage is 1951 – 1965, which is the pioneering period of the investigation and research of Tibetan dialects. It mainly focused on the Tibetan language census, which had obtained rich language data and trained a large number of outstanding talents for the subsequent research. The second stage is 1979 – 1999, which is the prosperous period of Tibetan dialect research. The research of pronunciation and grammar of Tibetan dialects had achieved fruitful and remarkable achievements. The third stage is 2000 – 2022, which is the in-depth period of the investigation and research of Tibetan dialects. The investigation was gradually deepened, the research content was continuously expanded and deepened, the research methods were gradually diversified, and the research team was gradually expanded. In the past more than 70 years, great achievements had been made in the investigation and research of Tibetan dialects. In the future, more attention should be paid to the investigation and research of Tibetan single-point dialects, the balance of the investigation and research, the interdisciplinary research and the training of talents, so as to contribute to the long-term development of the investigation and research of Tibetan dialects.

Keywords: the peaceful liberation of Xizang; Tibetan dialects; investigation and research; history; prospect

LUO Ziqun　Cultural Connotation of Polysemy Words in Nusu Language

Abstract: Nusu language, spoken by the Nusu branch of the Nu people in Yunnan Province, China, belongs to the Yi branch of Tibeto-Burman of Sino-Tibetan language family. The polysemy words in Nusu language may be divided into two groups based on the part of speech of their meanings: one with the same part of speech and the other with distinct parts of speech. Some nouns, adjectives, verbs and other part of speech are examples of polysemy words with the same part of speech, whereas polysemy words with distinct parts of speech are noun-adjective, noun-verb, adjective-verb, noun-adjective-verb, noun-noun quantifier, verb-verb quantifier, noun-quantifier-verb, and so on. In Nusu language, polysemy words with the same part of speech are considered statically related in meanings, whereas polysemy words with distinct parts of speech considered dynamically related. The polysemy words in Nusu language, like those of other languages, exhibt the natural blending of semantic integrity and semantic fuzziness, and communicate the language users' awareness of objective things while simultaneous indicating the cultural connotation of Nusu language.

Keywords: Nusu Language; polysemy Words; cultural Connotation

ZHANG Zhichun　Poetic Dwelling On the Earth of Reality——on Longnan Old Folk Songs Collected by Yang Kedong

Abstract: This article analyzes the live collection of Longnan Old Folk Songs, submitting that it has a rare authenticity and aliveness, constructs the cultural space of the marriage and love world in multiple dimensions and layers and presents the marriage and love life of grassroots people in a systematic and complete manner as well. Therefore, the author esteems that this work has a broad realm carrying out daily life and current events.

Keywords: Longnan Old Folk Songs; poetic dwelling; earth

TAO Wenjing　The origin and common name of the Torch Festival of Yi nationality in Yunnan Province

Abstract: In the Ming and Qing dynasties, Yunnan local Chronicles all contain the "star Hui Festival is called the Torch Festival", whether the torch Festival originated from the star Hui Festival, whether the torch Festival is the star Hui Festival, different scholars have different views. Huang Yifeng, Zhu

Wenxu and other scholars have not explained clearly the relationship between the two and the source of the Torch Festival. Based on the October solar calendar of the Yi nationality, the author has combed through the local Chronicles and historical materials, and combined with the actual situation of the local Yi nationality in Yunnan, it is believed that the Torch Festival is rooted in the fire worship of the Yi nationality. And research Xinghui Festival is not the torch festival, due to the Yuan Dynasty Yunnan documents incorrect.

Keywords: torch Festival; star back section; October solar calendar; fire worship

DIAU Yanbin On the Integration of Global Chinese and the Development of Putonghua Vocabulary and Related Issues

Abstract: The Global Chinese is undergoing a process of development from difference to integration, which has greatly influenced the Putonghua vocabulary and brought about many issues that deserve and should be studied. The article discusses the concrete manifestations of the influence of the integration of *Huayu* in Putonghua vocabulary from three aspects: word form, word meaning and word usage. On this basis, it compares the problems and shortcomings of the Modern Chinese Dictionary, including the absence of entries, the absence of meanings, improper interpretations, and problems in marking "〈Fang〉" and matching examples. The article points out that the study of Global Chinese integration and the development of Putonghua vocabulary should be strengthened, and that the Modern Chinese Dictionary, as the most influential standard dictionary, should not only reflect the contemporary lexical landscape in an authentic, timely and accurate manner, but also be dedicated to recording, promoting, facilitating and guiding the Global Chinese in the context and vision of "Great Integration".

Keywords: Global Chinese; *Huayu* integration; Putonghua; Modern Chinese Dictionary

HE Maohuo Elaborately Compiled Exotic and Lost Treasure——A Review of Lin Tao's Edited "Donggan Language Dictionary"

Abstract: The "Donggan Language Dictionary", edited by Mr. Lin Tao, is multidimensional interweaving in the compilation model, and attaches equal importance to words and phrases; The words and examples included are vivid and closely reflect the reality of life; A large number of these words can play the role of preserving the ancient and testifying the customs, and can be used to explore the bloodline connection between Donggan and Chinese culture; Because it is difficult to record the appropriate words, the written forms of some words in the dictionary may need further consideration. As the first Donggan language dictionary in China, this book is indeed a meticulously crafted and significant contribution by the editor. It is also a crucial bridge for the academic community to further study Donggan language and culture.

Keywords: "Donggan Language Dictionary"; The Donggan ethnic group; Northwest dialect